Anton Michael Luchner

# VERZAUBERT UND VERFÜHRT

Eine launige Reise durch die Welt der Beeinflussung

W0105063

VERLAG
BERGER

© Anton Luchner, 2019

Verlag Berger Horn/Wien (www.verlag-berger.at)
Covergestaltung und Layout: Mag. Verena Luchner
Lektorat: Mag. Pamela Obermaier | textsicher
Druck: Ferdinand Berger & Söhne GmbH, 3580 Horn
Bildrechte Autorenfoto: © privat
Bildrechte Umschlag: Moussa81 (gettyimages.com)

1. Auflage 2019
ISBN 978-3-85028-884-2

www.verzaubertundverführt.at

Die Verwendung des männlichen und weiblichen Artikels bzw. das Gendern habe ich nur dort vollzogen, wo es für die Sinnerfassung erforderlich ist. Diese Vorgehensweise ist nicht Folge einer Respektlosigkeit gegenüber berechtigten Anliegen der Frauenbewegung oder einer Missachtung von gebotener Gleichberechtigung auch im Denken und Handeln, sondern einzig und alleine der flüssigen Lesbarkeit geschuldet. Sie werden einen gewissen Überhang der männlichen Form feststellen, da mir diese Perspektive aus naheliegenden biologischen, psychologischen und soziologischen Gründen leichter fällt. Möge man und frau freundlichst darüber hinwegsehen.

Wien, St. Ulrich am Pillersee 2019, 1. Auflage

# INHALT

# 1 VORWORT

*»Wer ist so fest, den nichts verführen kann?«*
William Shakespeare

Kleiden Sie sich nach der aktuellen Mode? Nutzen Sie Facebook, YouTube, Instagram oder LinkedIn? Gehören Sie einer Religionsgemeinschaft an? Gehen Sie jeden Sonntag zur Kirche? Sind Sie ein Impfgegner? Sind Sie Vegetarier oder Veganer? Haben Sie ein E-Bike? Tragen Sie einen Helm beim Radfahren oder Skifahren? Schnitzen Sie sich ein kunstvolles Bärtchen ins Gesicht? Haben Sie Piercings oder Tattoos? Besitzen Sie eine Kreditkarte? Gendern Sie konsequent? Gehen Sie regelmäßig zu Wahlen? Haben Sie eine Lebensversicherung? Bereits bei einem »Ja« sind Sie *einigermaßen* verführt – wenn Sie eine Lebensversicherung haben, dann sind Sie vielleicht sogar *signifikant* verführt.

Beginnt Ihr Herz zu lachen, wenn Ihr Partner den Raum betritt? Versinken Sie in einen Genusstaumel bei einem Chateau Lafite-Rothschild 2009? Springen Sie vor Freude auf, wenn Ihre Fußballmannschaft das entscheidende Tor schießt? Haben Sie Freudentränen in den Augen, wenn Ihr Kind eine Auszeichnung bekommt? Wenn ja, sind Sie verzaubert!

Beides – verzaubern und verführen – bestimmt unser Leben, sowohl aktiv als auch passiv: Wir verzaubern und verführen, und wir werden verzaubert und verführt. Ohne diese Mechanismen menschlichen Verhaltens würde unser Leben nicht funktionieren, auch wenn beides unbeschreiblich viel Potenzial in alle Richtungen hat, nämlich zum Guten und zum Bösen hin. Diesen beiden Phänomenen sind die vorliegenden subjektiven Betrachtungen gewidmet, um über deren Verstehen zu einem befreiteren Dasein zu gelangen.

Geben Sie einmal »verführen« in die *Google*-Suchmaschine ein! Sie werden mehr als fünf Millionen Treffer erhalten. Auf der ersten Seite werden Sie ausschließlich Links finden, die das eine Thema zum Inhalt haben: »Wie verführe ich sie, wie verführe ich ihn?« Erstaunlich ist das nicht, denn der überwiegende Teil der Menschheit ist nicht eremitisch orientiert, sondern will einen Partner zur Seite haben – zumeist ein Leben lang, häufig für bestimmte Lebensabschnitte, manchmal auch nur für eine Nacht oder für einige Stunden. Sogar die Priester der katholischen Kirche beweisen das gelegentlich, wenn wieder einmal ein unlauteres Tête-à-Tête mit Schutzbefohlenen öffentlich und ruchbar wird. Jedoch stellt dies nur einen Teilaspekt eines recht weitläufigen Themenkomplexes dar, wenn auch einen überaus vordergründigen und immanenten.

*Wikipedia* wird da inhaltlich schon etwas breiter: »Verführen (substantiviert ›Verführung‹, auch ›Verlockung‹ oder ›Seduktion‹) bedeutet, jemanden gewaltlos so zu ›manipulieren‹, dass er etwas tut, was er eigentlich nicht wollte oder sollte (zum Beispiel, sich regelwidrig zu verhalten, sich sexuellen Handlungen hinzugeben, eine Religion anzunehmen, etwas Bestimmtes zu kaufen).«

Dennoch ist das bei weitem nicht das gesamte Spektrum der Verführung, vor allem sind wir da weit weg von der Klärung des »Warum?«: Warum sind Menschen ohne Ausnahme verführbar, beeinflussbar und manipulierbar, pikanterweise meist sogar, ohne dass sie es bemerken? Wer von uns hat denn noch nie etwas gekauft, das er nicht benötigt hat, hatte noch nie mehr im Einkaufswagen als das, was auf dem Einkaufszettel stand? Warum erzielen Markenartikel höhere Preise als No-Name-Produkte? Hinterfragen Sie doch einmal, welche Ursachen dahinterliegen! Warum schminken sich Frauen, warum boomt die Schönheitschirurgie mit der Kreation von prallen Botox-Lippen und dem Tuning nahezu aller Körperteile, warum sind am Samstag die Einkaufszentren erdrückend überfüllt, warum sind die Adriastrände voller als eine Sardinendose, warum pilgern jährlich etwa fünf Millionen Menschen nach Fatima?

Die Verführung geht zurück bis zu den Ursprüngen der Menschheit – zumindest gibt es dazu eine eigentümliche Legende: Eine Schlange verführte eine gewisse Eva dazu, vom Baum der Erkenntnis zu naschen. In weiterer Folge verführte dann Eva ihren Adam zu selbiger Nascherei, und somit geschah es zum ersten Mal, dass Menschen Sex miteinander hatten. In diesem Zusammenhang stellt sich dem kritischen Geist sofort die Frage, ob Adam und Eva wirklich aus dem Paradies vertrieben wurden oder ob sie es dadurch erst gefunden haben. Jedenfalls aber blieb und bleibt das Spiel dasselbe: Er verführt sie und sie verführt ihn, die Versicherungen verführen die mutmaßlich Gefährdeten, die Religionsvertreter versuchen uns alle zu verführen, die Werbeexperten ihre Zielgruppe, der Verkäufer den Kunden, die Politiker ihre Wähler, der Chef seine Untergebenen, die Fernsehmacher ihre Zuseher, die Historiker die Vergangenheitsinteressierten, die Philosophen die Geistesmenschen, wir alle selbst unser jeweiliges Über-Ich.

Geben Sie nun »verzaubern« in die *Google*-Suchmaschine ein, dann erhalten Sie etwa eine Million weniger Treffer als zur Verführung – und *Wikipedia* hat dafür gar keinen eigenen Eintrag. Dieser Begriff scheint insgesamt viel schwammiger umrissen zu sein. Auf den ersten Seiten finden sich fast nur Übersetzungen in andere Sprachen und Einträge in Verbindung mit Zauberei.

Als erster Link erscheint der *Duden*, aber auch der hat wenig Spannendes beizutragen, er bietet lediglich eine begriffliche Beschreibung: einmal »durch Zauberei verwandeln« und dann noch »durch seinen Zauber, Reiz ganz gefangen nehmen«. Das ist jedoch wenig erhellend für unsere Zwecke. Es erweist sich insgesamt als schwierig, diesen Begriff konkret zu fassen. Für unsere vorliegenden Betrachtungen möchte ich beliebt machen, uns darauf festzulegen, dass sich das Verzaubern recht gut abgrenzen lässt vom Verführen, weil es eine auf den Augenblick des Erlebten bezogene Gefühlsregung ist, die aber durchaus stark und heftig ausfallen kann. Alle Grundemotionen – wie etwa von Paul Ekman beschrieben – finden sich darin wieder: Freude, Wut, Ekel, Furcht, Verachtung, Traurigkeit und Überraschung. Bei allen Menschen und in allen Kulturen treten sie zuverlässig auf. Gleichzeitig sei an dieser Stelle auch erwähnt, dass der Bereich des Verführens in diesem Buch einen wesentlich breiteren Raum einnehmen wird als jener des Verzauberns – Sie werden bald erkennen, warum das so ist.

Wir können uns der Thematik auch wissenschaftlich nähern, wie das einige geniale Persönlichkeiten, welche uns auf dieser Reise noch begegnen werden, getan haben. Wir werden deren Erkenntnisse genüsslich vertiefen, denn eine intensivere Beschäftigung mit ihren Werken zeigt, welch eine komplexe und gleichzeitig erleuchtende Ausprägung dieses Thema hat. Hinzu kommen dann noch verhaltensbiologische Grundlagen, ausgehend vom limbischen System, der verschieden reaktiven Amygdala, den Hormonen, der Nähe zum Urmenschen und dessen Überlebensrepertoire.

Aber keine Angst, ich habe in den vorliegenden Betrachtungen nicht die Absicht, Sie mit wissenschaftlichen Achterbahnfahrten zu erschlagen. Dennoch muss ich hier diese Aspekte erwähnen, um mein Unbehagen darüber auszudrücken, dass diese Bereiche des Menschlichen jemals von einem Einzelnen umfassend abgehandelt werden können. Was Sie aus meinen in jedem Fall unvollständigen Ausführungen als Ihren Profit jedoch mitnehmen können, das ist ein anderes Verständnis – und wenn schon nicht das, dann eine Näherung an die Hintergründe menschlicher Beeinflussbarkeit. Warum tun Menschen das, was sie tun? Und wenn man sich nicht *nicht* verhalten kann, warum verhält man sich dann ausgerechnet so? Verführung geschieht immer und überall, niemand kann sich völlig davor schützen – egal ob es sich um Zwischenmenschlichkeit, Werbung, Politik, Wirtschaft, Religion oder Persönliches handelt. Auch der Begriff »Manipulation« kommt einem in diesem Zusammenhang recht schnell in den Sinn, und selbiger ruft in vielen Menschen spontan negative Assoziationen hervor. Niemand möchte manipuliert werden, obwohl es jeder ununterbrochen wird und auch jeder selbst andere manipuliert. Verzaubern lässt man sich allerdings gerne, häufig möchte man auch jemanden anderen verzaubern.

Auf den kommenden Seiten wird Ihnen wahrscheinlich rasch klar werden, was die tieferen Ursachen fürs Verführen und Verzaubern sind, sozusagen die hellen und dunklen, die bewussten und unbewussten Kräfte der Beeinflussung. Und ich hoffe, dass Ihnen dabei kein Kloß im Hals stecken bleibt, denn einige Tatsachen könnten eine zarte Seele durchaus mehr als nur nachdenklich stimmen. Aber bewahren Sie Ruhe, denn das ist gar nicht meine Absicht, ganz im Gegenteil: Diese Betrachtungen sind lediglich eine Annäherung, welche ich Ihnen aus meiner durchaus subjektiven Sichtweise darzulegen versucht habe, um zu ergründen, warum wir uns vor dem Tod fürchten, warum Werbung wirkt, warum wir uns ausgerechnet diese eine Person als unseren Partner aussuchen und ihn später eventuell betrügen, warum Modetrends uns erreichen, warum Anti-Aging-Produkte boomen, warum Politik und Ideologien Menschen fanatisieren und dergleichen mehr. Aus meiner gewählten Perspektive werde ich versuchen, diese Umdrehungen zu beleuchten, denn ich bin nichts anderes als Sie, also ebenfalls ein Verführter und Verzauberter. Insgesamt habe ich großen Spaß daran, mir selber und anderen auf die Schliche zu kommen, und ich lade Sie hiermit dazu ein, dasselbe zu tun und zwar mit ebenso viel Freude daran! Diese Reise kann erstaunliche Erkenntnisse ans Licht bringen: über Sie und auch über ihre Mitmenschen. Und weil es um ein tieferes Verständnis des menschlichen Verhaltens geht, folgt zwangsläufig daraus, dass dadurch mehr Toleranz, Empathie und Freundlichkeit geboren werden kann, auch wenn diese gedanklichen Ausführungen immer eine hohe subjektive Interpretation beinhalten, weil selbstverständlich jeder seine eigenen Wahrnehmungsfilter und unbewussten Assoziationen miteinbringt.

Bei diesem Unterfangen darf ich aber nicht unerwähnt lassen, dass ich keinerlei wissenschaftliche Ansprüche stelle und mich diesbezüglich völlig aus der Verantwortung stehle. Wohl aber biete ich Ihnen einen beiläufigen Reiseführer, der Sie entweder nirgendwohin führt, Sie vielleicht sogar verärgert und provoziert, oder aber zu jenem erwähnten tieferen Verständnis für Ihr Verhalten und jene Ihrer Mitmenschen beiträgt. Zudem handelt es sich bei den vorliegenden Betrachtungen um keinen Ratgeber – davon gibt es bereits genug. Wenn Sie »Ratgeber« in die Suchleiste von *Amazon* eingeben, dann erscheinen über 200.000 Treffer, von der Welpenerziehung bis hin zum Leben mit einem zu großen Penis und alleine 821 Ratgeber zum Thema »Verführung«. Ich hingegen biete hiermit einen Reiseführer als einen Nachdenkanreger und Appetitmacher.

Einen weiteren warnenden Hinweis kann ich Ihnen nicht ersparen: Wissen erzeugt mit absoluter Sicherheit ein Mehr an Nichtwissen, denn hinter jedem Wissen taucht mit allergrößter Zuverlässigkeit immer wieder etwas Neues auf, das man auch noch wissen möchte. Öffnet man eine Tür, so sieht man dahinter eine Vielzahl weiterer Türen. Jeder Naturwissenschaftler weiß das, egal ob Astronom, Physiker, Mathematiker, Mediziner, Biologe oder Chemiker. Bei den Geisteswissenschaftlern bin ich mir da allerdings nicht immer so sicher, weil sie genau jenen Mechanismen erliegen, die ich hier ausführe; zumindest erliegen sie ihnen häufiger als Naturwissenschaftler.

Seien Sie sich gewiss, dass Sie mit den vorliegenden Betrachtungen eine Dimension gewählt haben, in der Ihr Nichtwissen zwar nie aufhören, aber das Verständnis für die Menschen dafür umso mehr steigen wird. Gleichzeitig werden Sie auch Methoden und Instrumente kennenlernen, welche Ihnen helfen können, sich durchzusetzen und eher das zu bekommen, was Sie gerne wollen. Vor allem aber ist es meine Absicht, Ihnen eine Grundlage dafür zu bieten, Ihre eigene Freiheit und die Freiheit jedes Einzelnen zu erhalten, zu fördern oder weiterzuentwickeln. Sie werden am Ende sehen, warum.

Nachdem Albert Einstein einmal empfohlen hat: »Mach es so einfach wie möglich, aber nicht einfacher«, werde ich an passenden Stellen recht einfache, wenn nicht gar banale Beispiele vorbringen. Die vorliegende Materie ist auch schon aufgrund ihres Wesens komplex genug, da muss dem interessierten Leser nicht mit schwierigen

Bei spielen noch weitere Komplexität zugemutet werden. Unserem Gehirn schmeckt leicht verdauliche Nahrung einfach besser. Aber auch das macht uns beeinflussbarer, eben genau dort, wo diese leicht verdauliche Kost angeboten wird ...

# 2 ALLES STEINZEIT

## 2.1 MAN KANN SICH NICHT SELBER KITZELN

*»Mit wem das Pferd nie durchgeht,*
*der reitet einen hölzernen Gaul.«*
Friedrich Hebbel

Wenn Sie auch noch so kitzelig sind – versuchen Sie einmal, sich selber zu kitzeln und zum Lachen zu bringen! Sie werden es nicht schaffen. Haben Sie sich schon jemals gefragt, warum das so ist? Die Erklärung ist überraschend einfach, auch wenn die Neurologen recht lange gebraucht haben, um sie zu finden: Das Gehirn muss eine Prioritätenliste erstellen, um nicht von der Fülle an eingehenden Informationen überfordert zu werden. Ganz oben auf der Liste stehen Informationen, die von außen kommen: alle optischen und akustischen Signale, aber auch Berührungen. Diese Reihung hat einen biologischen Zweck: Sie dient dem raschen Reagieren und letztendlich dem Überleben. Berührungen von eigenen Körperteilen stehen daher in der Prioritätenliste ganz unten, weil sie kein rasches Reagieren erfordern und auch keine Überlebensreflexe aktivieren müssen. Ein Kitzelreiz ist folglich letztendlich eine Schutzfunktion des Körpers, und da von uns selbst zu allermeist keine Gefahr ausgeht, reagieren wir auch kaum auf eigene Kitzeleien. Das zeigte sich auch in Untersuchungen des Gehirns, bei denen die Hirnforscher feststellten, dass das Kleinhirn beim Selbstkitzeln deutlich weniger aktiv ist als beim Fremdkitzeln. Darüber hinaus ist für das Kitzeln oft nicht einmal eine Berührung notwendig – viele Menschen reagieren bereits mit Lachen, wenn ihnen jemand das Kitzeln nur andeutet.

Denken Sie zurück an Ihre Pubertät: Können Sie sich daran erinnern, dass sich jemand von hinten angeschlichen hat, um Sie zu kitzeln? Oder vielleicht haben Sie das bei jemand anderem getan. Die Reaktionen sind da vermutlich durchaus heftig ausgefallen – bis hin zur Ohrfeige vielleicht, aber niemand macht einfach mit dem weiter, was er gerade tut, sondern reagiert in irgendeiner Form auf das Kitzeln. Von der Römerzeit bis ins Mittelalter galt Kitzeln sogar als Foltermethode. Das Ziegenlecken ist eine im Dreißigjährigen Krieg angewandte Abart des quälenden Kitzelns, bei dem die Fußsohlen des Delinquenten mit Salz eingerieben wurden, das man schließlich von Ziegen ablecken ließ. Wenn die Folterknechte die Ziegen lange genug zum Lecken einluden, dann löste sich die Haut des Opfers irgendwann von den Fußsohlen. Führten die Schergen das nun fort, indem man auch dann noch weiter Salz auf die Fußsohlen auftrug, wenn die Haut bereits weggeleckt war, dann war dies eine äußerst schmerzhafte Prozedur. Hans Jakob Christoffel von Grimmelshausen (der zirka von 1622 bis 1676 gelebt haben dürfte) beschreibt in seinem Roman »Der abenteuerliche Simplicissimus« diese Methode wie folgt: »(S)ie banden ihn, dass er weder Händ noch Füß regen konnte, und rieben seine Fußsohlen mit angefeuchtem Salz, welches ihm unser alte Geiß wieder ablecken und dadurch also kitzeln musste, dass er vor Lachen hätte zerbersten mögen; das kam so artlich, daß ich Gesellschaft halber, oder weil ichs nicht besser verstund, von Herzen mitlachen mußte. In solchem Gelächter bekannte er seine Schuldigkeit, und öffnet' den verborgenen Schatz, welcher von Gold, Perlen und Kleinodien viel reicher war, als man hinter Bauren hätte suchen mögen.« Diese kurze Abhandlung über das Kitzeln ist nur ein winzig kleiner Ausschnitt aus dem Spektrum menschlichen Verhaltens, eine vordergründig spaßige Anekdote, um in das Thema einzusteigen, sozusagen das Amuse Gueulle der vorliegenden Ausführungen. Zusätzlich bekommen Sie dadurch erste interessante Einblicke in die Funktionen des Gehirns und in ihre Auswirkungen auf das menschliche Verhalten – und das ist für ein tieferes Verständnis der Beeinflussung und Beeinflussbarkeit immens wichtig.

---

**IHR DESTILLAT:**

Das Gehirn und darauf folgend unser Verhalten setzt Prioritäten und agiert aus Hierarchien heraus, welche dem Überleben des Individuums und der Art den Vorzug geben. Das ist eine wesentliche und unabdingliche Grunderkenntnis, wenn man das Verhalten von Menschen und die Einflüsse darauf verstehen möchte.

---

## 2.2 DIE STEINZEIT IST NOCH IMMER JETZT

*»Obwohl die Weltordnung für alle in
gleicher Weise gilt, verhalten sich die meisten so,
als besäßen sie eine individuelle Erkenntnis.«*
Heraklit

Die Computerwissenschaftler rasen dem Quantencomputer entgegen. Wir waren bereits auf dem Mond, wir entwickeln selbstfahrende Autos, die sozialen Netzwerke verraten unsere innersten Geheimnisse je nach Anzahl der gegebenen Likes, aber unser Bauplan mit allen physischen und psychischen Ausprägungen entspricht noch immer weitgehend dem Steinzeitmenschen: Unsere körperlichen Reaktionen beim Zahnarztbesuch sind dieselben wie die bei einer Begegnung mit dem Säbelzahntiger, nämlich Schweißausbrüche, Herzrasen, Magen-Darm-Beschwerden, Harndrang bis hin zur unkontrollierten Blasenentleerung, Zittern, der Wunsch, wegzulaufen – zusammengefasst: typische Stressreaktionen. Waren diese Reaktionen seinerzeit bei der Begegnung mit dem Säbelzahntiger durchaus wichtig fürs Überleben, so sind sie heute meist überflüssig, wenn nicht sogar schädlich. In der Steinzeit ist der Mensch den Stress leicht losgeworden, indem er das ausgeschüttete Fluchthormon Adrenalin durch Weglaufen abbaute. Wir können zwar auch vor dem Zahnarzt weglaufen – eine meiner Schwestern ist tatsächlich einmal im zarten Alter von acht Jahren beim Anblick einer Spritze vom Behandlungsstuhl gesprungen und hinaus auf die Straße geflüchtet –, wir tun es aber eher selten. Wir halten diese vermeintlichen Gefahren aus. Ob das nun der erfolgsgierige Chef ist, der uns zu viel Arbeit aufbürdet, der drohende Jobverlust, die Schulden für den Hausbau, die uns über den Kopf wachsen oder der tägliche quälende Stau am Morgen, wenn wir zur Arbeit fahren – all diese Situationen belasten uns. Das nennen wir dann »Stress« und leiden darunter. Wir bewältigen unser tägliches Leben aber selten durch Kampf oder Flucht. Deshalb kann dummerweise das Adrenalin nicht ordnungsgemäß abgebaut werden und bewirkt längerfristig körperliche Schädigungen, da es den Blutzucker, Blutdruck und Muskeltonus erhöht; Erscheinungen also, die nur beim Kampf oder bei der Flucht sinnvoll sind. Die andauernden seelischen Überreizungen, mit denen heute viele Menschen konfrontiert sind, kennen wir aus dem Bekanntenkreis oder aus den Medien unter dem Begriff »Burnout«: zusammengefasst eine körperliche und emotionale Erschöpfung.

Wir müssen also mit Konzepten und Kompetenzen aus der Steinzeit das Leben von heute meistern. Dass es da zu Diskrepanzen kommt, versteht sich von selbst. Für *Facebook* hat die Evolution keine biologischen Entsprechungen entwickelt – wir müssen das mit Prinzipien bewältigen, welche vornehmlich dem Überleben des Individuums und der Art dienen.

Doch was hat das nun mit der Beeinflussbarkeit zu tun? Wir alle unterliegen gewissen Reiz-Reaktions-Mustern, die automatisch ablaufen. Denken Sie etwa an das Kindchenschema, welches automatisch Brutpflegeverhalten auslöst. Genau dieses Kindchenschema kann nun die Werbung mit entsprechenden Bildern nutzen. Besonders auffällig ist für den geschulten Beobachter das Weibchenschema, welches bei vielen Männern unwiderruflich Balzverhalten auslöst, das so weit geht, dass man einer gänzlich unbekannten Schönheit am Straßenrand bei strömendem Regen im besten Anzug einen Autoreifen wechselt. Überdies kann es schon sein, dass die Smartphone besitzenden Menschen durch die permanente Ablenkung diesen Reiz-Reaktions-Mustern unreflektierter folgen und es auch noch viel weniger leicht bemerken. Aber auch solche Mechanismen gehören zum breiten Spektrum menschlichen Verhaltens wie das Prinzip der Kirschen in Nachbars Garten, die ja bekanntlich immer die besseren sind – und das sind sie nur deshalb, weil sie schwerer erreichbar sind. Alles, was einer Verknappung unterliegt, löst gewisse Begierden aus, nach dem überlebenswichtigen steinzeitlichen Muster »Wenig da, also muss ich es haben«. *Amazon* hat das in seinen Angebotsalgorithmus fix integriert und nützt das Verhalten des Steinzeitmenschen, indem bei Artikeln, für die man sich interessiert, häufig in roter Schrift der Vermerk angeführt ist, es seien nur noch zwei Stück davon verfügbar. In der Steinzeit ergab es durchaus Sinn, auf seltene, aber lebensnotwendige Dinge ein besonderes Augenmerk zu legen, etwa auf Fleisch oder Früchte. Aber die Artikel auf *Amazon* sind zum überwiegenden Teil ausreichend vorhanden, auch alle erwähnten 200.000 Ratgeber. Es ist ja deren Geschäft, die angebotenen Artikel verkaufen zu können, wenn selbige begehrt werden. mit diesen Reiz-Reaktions-Mustern umzugehen oder zu spielen lernt, der hat außerordentlich manipulative Methoden an der Hand, welche in vielen Bereichen des Lebens reichlich ausgenutzt werden können. Vor allem läuft das Leben häufig viel zu schnell ab, als dass wir alles ununterbrochen bewusst wahrnehmen könnten. Und ruck, zuck hängen wir am Haken, weil wir nicht bewusst wahrnehmen konnten, dass da ein Köder ausgeworfen worden ist. Um einen Eindruck davon zu bekommen, wie das geht, werden wir jetzt einen Blick in unsere Steuerungszentrale werfen.

---

**IHR DESTILLAT:**

Wir müssen mit archaischen, urzeitmenschlichen Verhaltensmustern das Leben im 21. Jahrhundert bewältigen. Dass dies nicht immer ausreichend gelingen kann, liegt auf der Hand. Folglich sind wir durch diese Muster verführbar, beeinflussbar und manipulierbar und müssen recht ungewöhnliche Verwerfungen in Kauf nehmen.

## 2.3 ZUSAMMENSPIEL DER REIZE UND WAHRNEHMUNGEN

*»Was sind denn unsere Erlebnisse? Viel mehr das,*
*was wir hineinlegen, als das, was darin liegt!«*
Friedrich Nietzsche

Wie schon beim Kitzeln beschrieben, reagiert das Gehirn nicht auf alle Reize und Wahrnehmungen gleichermaßen, sondern es setzt situationsgerecht Prioritäten – hoffentlich. Schauen wir darum jetzt ein wenig tiefer hinein in dieses geheimnisvolle, ungefähr 1.400 Gramm schwere Organ, welches ein Drittel unseres täglichen Zuckerbedarfes verschlingt, und betrachten wir ein wenig die funktionelle Anatomie, welche uns das Verhalten und die Möglichkeiten der Beeinflussung besser verstehen lässt Milliarden von Gehirnnervenzellen sorgen dafür, dass unsere Sinneseindrücke verarbeitet werden können und dass unsere Körperfunktionen aufrechterhalten bleiben, indem diese Nervenzellen über elektrische Impulse und Botenstoffe miteinander kommunizieren. Das vorhin erwähnte Adrenalin ist so ein Botenstoff, welcher beim Zahnarzt, beim Ärgern über einen vor uns zu langsam fahrenden Autolenker oder durch einen unerfreulichen Kontakt mit einem übel gelaunten Chef ausgeschüttet wird und den Körper zu Reaktionen veranlasst, die wir als mittels Stinkefinger gezeigte Wut, wüste Flüche, Huporgien und dergleichen mehr beobachten können. Muss die Impulskontrolle Mächtiges leisten, weil wir den Chef ja nicht beim Fenster hinauswerfen können, dann bedeutet das Stress.

Die Großhirnrinde ist ein wesentlicher Bestandteil des Großhirns, denn sie verarbeitet Sinneseindrücke, koordiniert Bewegungen und dient dem Denken und Erinnern. Das Kleinhirn wiederum koordiniert Bewegungen, das Gleichgewicht und den Spracherwerb. Es arbeitet unbewusst und lässt sich nicht willentlich beeinflussen. Das Zwischenhirn ist für unsere Betrachtungen besonders wichtig, denn es verarbeitet Gefühle wie Trauer und Freude. In einem Teil des Zwischenhirns, dem sogenannten Thalamus, treffen Informationen aus dem Körper und den verschiedenen Sinnesorganen ein. Der Thalamus filtert diese Informationen nach Wichtigkeit, um das Gehirn nicht zu überlasten, und leitet sie je nach Bedarf an das Großhirn weiter – wie beim Kitzeln beschrieben nach priorisierenden Prinzipien. Deshalb wird der Thalamus auch »Tor zum Bewusstsein« genannt. Ein weiterer Teil des Zwischenhirns ist der Hypothalamus, der als übergeordnetes Schaltzentrum dient. So steuert er unter anderem den weiblichen Zyklus, den Wasserhaushalt, die Schweißsekretion, das Temperaturempfinden, den Schlaf-Wach-Rhythmus und das Schmerzempfinden. Er lässt sich sowohl über Nerven als auch über Hormone beeinflussen, steht in direkter Verbindung mit der Hypophyse (Hirnanhangdrüse) und verbindet das Hormon mit dem Nervensystem. Wäre hier keine Einflussnahme möglich, dann würde so etwas wie die Antibabypille nicht funktionieren, die dem weiblichen Körper immerhin eine Schwangerschaft vortäuscht, wodurch die betreffende Frau nicht (vermeintlich nochmals) schwanger werden kann. Diese Tatsache hat einen beträchtlichen Einfluss auf das Verhalten – zumindest zeigen das die Studien zum Sexualverhalten –, weil Frauen seit 1961 keine Angst mehr vor ungewollten Schwangerschaften haben müssen. Sogar manche Fische bleiben davon nicht unbeeinflusst, weil die Hormone der Pille mit dem Urin ausgeschieden werden, über das Abwasser in Gewässer gelangen und dort dafür sorgen, dass männliche Fische weibliche Merkmale ausbilden.

Der Hirnstamm ist der älteste Teil des Gehirns. Von

ihm werden aus dem Rückenmark kommende Informationen zum Großhirn weitergeleitet. Lebenswichtige Funktionen wie Herzschlag, Atmung und Stoffwechsel werden dort gesteuert, aber ebenso Reflexe wie erbrechen oder husten zu müssen (die bekanntlich auch von außen ausgelöst werden können, etwa durch saufen und rauchen).

Eine für unsere Betrachtungen besonders imponierende Lokalität im Gehirn ist eine Neuronengruppe: die Amygdala, die wegen ihres Aussehens auch »Mandelkern« genannt wird. Sie ist Teil der Schläfenlappen (Temporallappen) des Großhirns und funktionell dem limbischen System zuzuordnen. Die Amygdala beeinflusst Emotionen und Erinnerungen ganz wesentlich. Sie ist auch mit dem Hirnstamm verknüpft und bestimmt die autonomen Funktionen des Körpers mit, indem sie diese der aktuellen Situation anpasst. So sorgt sie dafür, dass unser Herz schneller klopft, wenn der Zahnarzt uns bittet, den Mund aufzumachen. Die Amygdala ist mit dem Thalamus und dem Hypothalamus in recht komplexer Art und Weise verbunden. Über diese Verbindung erfährt der Hypothalamus, wann er die Adrenalinproduktion in den Nebennierenrinden anregen muss, damit die Jungfrau rechtzeitig vor der Schlange erschrecken kann. Ebenso verbunden ist die Amygdala mit den Geruchsarealen, welche früher dazu dienten, die Beute zu wittern, heute bei den Menschen aber höchstwahrscheinlich eine Rolle bei der Partnerwahl spielen – und das unabhängig vom verwendeten Parfum, obwohl die Parfumindustrie diesen Zusammenhang immer wieder zu werblichen Zwecken behauptet. Insgesamt dient sie als emotionaler Verstärker, je nachdem, wie stark sie in welche emotionale Richtung gereizt wird. Verschiedene Erkrankungen der Amygdala, welche mit einem Funktionsverlust einhergehen, bewirken Schwierigkeiten im Erkennen von Gesichtern, oder eine weitgehende Unfähigkeit, Gesichtsausdrücke zu deuten. Das führt zu erheblichen Turbulenzen im Sozialverhalten. Angst existiert dann häufig nicht, ebenso kann das emotionale Gedächtnis gestört sein. Besonders eigenartig ist das äußerst seltene Cotard-Syndrom, bei dem Menschen glauben, tot zu sein und zu verwesen. Hier ist die Verbindung zwischen den Sinnen und der Amygdala vollständig abhandengekommen, wodurch der Patient mit dem, was er sieht, hört, riecht oder berührt keine emotionale Verbindung herstellen kann. Darum zieht er die Schlussfolgerung, tot zu sein. Der französische Neurologe Jules Cotard hat diesen Zustand 1880 zum ersten Mal bei einer Patientin beschrieben: Er bezeichnete ihn als »délire des négations«, also als »wahrhaften und mit Sicherheit auch recht unangenehmen Glauben an die eigene Nicht-Existenz«.

Das bereits erwähnte limbische System, zu dem auch die Amygdala gehört, ist höchst beachtenswert, da es unser Verhalten maßgeblich beeinflusst. Es handelt sich dabei um eine Funktionseinheit, die der Verarbeitung von Emotionen und der Entstehung von Triebverhalten dient. Es ist ebenso verantwortlich für die Ausschüttung von Endorphinen, den wohlbekannten erfreulichen Glückshormonen, welche wir noch recht eingehend betrachten werden.

Nachdem sich bereits der durch seinen »Ich denke, also bin ich«-Ansatz bekannt gewordene René Descartes, der sich viele Jahre seiner für die Verhältnisse im 16. und 17. Jahrhundert recht langen Lebenszeit von 94 Jahren darüber sein Gehirn zermartert hat, wie Geist und Körper sich abgrenzen und doch zusammenarbeiten, tun dies heutzutage weiterhin viele Forscher auf vielen verschiedenen Gebieten – freilich mit einem besseren Arsenal an Untersuchungsmethoden ausgestattet als dereinst Descartes.

Begeben wir uns zwecks eingehenderer Betrachtungen des Wechselspiels zwischen Sinnen und körperlichen Äußerungen in einen Bereich, der immer von großem Interesse ist, nämlich in die Entstehung von Zwischenmenschlichem. Eine kürzlich veröffentlichte Studie zu den Pheromonen, den sogenannten Sexuallockstoffen, belegt einigermaßen überzeugend den Zusammenhang zwischen diesen Botenstoffen und deren tatsächlicher Wirkung als Sexuallockstoffe beim Menschen. Das chinesisch-amerikanische Forscherteam um Wen Zhou von der Chinesischen Akademie der Wissenschaften untersuchte den Einfluss der Pheromone dahingehend, ob sie unbewusst die sexuelle Wahrnehmung beeinflussen. Leider hat die betreffende Studie einige Schwachstellen, da jeweils nur 48 Männer und 48 Frauen teilnahmen, welche zur Hälfte jeweils hetero- und homosexuell waren. Eine derart niedrige Studienpopulation kann keine soliden Ergebnisse liefern, sondern nur einen Trend aufzeigen. Geprüft wurden zwei Stoffe: einmal das Androstadienon, welches sich in der Samenflüssigkeit und in den Achselhöhlen von Männern findet, und dann noch das Estratetraenol aus dem Urin von Frauen. Die Wirkung dieser Hormone war nicht übermäßig stark, aber doch erkennbar vorhanden. Die Forscher zogen aus den Ergebnissen den Schluss, dass menschliche Signalstoffe sexuelle Informationen übermitteln, die je nach Geschlecht und sexueller Orientierung unterschiedlich wirken.

Wenn der Volksmund nun aber sagt: »Den kann ich nicht riechen« – was kann das bedeuten? Woher kommt das? Wie werden wir dadurch beeinflusst? Die wörtliche Übersetzung des aus dem Griechischen stammenden Begriffes »Pheromon« lautet »Träger von Erregung«. In der Nase gibt es ein sogenanntes vomeronasales Organ, wobei unter Wissenschaftlern umstritten ist, ob selbiges beim Menschen noch funktionstüchtig ist. Dennoch nehmen einige seriöse Wissenschaftler an, dass dieses Organ die Pheromone unbewusst aufnimmt und über eine direkte Nervenbahn zum Hirn leitet – vornehmlich ins für Emotionen verantwortliche limbische System und in den Hypocampus. Dort wird dann eine chemische Luftbrücke zwischen zwei Menschen hergestellt, indem sich entweder sexuelles Verlangen oder Abneigung entwickelt. Da diese Pheromone völlig geruchlos sind, nimmt man sie auch nicht bewusst wahr, sondern wird durch sie, ohne es zu bemerken, unwillkürlich beeinflusst. Das kann sich durchaus auf die Partnerwahl auswirken, wenn man einmal einem Menschen bis auf ein oder zwei Meter nahe gekommen ist, denn so weit wirken diese Kuppler. Diese Nähe von ein bis zwei Metern können wir freilich bewusst herstellen, wenn wir jemanden attraktiv und somit in unser Beuteschema passend finden und uns diesem vorerst einmal rein optischem Objekt der Begierde mehr oder weniger geschickt nähern. Dem sei weiter hinten noch eine ausführlichere Darstellung gewidmet.

Und gerade an den Pheromonen und deren Auswirkungen auf die Partnerwahl kann man das steinzeitliche Grundprinzip ebenso wie die eingeschränkte Freiwilligkeit im Handeln deutlich erkennen. Der unbewusst wahrgenommene Körperduft eines Menschen drückt nämlich auch sein genetisches Profil aus. Dies geschieht durch das sogenannte persönliche HLA-Profil (HLA = Human Leukocyte Antigene – das ist eine geruchlose Duftmischung auf genetischer Basis), welches neben den für die sexuelle Erregung zuständigen Pheromonen die Partnerwahl ganz entscheidend beeinflusst. Dieses HLA-Profil bewirkt in eleganter Kooperation mit den Pheromonen, dass wir uns Partner aussuchen, welche ein passendes genetisches Profil haben, um gesunden Nachwuchs zu zeugen, der den Fortbestand der Art sichert. Hier finden wir also wieder einmal eine biologische Notwendigkeit zur Arterhaltung. Besonders empfänglich sind Frauen für Männerduft in biologisch sinnvoller Weise an ihren fruchtbaren Tagen – am wenigsten empfänglich dafür sind sie während der Schwangerschaft. Dieser Mechanismus bedarf keinerlei Anstrengung, er läuft völlig unbewusst ab, wenn wir jemanden kennenlernen. Eine spannende Fragestellung dazu ist, ob wir eine partnerschaftliche Anbahnung dadurch unterstützen können, dass wir uns vorm ersten Date nicht duschen anstatt teure Parfums zu versprühen. Auf diese Weise könnten die natürlichen Lockmittel ihre volle Wirkung entfalten. Mittlerweile gibt es sogar Hersteller von Pheromonprodukten, deren Wirkung allerdings angezweifelt wird. Und die Substanz, die Jean-Babtiste Grenouille in Patrick Süskinds Roman »Das Parfum« aus Laure und 24 anderen ausnehmend schönen Mädchen hergestellt hat, bleibt hoffentlich eine Fiktion.

Aufgrund diverser biologischer Neckereien ist das Kennenlernen und Verlieben folglich nicht ganz so ausschließlich freiwillig, betörend und romantisch, wie häufig dargestellt oder empfunden: Die duftmäßig erzeugten Schmetterlinge im Bauch dienen letztlich der Arterhaltung, einem evolutionsbiologischen Grundprinzip, an das aber die wenigsten denken, wenn sie vor dem Standesamt im Beisein tränenertränkter Schwiegermütter ihr »Ja!« hauchen. Einen recht humorigen Beweis für den hormongesteuerten Autopiloten lieferte ein Forscherteam der Universität von New Mexico, welcher 2007 in der Fachzeitschrift »Evolution in Human Behavior« publiziert wurde. Die Studie wurde in Table-Dance-Lokalen durchgeführt und das Forscherteam kam zu dem Ergebnis, dass Männer jenen freizügigen Tänzerinnen, die gerade ihren Eisprung hatten, 49 Prozent mehr Trinkgeld in deren Höschen steckten als jenen, die gerade ihre Menstruation hatten. Diese zweifellos vorhandene unbewusste Komponente bei der Partnerwahl zeigt uns jedenfalls schon einmal eine Richtung, die für die Beeinflussung ganz wesentlich ist, nämlich die nur *scheinbare* Freiwilligkeit in unserem Denken, Handeln und Tun – zumindest bei genau jener Angelegenheit, bei der wir uns vielleicht am stärksten einbilden, dass sie unsere zutiefst ureigene auf Gefühlswallungen beruhende Entscheidung wäre. Dass genau diese Freiwilligkeit aber nicht so groß ist, wie wir gerne annehmen möchten, dürfte als Gedanke vor allem den Romantikern unter uns ein wenig unbehaglich sein. Doch dass es bei der Partnerwahl nicht nur um geruchlose Düfte geht, das werde ich in einem späteren Kapitel und zur Beruhigung der Romantiker noch genauer ausführen.

Als eine kleine Randbemerkung sei hier die Personalsuche angesprochen, denn auch diese kann zumindest beim persönlichen Vorstellungsgespräch nicht duftfrei ablaufen. »Wen stelle ich denn da wirklich ein? Jemanden, den ich riechen kann oder eher jemanden, den ich nicht riechen kann?« Sollen sich Personalverantwortliche beim Interview die Nase zustopfen, um diese unbewusste Komponente auszuschalten? Wenn der Bewerber den Job nicht bekommt, dann weiß er, woran es gelegen haben könnte – wenn er ihn bekommt, auch.

Doch diese diversen Duftstoffe und deren Einfluss auf unser Verhalten sind nur ein Beispiel dafür, wie unser Körper unser Verhalten beeinflusst. Der Frauenvolksmund etwa beschreibt die intellektuellen Fähigkeiten und das Verhalten mancher Männer mit »Der hat sein Hirn in der Hose«, was eindeutig auf die Wirkung des männlichen Hormons Testosteron zurückzuführen ist, welches Männer aggressiver, triebhafter und leichtsinniger als Frauen macht. Das Glückshormon Serotonin, das unter anderem bei gemäßigtem Ausdauersport oder beim Singen gebildet wird, sorgt dafür, dass unsere Stimmung steigt. Überraschenderweise ist gerade der Serotoninspiegel bei frisch Verliebten besonders niedrig, wie die Psychologin Donatella Marazziti nachwies. Bei Menschen, die besonders eifersüchtig sind, findet man übrigens auch häufig extrem niedere Serotoninspiegel. Dadurch werden die Gedanken fast zwanghaft: Für frisch Verliebte ist es fast unmöglich, nicht an den neuen Lover zu denken. Da aber niedrige Serotoninspiegel auch Traurigkeit und Nervosität hervorrufen, werden die mit den Schmetterlingen im Bauch auch schnell niedergeschlagen oder nervös, wenn der Geliebte nicht rasch auf eine SMS reagiert. Wenn es dunkel wird, dann schüttet die Epiphyse Melatonin aus. Dieses Hormon sagt den Körperzellen und dem Gehirn, dass es jetzt Zeit ist, um schlafen zu gehen.

Dieses Wechselspiel zwischen unseren Sinnen und körperlichen Erscheinungen ist erkennbar einer hierarchischen, uralten biologischen Ordnung unterworfen, welche wiederum zur Beeinflussung geeignet ist. Dass es dieses Wechselspiel gibt, nach dem Descartes so verzweifelt gesucht hat und das sich auch in dem vorliegenden Beispiel der Lockstoffe recht gut darstellen lässt, steht außer Zweifel. Diese Ordnung und Hierarchie fußt auf fundamentalen Naturgesetzen, die älter sind als die Menschheit selbst und im Steinzeitmenschen bereits vorhanden waren – genauso wie sie unser Handeln auch heutzutage beeinflussen. Dabei geht es um die Erhaltung der Art und um die Erhaltung des Individuums, welche sich immer als die oberste Ebene aller Hierarchien durchsetzt. Mit diesen Hierarchien lässt sich auch teilweise erklären, warum Frauen eher kalte Hände und Füße haben als Männer: Frauen müssen aus Sicht der Fortpflanzung die inneren Organe warm halten. Deshalb konzentriert sich die Wärme eher auf die Körpermitte, denn Extremitäten lässt der

Körper im Anlassfall zuerst absterben – die benötigt man nicht unbedingt zur Reproduktion. Funktionell liegt das am Östrogen und einer verminderten Ausschüttung von Schilddrüsenhormonen. Männer hingegen benötigen ihre Hände und Füße für die Jagd und insgesamt für ihre Art der Lebenserhaltung, weshalb sie einen höheren Grundumsatz haben, der sie an den Extremitäten langsamer auskühlen lässt.

Diesen Betrachtungen folgend sind wir schnell bei einem Themenbereich, der uns täglich, ja sogar stündlich, begleitet und beeinflusst: bei unseren Bedürfnissen.

**IHR DESTILLAT:**

Unsere Wahrnehmungen und Handlungen folgen gewissen hierarchischen Prinzipien, die wir nur schwer beeinflussen können, weil sie häufig unbewusst ablaufen. Die oberste hierarchische Ebene dient immer der Erhaltung des Individuums und der Art. Eine detailliertere Modulation dieser Prinzipien übernehmen Hormone und Botenstoffe.

## 2.4 HIERARCHIE UND ANARCHIE DER BEDÜRFNISSE

*»Unsere Sehnsucht wird immer größer,*
*je weniger wir sie befriedigen können.«*
Niccolò Machiavelli

Treffen Sie sich gerne mit Freunden, wenn Sie ausgesprochen müde sind? Haben Sie Lust auf Sex, wenn Sie hungrig oder durstig sind? Bleiben Sie in einem Gespräch völlig entspannt, wenn die Akkuleistung Ihres Smartphones gerade mit warnenden Piepstönen das nahende Ende ankündigt?

Die Mehrheit der mit diesen Fragen konfrontierten Menschen würde wohl mit »Nein« antworten, denn erst wenn das eine Bedürfnis befriedigt ist, kann das nächste die Oberhand gewinnen. Deshalb kann es durchaus zielführend sein, wenn man Sex haben will, vorher in ein gediegenes, möglichst romantisches Restaurant zu gehen, Unpässlichkeiten oder Ermanglungen an schwiegermütterlicher Fürsorge für den Nachwuchs zu erfinden, wenn man für ein Treffen zu müde ist oder das Smartphone aufzuladen, bevor man das Haus verlässt. Doch nun stellt sich hier eine provokante Gegenfrage: Was geschieht, wenn alle Bedürfnisse befriedigt sind, wenn kein Mangel mehr besteht und jegliche Motivation erloschen ist? Die Antwort darauf ist erschreckend: Der Sinn des Daseins erlischt, der psychische Tod tritt ein, denn der Mensch befindet sich in diesem Zustand in einem totalen Nichts. Unsere Bedürfnisse – wie auch immer sie entstehen, woher sie kommen und wofür sie gut sind – halten uns in unserem psychischen Dasein und sind unser innerer Antrieb. Eine Depression beschreibt diesen Verlust an Bedürfnissen recht gut. Sie ist gekennzeichnet durch eine gedämpfte Stimmungslage, Antriebslosigkeit,

Motivationslosigkeit, Interessen- und Freudlosigkeit bis hin zur völligen Gefühllosigkeit und inneren Leere, in der positive Dinge nicht mehr existieren. Depressive Menschen *denken* nicht nur häufig an Selbsttötung und Tod, sie *sind* in gewisser Weise psychisch tot. Interessant erscheint, dass die Depression in Ländern mit hohem Einkommen häufiger auftritt als in Ländern mit mittlerem und niedrigem Einkommen. Liegt die Ursache etwa darin, dass in Ländern mit mittlerem oder niedrigem Einkommen noch nicht so viele Bedürfnisse befriedigt sind? Man weiß es nicht sicher, aber darüber nachzudenken lohnt sich eventuell. Albert Einstein hat diesen Zustand treffend formuliert: »Wer keinen Sinn im Leben sieht, ist nicht nur unglücklich, sondern kaum lebensfähig.« So gesehen sind unbefriedigte Bedürfnisse und Mangelzustände eine besonders wichtige Triebfeder und ein wesentlicher Motivator im menschlichen Verhalten. Das Fehlen von etwas und das daraus entstehende Begehren, dieses Fehlen auszugleichen, treibt uns an, lässt uns das Leben sinnerfüllt und zielgerichtet leben. Doch dies geschieht nicht willkürlich, sondern hat eine Rangordnung. Ein recht brauchbares, weil verständliches Modell dazu hat der amerikanische Psychologe Abraham Maslow 1943 entwickelt. Grundsätzlich sagt sein Modell aus, dass erst ein Bedürfnis niedrigerer Ordnung befriedigt werden muss, bevor das nächste Bedürfnis entsteht. Ganz so absolutistisch ist es aber nach Maslows Ansicht nicht, er besteht nicht auf einer 100-Prozent-Befriedigung, es reichen auch bereits 70 Prozent und manchmal sogar weniger, damit das nächste Bedürfnis relevant werden kann. Man muss also nicht gänzlich ausgeschlafen sein, wenn man sich mit Freunden treffen möchte, Sex ist auch ein klein wenig hungrig möglich, und manche gehen sogar mit einem halb aufgeladenen Akku außer Haus.

Das erwähnte Modell ist als *Bedürfnispyramide* in die Geschichte eingegangen – und diese hat fünf Ebenen, beginnend mit den *physiologischen Bedürfnissen*, die uns dazu anhalten, zu essen und zu trinken, weil wir das müssen – ebenso wie das Ausscheiden inklusive des Flatulierens. Auch zu schlafen und zu atmen gehört dazu. Seien Sie also nicht allzu verstimmt, wenn jemand in Ihrer Gegenwart gewisse Darmwinde vernehmbar entfleuchen lässt, denn sonst müssten Sie es auch sein, wenn er atmet.

In diesem Basislager der Bedürfnisse ist auch Sex angesiedelt, allerdings der rein biologische Zweck desselben, der als Grundbedürfnis der Trieb zur Arterhaltung ist. Homosexualität hingegen ist kein biologisches Grundbedürfnis, denn es dient nicht der Arterhaltung. Sind alle diese Bedürfnisse zumindest einigermaßen befriedigt, dann treten die *Sicherheitsbedürfnisse* in den Vordergrund – dazu gehört die materielle Sicherheit in Form eines Arbeitsplatzes, aber auch die körperliche Sicherheit und medizinische Versorgung, ein Dach über dem Kopf. Schutz vor Einbrechern und Autodieben reihen sich ebenfalls hier ein. Auch das Angebot eines moralischen Grundgerüstes wie es eine Religion bietet, gehört in diese Bedürfniskategorie. Ist der Mensch auf dieser Ebene befriedigt, erwachen die *sozialen Bedürfnisse*. Dazu gehört es, lieben und geliebt werden zu wollen sowie sexuelle Intimität ohne biologische Notwendigkeiten auszuleben – also hier kann dann auch Homosexualität geschehen. Wünsche nach einer intakten Familie, nach Gefühlen von Geborgenheit, einem inspirierenden Freundeskreis und guten Freunden an sich werden hier vordergründig. Wichtig sind auf dieser Ebene auch Lob, Anerkennung, Geltung, Macht und Status – wenn möglich mit dem dickeren Auto vor der Garage als der Nachbar eines hat. Bei den sozialen Bedürfnissen finden wir den Übergang von den sogenannten

Defizitbedürfnissen zu den Wachstumsbedürfnissen: Anstatt dass wichtige Notwendigkeiten ausgeglichen werden müssen, richtet sich die Motivation hier dem Wachstum. Nun erwachen die *Individualbedürfnisse* in verstärktem Ausmaß, hier wird die Persönlichkeitsentwicklung wichtig, es geht um Respekt von und vor anderen. In diese Ebene fallen zudem die Motivation für Sport oder andere Leistungen. Der Übergang zur obersten Ebene — zur *Selbstverwirklichung* — ist recht fließend. Maslow selbst sagt von dieser Ebene, dass sie das Bedürfnis widerspiegelt, »all das zu werden, was jemand werden kann«. Hier imponieren Kreativität, Ethik und Moral, aber ebenso die Motivation, das eigene Potenzial auszuschöpfen. Auch Empathie, Transzendenz und Spiritualität bis hin zur Ekstase finden hier ihre Entsprechung.

Neuere Erkenntnisse und das intensive Studieren der Menschen im Alltagsleben haben Spaßpsychologen dazu veranlasst, zu diesen fünf Ebenen zwei weitere hinzuzufügen, nämlich *Wlan* und *Akku*. Ganz so falsch ist das nicht, wenn man an Bedürfnisse als Ursprung von Motivation denkt und das Verhalten derer beobachtet, welche diese beiden Ebenen gerade nicht zur Verfügung haben. Und genauso wie man immer wieder hungrig, durstig oder müde wird, geht auch die Akkuleistung zu Ende oder ist nicht immer ein Wlan verfügbar. Defizitbedürfnisse müssen folglich immer wieder befriedigt werden, wobei sie beim Nichtgelingen die Befriedigung der höheren Bedürfnisse stören können. Dies ergibt dann eine deutliche Bedürfnisanarchie, die alle Abläufe im Leben durcheinanderwirbeln kann.

Ein typisches Beispiel ist die Alkoholsucht, denn das Trinken von Alkohol an sich ist keine Befriedigung eines Defizitbedürfnisses, sondern ein Genuss und somit eher ein Individualbedürfnis, auch wenn Bier in Bayern zu den

Grundnahrungsmitteln gehört. Sobald der Genuss aber zur Sucht wird, die das gesamte Denken und Handeln beeinflusst oder sogar bestimmt, stört das alle Bedürfnisebenen und der Alkoholsüchtige gerät in seinem Lebenskonzept aus den Fugen. Alkoholkranke schildern manchmal, dass sie am Morgen gar nicht aufstehen können, ohne vorher getrunken zu haben. Gut erkennbar ist die alkoholische Abwärtsspirale an den berühmten drei F – Führerschein, Firma und Familie –, die häufig in dieser Reihenfolge verlorengehen (wobei mit »Firma« die Arbeitsstelle gemeint ist), begleitet von den körperlichen Erscheinungen bis hin zur Leberzirrhose, Herz-Kreislauf-Erkrankungen oder Krebs. All das passiert Alkoholkranken meist, obwohl sie die Folgen kannten. Aber die wichtigste, allerdings nur scheinbare Bedürfnisbefriedigung ist der Alkohol geworden, und Ethanol hält sich nicht an Maslows Pyramide. Wir sehen: Es gibt Mechanismen, welche diese Pyramide außer Kraft setzen können – vielleicht nicht vollständig, aber doch entscheidend. Daraus ergibt sich die Frage, inwiefern wir überhaupt über unsere Bedürfnisse oder vielmehr über deren Befriedigung frei entscheiden (können). Bei näherer Betrachtung dieser Bedürfnispyramide sind wir demnach bei einem spannenden Oszillieren zwischen unbewusster Beeinflussung und bewusster Entscheidung angelangt. Wie frei unser Wille und unsere Entscheidungen tatsächlich sind, darauf komme ich später noch zu sprechen. An dieser Stelle geht es im Wesentlichen darum, wie diese Bedürfnisse unsere Handlungen leiten können.

Sicher sind Sie schon einmal mit knurrendem Magen in den Supermarkt gegangen – mit der Absicht, nach der Arbeit und vor Ladenschluss noch schnell die nötigen Lebensmittel zu besorgen. Zu Hause angekommen hat Sie dann beim Ausräumen der Einkaufstasche immer mehr der Gedanke beschlichen, dass Sie viel zu viel eingekauft haben, speziell dann, wenn Sie auf dem Nachhauseweg im Auto noch diese eine Leberkäsesemmel gegessen haben, die Sie für die Überbrückung des ärgsten Hungers erstanden haben. Was ist da geschehen? Ganz einfach: Die Grundbedürfnisse haben Sie überlistet, vor allem der Hunger! Die materielle Sicherheit – ein Bedürfnis, welches eine Ebene höher angesiedelt ist – hatte keine Chance. »Die Energie folgt der Aufmerksamkeit« lautet ein Spruch, der dem Physiknobelpreisträger Werner Karl Heisenberg zugeordnet wird – und er zeigt ganz klar, dass Ihre Aufmerksamkeit durch den Hunger geleitet war, und die daraus entstandene Energie, eine »Einkaufsenergie« sozusagen, ließ Ihre Einkaufstasche übermäßig voll werden.

Jeder von uns kennt den Zustand des akuten Harndranges. Denken Sie an eine Bus- oder Autoreise, die Sie unternommen haben: Beim Mittagessen haben Sie zum Gulasch zwei Halbe Bier zu sich genommen. Bevor Sie wieder in den Bus eingestiegen sind, haben Sie wie die meisten anderen Mitreisenden noch die Toilette aufgesucht und alles schien in bester Ordnung. Als alle wieder eingestiegen waren, hat der Busfahrer verkündet, er werde nun die nächsten zweieinhalb Stunden durchfahren, bis zur Kathedrale St. Georg, deren Besichtigung im Reiseprogramm angekündigt war. Auf der Autobahn musste der Reisebus plötzlich stehenbleiben, denn es gab einen Stau durch eine Totalsperre wegen eines Unfalls. Nach einer guten Stunde im Stau haben Sie vermutlich gespürt, dass die zwei Bier nach und nach die Glomeruli ihrer Nieren passiert hatten und allmählich in Ihrer Blase angekommen waren. Das Bedürfnis, Ihre Blase ein wenig zu entlasten, ist wahrscheinlich allmählich angestiegen. Einigen Ihrer Mitreisenden ist es sicherlich genauso wie Ihnen ergangen. Allmählich ist Ihr Denken und Fühlen von den akuten Meldungen Ihrer Blase mehr und mehr vereinnahmt worden und erste Anzeichen eines schmerzhaften Ziehens im Unterleib haben sich unter Umständen breitgemacht und Ihr Interesse, an den Unterhaltungen im Bus teilzunehmen, ist zusehends geschwunden. Sie haben eventuell begonnen, sich anderen Mitreisenden anzuvertrauen und mehr und mehr Ihre Not zu beklagen, haben sich mit Ihren beharndrängten Leidensgenossen solidarisiert. Schließlich ist dem Busfahrer keine andere Möglichkeit geblieben, als die Bustüren zu öffnen, damit Sie mitsamt ihren Leidensgenossen hinaus konnten, um über die Leitplanke zu steigen, den Hosenschlitz zu öffnen und sich zu erleichtern. Dies ist vielleicht vor den Augen zahlreicher mitstauender Menschen geschehen, aber das war Ihnen in diesem Zustand höchster Not völlig gleichgültig, weil dieses Grundbedürfnis namens »Ausscheidung« befriedigt werden musste. Alle höher angesiedelten Bedürfnisse waren zu diesem Zeitpunkt hintangestellt, wie etwa Ihre Bedürfnisse nach Anerkennung. In diesem Zustand haben Sie sicher auch nicht an Lebensträume wie eine tolle Villa am Strand als Eigenheim, sondern höchstens an die Toilette darin gedacht. Ein neues Auto geschweige denn Selbstverwirklichung durch Meditation ist Ihnen schon gar nicht in den Sinn gekommen, richtig?

Ein weiteres recht anschauliches Beispiel für die Ausnutzung von Bedürfnissen zur Beeinflussung sind Wahlkämpfe. Achten Sie einmal darauf, welche Partei in einem Wahlkampf welche Bedürfnisse anspricht und wie erfolgreich sie damit ist. Die Nationalratswahl in Österreich im Herbst 2017 wurde eindeutig vom Thema »Migration« und dadurch ausgelöste Sicherheitsbedürfnisse dominiert. Welche Partei hat da welche Bedürfnisse angesprochen, und welche Partei hat gewonnen? Sicherheit ist ein Defizitbedürfnis, welches sich unmittelbar nach den Grundbedürfnissen einreiht. Durch die massenhafte, vor allem in den sozialen Medien hochgespielte Bedrohung durch Migration wurden Ängste geschürt, welche das Bedürfnis nach Sicherheit gesteigert haben – und einige Fälle von Straftaten durch Migranten haben es zusätzlich verstärkt. Im Wahlkampf wurde dieses Thema von manchen Parteien signifikant stärker in den Vordergrund geschoben, um sich dann auch gleichzeitig als der Retter in der Not anzubieten. Jene Partei, welche dieses Spielchen mit den Bedürfnissen am geschicktesten gespielt hat, ging dann auch als Sieger hervor. Hierbei ist es nicht wichtig, diese Partei oder darin handelnde Personen namhaft zu machen – es geht nur um das Prinzip dieses wirksamen Mechanismus. Bei dieser Wahl flog auch eine renommierte Partei mit Anlauf aus dem Parlament, wobei sie interne Streitereien, Parteispaltungen und dergleichen als Gründe für das grandiose Scheitern angab. Aber das ist nur ein Teil der Wahrheit. Letztendlich befand sie sich mit ihren Wahlprogrammen und Slogans, welche als Hauptthemen »Feminismus«, »Homosexualität«, »Erlaubnis zur Abtreibung« und »pro Europa« beinhalteten, auf einer höheren Bedürfnisebene als diejenigen Parteien, welche aufgrund der aktuellen Lage mit der Sicherheit spielten. Aber da ja immer zuerst Bedürfnisse niedrigerer Ordnung befriedigt werden müssen, konnten sie gegen diese nur verlieren.

Was lernen wir daraus? Man kann keinen erfolgreichen Wahlkampf führen, ohne die aktuellen Bedürfnisse der Wähler zu beachten oder gar die Wähler damit zu infiltrieren, welche Bedürfnisse sie gerade haben sollten. Bemerkenswert ist in diesem Zusammenhang, dass der Spitzenkandidat derselben erfolglosen Partei bei einer wenige Monate später stattgefundenen Gemeinderatswahl in einer Landeshauptstadt im April 2018 gewonnen hat. Wenige Tage vor der Wahl erklärte der erfolgreiche Spitzenkandidat, ein Dach über dem Kopf sei den Wählern wichtiger als die Debatte über das Binnen-I. Diese Aussage fand ein großes Medienecho, da seine Vorgängerin als Stadtparteichefin daraufhin nur zwei Tage vor der Wahl empört aus der Partei austrat. Dies hat dem Spitzenkandidaten aber keineswegs geschadet – ganz im Gegenteil: Er hat die Wahl gewonnen. Zu diesem Erfolg beigetragen hat mit großer Wahrscheinlichkeit, die Bedürfnispyramide in der richtigen Reihenfolge dargestellt zu haben, denn ein Dach über dem Kopf zu haben ist ein Grund- oder Defizitbedürfnis, das Binnen-I hingegen gehört zu den Wachstumsbedürfnissen.

Angemerkt sei hier aber schon, dass Wahlkämpfe natürlich um einiges komplexer sind, als es durch diese recht simple Darstellung den Anschein haben mag – man denke nur an die Persönlichkeitsprofile der Wahlwerber als Sympathieträger. Dennoch spielen Bedürfnisse eine nicht zu unterschätzende Rolle, speziell wenn deren gewünschte Befriedigung mehrheitsfähig ist.

Nun ist aber das Modell von Maslow nicht das einzige, welches unsere Motivation, etwas zu tun, beschreiben kann. Der Vollständigkeit halber seien hier noch einige weitere Modelle beschrieben, damit Sie eine gewisse Auswahl haben bei ihren Betrachtungen und Bewertungen. William James, ein vor allem im zu Ende gehenden 19. Jahrhundert aktiver US-amerikanischer Psychologe und Philosoph, wird als der Begründer der Psychologie als Wissenschaft in Amerika gesehen. Im Wesentlichen geht es bei seinem Modell darum, dass menschliches Verhalten hauptsächlich durch den Drang zu überleben geformt wird, sowie durch die Notwendigkeit, die eigenen Gene weiterzugeben. Der Evolutionstheorie folgend, wonach der genetisch Fitteste überleben bzw. sich durchsetzen wird und somit auch seine Gene weitergeben kann, beeinflusst die Fortpflanzung ganz wesentlich das Verhalten der Menschen. Und genau das ist auch die Verbindung zwischen dem Drang zu überleben und der Genetik, denn nur wer überlebt, bekommt die Möglichkeit, seine Gene weiterzugeben. Und das ist eine starke Quelle der Motivation. Evolution beinhaltet, dass alle Tiere – Menschen miteingeschlossen – in einer Art und Weise handeln, die ihr maximales Fortpflanzungspotenzial unterstützt. Wie weiter vorne Verhalten als gewissen Hierarchien unterworfen beschrieben wurde, sei hier erwähnt, dass die Erhaltung der Art eine ganz oben angesetzte Hierarchieebene darstellt, womit sie maßgeblich unser Verhalten beeinflusst. Für den Einzelnen heißt das, bestmögliche Ergebnisse zu produzieren, nämlich zu überleben, um gesunde, fitte Nachkommen zu zeugen und zu gebären. Das bedeutet für das menschliche Verhalten weiter, immer jene Option zu wählen, die den größten Nutzen bringt und dabei am wenigsten Aufwand kostet. Das harmoniert ideal mit der genetischen Fitness, denn Menschen werden durch den Drang, sich fortzupflanzen motiviert – idealerweise mit einem ebenfalls genetisch maximal fitten Partner, womit sie wiederum das genetische Potenzial ihrer Nachkommen optimieren und damit in weiterer Folge besser überleben können. So gesehen handelt der über 80-jährige Richard Lugner mit seinen um Jahrzehnte jüngeren Mausis, Bambis und dergleichen aus dem Tierreich entlehnten Gespielinnen der Evolution und dem Erhalt der Art heftig zuwider: Er betreibt sozusagen Evolutionsanarchie, denn seine gealterten Gene sind naturgemäß störungsanfällig. Oder aber Geld ist mittlerweile neben dem Drang zu überleben und der Weitergabe der besten Gene ein dritter Faktor der Evolution geworden.

Ein weiteres Modell stammt von dem 2000 verstorbenen Frederick Irving Herzberg, einem US-amerikanischen Psychologen und Arbeitswissenschaftler, und nennt

sich *Zwei-Faktoren-Theorie* oder *Motivation-Hygiene-Theorie.*
Ähnlich wie Maslow klassifiziert Herzberg die Bedürfnisse, wodurch für uns Interessierte ein überschaubarerer
Zugang geschaffen wird. Einschränkend muss erwähnt
werden, dass es sich hierbei um ein Modell handelt,
das einen starken Bezug zur Arbeitswelt hat. Herzberg
beschreibt damit, dass es zwei Einflussgrößen gibt, welche
die Zufriedenheit und Unzufriedenheit ausmachen, nämlich Motivatoren und Hygienefaktoren. Die Motivatoren
beziehen sich auf den Inhalt der Arbeit – es geht dabei um
Anerkennung, Lob, Verantwortung, Entwicklungs- und
Aufstiegsmöglichkeiten, die Arbeit an sich und Erfolgsaus-
sichten. Dem stehen die Hygienefaktoren gegenüber, die
auf die Bedingungen der Arbeit bezogen sind. Dement-
sprechend handelt es sich um Einflussgrößen wie Gehalt,
Arbeitsbedingungen, Verhältnis zu Kollegen und Vorgesetzten, Führungsstile, Arbeitsplatzsicherheit, Work-
Life-Balance und Personalpolitik. Die Hygienefaktoren
sind nicht dazu geeignet, die Arbeitszufriedenheit zu steigern, sehr wohl sinkt die Arbeitszufriedenheit aber umgekehrt, wenn diese Faktoren unzureichend vorliegen. Die
Motivatoren hingegen steigern die Arbeitszufriedenheit.
Sie können aber zu Hygienefaktoren werden, wenn sie nicht
mehr wahrgenommen werden. Reinhard K. Sprenger
sagt dazu: »Arbeit macht Spaß oder krank. Wenn Sie
Ihren Job nicht lieben, können Sie es sich nicht leisten, ihn
zu behalten.«
Mitarbeiter bringen dann ihre beste Leistung, wenn sie
in einer Umgebung arbeiten können, die ihre Bedürfnisse
befriedigt und ihnen die Möglichkeit bietet, innerhalb
und außerhalb ihres Jobs glücklich zu sein. Daher liegt
in diesem Modell eine recht erfreuliche Botschaft für uns
alle, denn um zufrieden, glücklich und erfolgreich zu sein,
brauchen wir uns nur den geeigneten Arbeitsplatz im ge-

eigneten Unternehmen zu suchen. Zudem sei empfohlen, den eigenen Chefs dieses Zwei-Faktoren-Modell näherzubringen, wenn sie klagend feststellen, dass es doch schon eine Kaffeemaschine im Büro gebe und die Mitarbeiter trotzdem jammern.

Das nächste zu betrachtende Modell nennt sich *Drive Reduction Theory* oder *Lerntheorie*, als deren Mitbegründer Clark Hull angesehen wird. Nebenbei gilt Hull übrigens auch als der Begründer der wissenschaftlichen Hypnoseforschung. Die Grundidee dieses Modells besteht darin, dass Menschen immer bestrebt sind, ihre physiologischen Bedürfnisse zu befriedigen, um in einen inneren Gleichgewichtszustand zu gelangen, welcher »Homöostase« genannt wird. Mit diesen Gleichgewichtszuständen ist beispielsweise gemeint, es nicht zu kalt oder zu heiß zu haben, weder Hunger zu leiden noch überfressen zu sein, ausreichend Schlaf zu finden und viele andere dieser täglichen Befindlichkeiten befriedigt zu bekommen. Auch in dieses Modell würde die Geschichte von der Busreise und dem Harndrang passen. Ausgehend von Hulls Überlegungen sagt es, dass Menschen motiviert sind, aktiv zu werden, wenn diese Homöostase gestört wird. In diesem Motivationsmodell wird ebenfalls zwischen Primärbedürfnissen wie Ernährung, Fortpflanzung, Ausscheidung, und sekundären Bedürfnissen unterschieden: Zweitgenannte sichern weniger das Überleben als vielmehr das Wohlbefinden wie etwa das Streben nach Erfolg, Geld und Vergnügen. Hull behauptet, dass Lernen nur existieren kann, wenn es in irgendeiner Weise ein Bedürfnis befriedigt oder modelliert. Interessant wäre es, in Bezug darauf zu untersuchen, inwieweit die Lehrpläne unserer Schulen einerseits, aber auch die Lehrköper andererseits sich an den Erkenntnissen Hulls orientieren – speziell, wenn einem Schüler untersagt wird, während des Unterrichts die Toiletten aufzusuchen.

Weiter geht es nun mit der *Zwei-Faktoren-Theorie* der Emotion, die auf den US-amerikanischen Sozialpsychologen Stanley Schachter zurückgeht und die er gemeinsam mit Jerome E. Singer vornehmlich experimentell mit Adrenalinversuchen erarbeitet hat. Vorab muss einschränkend hinzugefügt werden, dass diverse Wiederholungen dieses Experimentes nicht immer dieselben Ergebnisse lieferten. Schachter und Singer legten der Motivation eine vorausgehende physiologische Erregung zugrunde, wobei der Grad der Motivation von der Art und Intensität der Erregung abhing. Der Kern des Modells liegt in der Höhe der Sensibilität für eine Belohnung oder Zielerreichung, welche das mentale Wohlbefinden unterstützt. Dabei sind zuerst die körperlichen Symptome spürbar und wir versuchen dafür eine Erklärung – abhängig von der aktuellen Situation – zu finden. Dem Erreichen von etwas Dienlichem für das Wohlbefinden geht immer eine biologische Erregung voraus, etwa durch die Neurotransmitter Dopamin oder Adrenalin. Das motiviert den Einzelnen dazu, gezielte Entscheidungen zu treffen, um ein Wohlbefinden zu erreichen. Darum springen wir in die erfrischenden Meeresfluten, wenn uns am Strand zu heiß geworden ist, denn die Abkühlung bringt das gewünschte Wohlbefinden.

Dieses Modell ist so gesehen auf einen möglichen Lustgewinn zentriert – und auf die Steigerung des Wohlbefindens als handlungsauslösende Motivatoren menschlichen Verhaltens. Daher wundert es kaum, dass dieses Modell vor allem bei den Marketingverantwortlichen in der Konsumgüterindustrie großen Anklang findet, die sich viel einfallen lassen, um mit gewissen Reizen angenehme Gefühlsvorstellungen zu erzeugen, die wiederum dazu führen können, dass Kunden teurere Produkte kaufen. Denken Sie deshalb an Schachter und Singer, wenn Sie bei

Ihrem nächsten Shopping-Abenteuer (in diesem Begriff findet sich übrigens das Wort »teuer«) mit angenehmer Musik berieselt werden! Und gehen Sie keinesfalls hungrig Lebensmittel einkaufen oder wenn Sie sich schlecht fühlen in eine Bekleidungsboutique!

Die als Nächstes vorgestellte *Incentive-Theorie* ist ein Modell, welches von vielen Verhaltenspsychologen unterstützt wird und keinen einzelnen Gründervater hat. Sie besagt, dass Menschen als Antwort auf extrinsische und intrinsische Belohnungen handeln. Dabei bezieht sich die extrinsische Motivation auf unwesentliche oder externe Faktoren, während sich die intrinsische Motivation auf wesentliche oder innere Faktoren bezieht. Das bedeutet, dass Menschen häufiger durch Belohnungen extrinsisch motiviert werden, als dass sie nur Dinge tun, wenn diese sie lediglich erfreuen oder weil sie irgendeine Aktivität ausschließlich als erfüllend empfinden. Dieses extrinsisch motivierte Verhalten können wir des Öfteren bei Handwerkern finden, die am Samstag noch zusätzlich zu ihrem Job unter der Woche am Bau Nachbarschaftshilfe leisten, diese zusätzliche Arbeit aber nicht verrichten, weil es sie besonders erfreut, sondern weil sie dafür Geld erhalten. Ideal wäre für uns somit eine Tätigkeit, welche uns sowohl erfreut als auch hoch belohnt wird. Wenn Sie also gerne malen, dann werden Sie einen hohen Grad an Zufriedenheit erreichen, wenn Sie ihre Bilder auch noch teuer verkaufen können.

Der US-amerikanische Sozialpsychologe Leon Festinger begründete ebenfalls ein Modell, das in Fachkreisen »kognitive Dissonanz« genannt wird. Bei seiner 1957 veröffentlichten Theorie geht es um die Grundbausteine menschlicher Gedächtnisinhalte, nämlich Vermutungen, Meinungen, Einstellungen, Wahrnehmungen, Informationen. Wenn zwei oder mehr solcher Grundbausteine zueinander im Widerspruch stehen, entsteht diese kognitive Dissonanz, die wir nicht wollen. Daher empfinden wir solche Zustände als unangenehm und haben das Bedürfnis, sie zu verändern. Und dieses Bedürfnis motiviert unser Handeln. Typisch hierfür ist es als Beispiel, wenn wir der Meinung sind, dass wir in einer Firma eine Position innehaben, für die wir überqualifiziert sind. Das erzeugt ein unangenehmes Gefühl, das wir beseitigen wollen. Deshalb fordern wir eine Beförderung oder leisten mehr, um befördert zu werden.

Der Verhaltenswissenschaflter Piers Steel begründete wiederum zusammen mit dem Arbeits- und Organisationspsychologen Cornelius J. König die *Aufschieberitis-Theorie*, im Englischen *Temporal Theory* genannt. Diese besagt kurz und vereinfachend zusammengefasst, dass die Motivation zu einer Handlung steigt, je näher wir an eine Deadline kommen, dass anders gesagt die Zeit ein wesentlicher Faktor der Motivation ist. Dazu gibt es sogar eine Formel, mit welcher der Grad der Motivation berechnet werden kann:

**Motivation = (Erwartung × Wert) / (1+ (Erregbarkeit × Aufschub))**

Diese Formel ist deshalb bemerkenswert, weil sie eine der wenigen Gelegenheiten bietet, in der Psychologie und Verhaltensforschung eine Aussage mathematisch objektivierbar darzustellen.

Grundlegend für alle Modelle ist, dass erst ein Mangelzustand, eine Nichtbefriedigung von Bedürfnissen eine Motivation auslöst und somit unser Denken und Handeln antreibt. Damit haben wir aber auch die Möglichkeit, unser Leben ein wenig zu steuern. Wissen wir einmal, was wir erreichen wollen – einerlei ob in der kommenden Stunde, am heutigen Tag oder im ganzen Leben –, dann wird uns das zu Handlungen führen. Durch dieses Begehren entsteht Motivation, damit kommt Bewegung ins Leben. Wer aber orientierungslos dahinlebt, der wird auch gleichzeitig hilflos werden. Am Ende geht es ja immer darum, seinen vermeintlichen Sinn im Leben zu finden, und ohne eine Orientierung ist das Leben nur ein hilfloser Versuch, die Sinnlosigkeit zu überwinden. Genau hier liegt aber auch eine große Spielwiese für Beeinflussungen: wenn Ihnen jemand die Orientierungslosigkeit abnimmt, indem er ein Angebot für Ihr Leben – für alle oder zumindest manche Bedürfnisse – schafft, das Sie attraktiv finden. Die Verführung kennt hier dann keine Grenzen.

---

**IHR DESTILLAT:**

Wir alle haben Bedürfnisse, welche sich nach gewissen Regeln und Hierarchien gestalten und ausgelebt werden möchten. Gleichzeitig sind unsere Bedürfnisse die wichtigsten Triebfedern für unsere Motivation, und genau daraus entsteht Verhalten. Ohne Bedürfnisse wären wir in einem bedeutungslosen Nichts gefangen.

---

## 2.5 ANSCHLAG AUF DEN FREIEN WILLEN

>*»Der Mensch könne tun, was er will,*
>*aber er könne nicht wollen, was er will.«*
>Arthur Schopenhauer

Wünschen und wollen wir, was wir wirklich wünschen und wollen? Diese Frage ist wohl kaum umfassend zu beantworten, weil jene Instanz, die sie stellt – nämlich unser Bewusstsein –, sich für ihre Beantwortung selbst überholen müsste. Neurowissenschaftler und Philosophen bemühen sich heftig, diese Frage für sich zu entscheiden. Die Feuerwerke an Kommunikation durch die unterschiedlichen Botenstoffe, die Vernetzungen der Nervenstrukturen im Gehirn, die fröhlich vor sich hin wirkenden Hormone und durch selbige beeinflusste Gehirnaktivitäten seien nicht dazu geeignet, einen freien Willen zu haben, behaupten die Neurowissenschaftler. Dem widersprechen die Philosophen energisch, nachdem sie seit Jahrtausenden unzählige *ismus*-Begriffe dazu für sich als die unumstößliche Wahrheit beanspruchen. Ausgehend von deren Diktat der Vernunft und des Verstandes verliert sich im Widerstreit der Argumente und vermeintlichen Beweise bald die Klarheit. Was die richtige Antwort sein kann, das scheint in einer fernen Galaxie zu schweben. Alleine schon in den vorherigen Absätzen haben wir gesehen, dass wir von Körperfunktionen beeinflusst werden – ob das nun unsere Nervenbahnen, Gehirnareale, Hormone, allenfalls auch Pheromone oder Bedürfnisse sind. Ob wir das wollen oder nicht – es geschieht und wir können das nur bedingt beeinflussen.

Nun sagte einst Aristoteles beinahe 400 Jahre vor unserer Zeitrechnung als einer der Gottobersten der alten griechischen Philosophen zur Willenswahl, es sei »ein überlegtes Begehren von etwas, das in unserer Macht steht«. Hier darf am Philosophen gezweifelt werden. Das zu wählen, was wir wirklich wollen – die sogenannte Freiheit des Willens – scheint zumindest nicht vollständig möglich zu sein, denn die Entstehung des Begehrens ist an sich schon von fragwürdiger Freiheit – zu stark sind körperliche Abläufe und Bedürfnisse darin verstrickt, als dass wir einen gänzlich freien Willen hätten. Stellen wir uns vor, jemand hätte den Wunsch, einige Kilo abzuspecken, weil er sich um seine Gesundheit sorgt, weil ihn die Schönheitsideale aus der Werbung aufstacheln, weil er seine Chancen beim anderen oder auch gleichen Geschlecht erhöhen will. Die Gründe für das Abnehmenwollen lassen sich alle in der Pyramide von Maslow wiederfinden, sind somit Bedürfnisse. Dieser Wunsch kann vage, unbestimmt und von halbherzigen Handlungen begleitet sein. Er kann bei dieser Person aber auch so groß sein, dass sie konsequent alles unternimmt, um das betreffende subjektiv empfundene oder tatsächliche Übergewicht loszuwerden: Jeden Tag schnürt sie ihre Joggingschuhe und läuft bei jedem Wetter eine Stunde; beim Einkaufen, Kochen und Essen achtet sie penibel darauf, Kalorien einzusparen. Kilo um Kilo verabschiedet sich daraufhin. Die Bekannten unserer fiktiven Person bewundern diese Ausdauer, sie sagen: »Die hat einen eisernen Willen!« Es mag schon sein, dass dieser vermeintliche Wille eisern ist und zielstrebig verfolgt wird, aber ist er deshalb auch freiwillig? Vielleicht nicht, denn der beschriebene Wille ist einem Wunsch entsprungen, und dieser Wunsch wiederum ist einem Bedürfnis entsprungen – einem das Bewusstsein infiltrierenden Mangelzustand. Die konsequente und zielstrebige Umsetzung liegt auf einer anderen Ebene als die Entstehung des Willens, nämlich in der Persönlichkeit des Ausführenden.

Wie wir in einem späteren Kapitel noch sehen werden, ist auch die Entstehung einer Persönlichkeit von verschiedenen bestimmenden Faktoren abhängig, auf die wir nur begrenzt Einfluss haben. Das, was wir als freien Willen ansehen – beispielsweise, wenn wir entscheiden, Gutes oder Böses zu tun oder eben abzunehmen –, ist unbestreitbar auch ein Sammelsurium an genetischen Dispositionen, epigenetischen Verstrickungen, gemachten Erfahrungen,

Prägungen und Konditionierungen vermischt mit gelernten, sozialisierten Verhaltensweisen, abhängig von der Umgebung, in der wir aufgewaschen sind. Überragend frei klingt das freilich nicht. Wie es dazu kommt, dass in jemandem ein solcher starker Wille zum Abnehmen entsteht und warum dieser so eisern umgesetzt wird, ließe sich mit einigen anderen Theorien ebenfalls erklären. Es klingt allerdings schlüssig und plausibel, dass wir von dem, was sich tatsächlich in unserem Gehirn abspielt, fast nichts bewusst wahrnehmen können. Die Informationsverarbeitung in unserem Gehirn ist dermaßen komplex und in allen Strukturen und Funktionen einander bedingend, dass die Willensfreiheit einer Illusion wirklich nahekommt. Fügt man diesem Konstrukt noch die Bedingungen hinzu, welche an die Natur des Menschen im Sinne der Arterhaltung geknüpft sind, dann wird die Illusion umso größer. Vielleicht hat Sie beim Lesen der vorangegangenen Gedanken ein unangenehmes Gefühl beschlichen. Unter Umständen mögen Sie es nicht, wenn Ihre Willensfreiheit in Frage gestellt wird. Damit sind Sie nicht allein: Die Vorstellung einer größtmöglichen Autonomie in unserem Denken und Handeln ist für unser Wohlbefinden von immenser Bedeutung. Darum empfinden wir den Gedanken, dass wir gegen unseren freien Willen beeinflusst werden könnten, als höchst unangenehm. Allerdings ist das eine Paradoxie, wenn allgemein Zweifel bestehen, dass es diesen freien Willen überhaupt gibt. Zumindest die Illusion, sich ausschließlich nach dem freien Willen entscheiden zu können, muss für unser gesundes Selbstbildnis aufrechterhalten werden.

Freilich kommt es mit der Hinterfragung – oder noch mehr mit der Bezweiflung der Existenz des freien Willens – zu einigen Dilemmata, speziell in der Religion, aber auch in der Rechtsprechung. Denn sollte der Wille nicht frei sein, wie kann man dann jemanden für seine Sünden oder Straftaten verantwortlich machen? Auch eine moralische Verantwortung für das Handeln des Einzelnen wäre damit in Frage gestellt. Diese weitläufigen und seit Jahrhunderten kontrovers diskutierten Fragen hatten naturgemäß einen starken Einfluss auf die Antworten und Ansichten dazu. Bei allen Betrachtungen zum freien Willen sind die Eingeweide etwas in Aufruhr ob der Uneinheitlichkeit und Komplexität, mit welcher dieses Thema vorstellig wird. Wenn einmal die Denkgewaltigen in Gestalt der Philosophen und Hirnforscher gegeneinanderprallen, wird es schwer, Brauchbares aus dieser Maische der Argumente zu destillieren. Dieses Thema mutet an wie ein boshafter Anschlag auf das Selbstverständnis des Menschseins, denn ohne freien Willen kann es Vernunft und Verstand nicht geben. Philosophie, Juristerei und Theologie würden degradiert werden zu einem sinnlosen rhetorischen Ping- Pong-Spiel zwischen neuronalen Feuerwerken. Kann das sein?

Es gibt tatsächlich einige Experimente vom US-amerikanischen Physiologen Benjamin Libet zum unfreien Willen, allerdings hat dieser nur bei ganz einfachen Handbewegungen in seinen 1979 durchgeführten Versuchen nachgewiesen, dass der Bewegung eine gewisse Gehirnaktivität vorausgeht. Da solch einfache Handbewegungen aber nicht bewusst entschieden werden, sind Libets Experimente höchst umstritten. Libet vermutete auch, dass es ein minimales Zeitfenster zwischen der Gehirnaktivität für eine Handlung und der tatsächlichen Handlung gibt, in der man eine beginnende Aktivität noch verhindern oder korrigieren kann. Dazu gibt es wiederum neuere Experimente, die zeigen, dass auch der Korrektur oder Verhinderung eine unbewusste Entscheidung vorangeht, welche von uns im Nachhinein als freie Entscheidung interpretiert wird. Hier treten nun wieder die Philosophen auf, die behaupten, dass dies alles vielleicht bei so unbedeutenden kleinen Bewegungen möglich sei, nicht jedoch bei den großen Entscheidungen des Lebens wie etwa der Partnerwahl. Doch auch diese ist alles andere als nur freiwillig, wenn wir etwa an die Pheromone, das HLA und die Prägungen auf ein bestimmtes Menschbild denken, aber auch an die vielen Zufälligkeiten, unter denen sich potenzielle Partner erst begegnen.

Damit scheint zumindest ein Hauptargument der Philosophen in Frage gestellt zu sein, nämlich dass wir viele Entscheidungen erst dann treffen, wenn wir sie reichlich überlegt haben, und nicht nur, weil die Neuronen und Hormone ein Feuerwerk gezündet haben. Nachdem das Bewusstsein als Ursache für unser Handeln von den Hirnforschern dramatisch in Frage gestellt, ja von manchen gar auf die Ebene einer Illusion verschoben wird und wir uns damit abfinden sollen, dass unser Gehirn längst entschieden hat, bevor uns etwas bewusst wird, bleibt zumindest ein zweifelndes Unwohlsein, ob das alles so stimmen kann. Der preußische Philosoph der Aufklärung – Immanuel Kant – gelangte zu der umgekehrten Einsicht, dass es von unserer Wahrnehmung abhängt, wie wir die Welt sehen, wobei wir niemals wirklich wissen werden, ob die »Dinge an sich« so sind, wie wir sie wahrnehmen. Wenn wir allerdings niemals wissen, wie die Dinge an sich sind, dann werden wir auch niemals wissen, ob es überhaupt einen Willen, einen Verstand oder eine Urteilskraft gibt. Der Berufspessimist und wohl einer der bedeutendsten Philosophen des 19. Jahrhunderts – Arthur Schopenhauer – nahm hier Bezug auf Kant und behauptete, dass dieses »Ding an sich« nichts anderes als der Wille sei. Wenn wir aber nicht wissen, was das Ding an sich ist, dann können wir auch nicht wissen, ob es sich dabei um den Willen handelt. Das alles liest sich vermutlich höchst dramatisch – und man könnte noch einige andere Philosophen herbeizitieren, doch dass es den freien Willen gibt, wird keiner beweisen können. Die Philosophen können zwar gewichtige Argumente und Schlussfolgerungen vorbringen – exaktes Denken ist immerhin deren Disziplin –, einen echten Beweis werden sie uns aber immer schuldig bleiben müssen.

Die hochgradig verwirrenden Betrachtungen zum freien Willen sind nicht dazu geeignet, die Frage zu lösen, ob es diesen nun gibt oder nicht. Vielleicht liegt die endgültige Wahrheit auch dazwischen, also anstatt nur schwarz oder weiß zu sein, gibt es einen Anteil, welcher nicht frei ist und einen anderen Anteil, der frei ist. Damit bliebe nur zu klären, wie hoch die jeweiligen Anteile sind. Für die Überlegungen zum Blickwinkel des Verzauberns und Verführens bedeutet das ein Abnehmen der rosa Brille, wenn wir uns eingestehen müssen, nicht so ganz frei zu sein in dem, was wir wollen. Das ist aber wahrscheinlich kein feiger Anschlag auf uns, womöglich hat es das Entstehen und Überleben der Menschheit sogar begünstigt, weil wir bewusst weniger Blödsinn angestellt haben.

Ganz außer Acht gelassen haben wir bisher körperliche Erscheinungen, die unseren freien Willen ganz und gar ignorieren, aber großen Einfluss auf unser Verhalten haben können. Nachdem ich für die oben aufgeworfenen Fragen keine schlüssige Antwort herbeiargumentieren kann, erwähne ich diese körperlichen Erscheinungen jetzt anhand eines Beispiels, welches sehr wohl zeigt, wie begrenzt unser Einfluss sein kann. Dieses recht anschauliche Beispiel für Beeinflussung ohne willentliche Entscheidungsgewalt ist das prämenstruelle Syndrom, kurz PMS genannt. Der Volksmund verkennt es unter Verwendung diverser respektloser Kommentare wie etwa »Die hat ihre Tage«, wenn eine Frau einmal stimmungsmäßig ein wenig unausgeglichen ist. Tatsächlich aber sind bis zu 30 Prozent der gebärfähigen Frauen zwei Wochen bis wenige Tage vor der Regelblutung davon betroffen und leider unter bis zu 100 möglichen Symptomen, die neben oft überaus beeinträchtigenden körperlichen Beschwerden auch seelische Beschwerden ertragen müssen, welche von Stimmungsschwankungen, Reizbarkeit, Depressionen, Aggressivität, Angstzuständen bis hin zu grundlosem Weinen reichen. Ursache dafür sind durcheinandergeratene weiblichen Sexualhormone, eine Dysbalance zwischen Östrogen- und Progesteronkonzentrationen sowie ein Abfallen des Glückhormons Serotonin. Der Auslöser dieses hormonellen Durcheinanders konnte leider noch nicht erforscht werden. Tatsächlich aber beeinflussen diese hormonellen Dysbalancen das Verhalten der unter PMS leidenden Frauen – ob sie das wollen oder nicht. Hierbei besteht kein Spielraum für freie Entscheidungen, allenfalls ein gewisses Maß an Selbstkontrolle, damit die seelischen Symptome für die Mitmenschen nicht zu auffällig sind, oder auch die Möglichkeit einer medikamentösen Überbrückung, um sie erträglich zu machen.

Nebst dem Verstand als lauwarme, unbeweisbare Ausdrucksform des freien Willens gibt es folglich zweifellos auch noch körperlichen Erscheinungen, die eben selbigen kräftig aushöhlen. Ein weiteres Feld bilden seelische Erscheinungen, die unseren freien Willen einschränken: Wir werden etwa das Gefühl der Trauer nicht willentlich beeinflussen können, wenn ein naher Angehöriger stirbt. Es ist nicht üblich, dass wir im Angesicht des Todes in Lachkrämpfe ausbrechen – außer vielleicht bei erheblichen psychischen Störungen.

Zum Wettstreit um die Existenz des freien Willens zwischen Philosophen und Hirnforschern müssen eventuell noch die Psychologen, Psychiater und andere Mediziner hinzugezogen werden, ebenso wie Menschen mit einem bodenständigen Verständnis vom Leben. Ganz entschieden wird dieser Wettstreit aber vermutlich nie werden, während allerdings die Spannung um diese Frage aufrecht erhalten bleiben und weiter die diversen Denk- und Argumentationmodelle befeuern wird.

**IHR DESTILLAT:**

Auch wenn wir den Gedanken nicht mögen: Willensfreiheit ist ein zweifelhaftes Konstrukt, welches eher von Philosophen herbeigewünscht wird als dass es neurowissenschaftlich belegbar wäre.

# 3 ICH LASSE MICH NICHT BEEINFLUSSEN!

## 3.1 FALLENSTELLER

*»Ich bin der leichterregbarste Mann und unbeeinflußbarste Mensch, den ich kenne.«*
Christian Morgenstern

Eine große Anzahl von psychologischen Experimenten und Beispiele aus dem täglichen Leben zeigen gewisse wiederkehrende Mechanismen im menschlichen Verhalten, welche im Marketing, in dessen Werbeaktivitäten im Verkauf, aber auch im täglichen Miteinander das Verhalten beeinflussen und bewusst eingesetzt ein riesiges Potenzial zur Verführung besitzen. Eine wesentliche Grundlage dafür liegt in unserer Denk- und Bewusstseinsstruktur, denn unser Gehirn arbeitet überaus ökonomisch. Es reagiert zumeist spontan und intuitiv auf Sinneseindrücke, Gerüche, Geräusche und Gefühle. Erst wenn es gröbere Unstimmigkeiten oder Herausforderungen in der Wahrnehmung dieser Eindrücke gibt, schaltet sich das bewusste Nachdenken, Reflektieren und Analysieren ein, was dann zu mehr oder weniger sinnvollen Schlussfolgerungen und daraus entspringendem Verhalten führt.

Wenn Sie gefragt werden, wieviel $1 + 1$ ist, werden Sie ohne jede Anstrengung »2!« sagen. Fragt man Sie jedoch, wieviel $312 \times 48$ ist, werden Sie innehalten und nachdenken. Wenn Sie einen Anruf von jemandem entgegennehmen, den sie laut eingeblendetem Namen auf dem Display gut kennen und mögen, werden Sie automatisch in die Sprechmulde des Smartphones sagen: »Servus Franz, wie geht's?« Ruft hingegen Ihr ungeliebter Chef an, dann sind Sie schlagartig in einem anderen Modus und werden sich vor dem Abheben fragen: »Was antworte ich dem jetzt wieder? Der will bestimmt die aktuellen Entwicklungen hinterfragen.« Wir erkennen anhand dieser banalen Beispiele eine Quintessenz unseres Denksystems, nämlich dass es mit verschiedenen Modi arbeitet, wobei der intuitive und spontane Modus – nennen wir ihn nach dem beschwingten Tanz *Quickstepp* – immer aktiv ist. Ein reflektierender Modus – der *Langsame Walzer* – muss hingegen erst aktiviert werden, und damit sind der Verführung, Beeinflussung und Manipulation Tür und Tor geöffnet.

Obwohl das ob der Vielzahl an Möglichkeiten nur ein äußerst unvollständiges Unterfangen sein kann, werde ich im folgenden Kapitel versuchen, Ihnen anhand von ausgewählten Beispielen einen Einblick in jene Bereiche der Verführung, Beeinflussung und Manipulation zu verschaffen, auf die Sie möglicherweise einen Einfluss hätten, wenn Sie sich ihrer im Augenblick des Geschehens bewusst wären. Starten wir mit einem überzeugenden Klassiker für typisches menschliches Handeln, welches zeigt, wie wir unsere Chancen steigern können, wenn wir etwas haben wollen: Die Sozialpsychologin und Harvard-Professorin Ellen Langer hat gemeinsam mit ihrem Team festgestellt, dass wir das, was wir wollen, eher bekommen, wenn wir unsere Bitten begründen. Dazu machten sie folgendes Experiment: Bei Warteschlangen vor Kopierern in Bibliotheken wurden die Wartenden von einem Mitglied des Forscherteams gebeten, es vorzulassen, und zwar mit drei verschiedenen Ansätzen: »Entschuldigung, ich habe nur fünf Seiten. Könnten Sie mich bitte vorlassen, denn ich habe es sehr eilig?« Dieser Bitte mit einer vernünftigen Begründung wurde zu 94 Prozent entsprochen. Den zweiten Ansatz bildete folgende Frage: »Könnten Sie mich bitte vorlassen?« Dieser als Frage formulierten Bitte ohne Begründung entsprachen nur 60 Prozent. Dieser Unterschied erstaunt noch nicht besonders, aber im dritten Ansatz liegt die eigentlich spannende Erkenntnis: »Entschuldigung, ich habe fünf Seiten. Könnten Sie mich bitte vorlassen, weil ich Kopien machen muss?« Das ist freilich eine völlig sinnlose Begründung, denn was sollte der Bittende sonst tun wollen, wenn nicht kopieren? Dennoch entsprachen auch dieser sinnlosen Bitte 93 Prozent. Es ist offensichtlich nicht wichtig, wie sinnvoll eine Begründung ist – Hauptsache wir begründen es, wenn wir etwas wollen. Dieses Ergebnis zeigt deutlich, dass hier eine automatische, reflexhafte Reaktion vorliegt. Unser Denksystem reagiert meist ohne lange zu reflektieren. Ein intensives Nachdenken über den Sinn der Begründung mag unser Gehirn nicht, weil es Energie kostet und einen Aufwand bedeutet, der aber keine besonderen Vorteile bietet. Das reflektierende Denksystem – der Langsame Walzer – ist schwerfällig und muss erst aktiviert werden. Da unsere Umwelt immer mehr Informationen bereitstellt und immer komplexer wird, sind wir zur Bewältigung des Alltags auch immer mehr auf diese reflexartigen Reaktionen – die Quicksteps – angewiesen. Die Anzahl der Sinneseindrücke, die das Gehirn in der Sekunde erreicht, beträgt elf Millionen, und damit muss ein Informationsverarbeitungszentrum erst einmal fertig werden. Würden wir das bewusst wahrnehmen, könnten wir in einer Minute rund 33.000 Bücher lesen und alle Verlage der Welt zusammen könnten uns innerhalb eines Tages keine neuen Bücher mehr liefern.

Testen Sie diese Erkenntnis, wenn Sie das nächste Mal keine Lust auf eine längere Warterei haben! Besonders wirksam ist diese Methode etwa bei den Sicherheitskontrollen der Flughäfen oder in anderen Situationen, in denen Menschen abgelenkt sind oder sich selber ablenken. In Warteschlangen vor Sicherheitskontrollen stehen die

Fluggäste und überbrücken die quälende Warterei, indem sie auf ihrem Smartphone die Nachrichten lesen, ihre Mails checken oder Bilder von den Wartenden an Freunde und Familie verschicken. Und gerade durch diese Ablenkungen ist diese Situation so geeignet, um vorgelassen zu werden. Nutzen Sie also die Gelegenheit und tanzen sie den Quickstepp, indem Sie mit der unsinnigen Begründung »Darf ich bitte vor, weil ich fliegen muss?« Ihr Glück versuchen. Sie werden dann Zeit haben, vor dem Abflug noch im Duty Free zu stöbern oder gemütlich ein Bierchen zu schlürfen. Und wenn Sie dann schon im Flughafenrestaurant sitzen, achten Sie auch gleich darauf, ob Sie der Kellner unauffällig berührt, etwa wenn er die beliebte Frage stellt: »Hat es Ihnen geschmeckt?« Kellner bekommen nämlich mehr Trinkgeld, wenn sie Gäste leicht berühren, und zwar im Schnitt um 24,6 Prozent. Eine Vielzahl wissenschaftlicher Experimente spricht für die große Bedeutung zwischenmenschlicher Berührung. Säuglinge, die nach der Geburt gezielt Massagen und Streicheleinheiten erhielten, nahmen schneller an Gewicht zu und mussten weniger lange im Krankenhaus bleiben, wie etliche Publikationen zeigen. Es gibt mehrere Studien, die beweisen, dass Kunden, die man kurz berührte, mehr gekauft haben, etwa bei Probieraktionen. Berühren löst in uns einen unbewussten Reflex aus, der heißt »Ich mag dich, du bist mir wertvoll« – und das reduziert Widerstand und schon wird der Quickstepp getanzt. Aber auch wenn unser Gehirn den Langsamen Walzer tanzt, ist das keine Garantie für fehlerloses Operieren – es kann uns dennoch allerlei Streiche spielen. Ein Beispiel dafür ist ein witziges Experiment, welches der geniale Psychotherapeut, Soziologe und Kommunikationswissenschaftler Paul Watzlawick im Jahre 1990 durchführte: Er bat Don D. Jackson – seines Zeichens Psychiater sowie Gründer und erster Direktor des Mental Research Institutes und oberdrein international geschätzter Fachmann auf dem Gebiet der Psychotherapie von Schizophrenen – um die Erlaubnis, ihn bei einem Erstinterview mit einem paranoiden Patienten filmen zu dürfen. Zudem erhielt Jackson die Vorabinformation, dass der Patient unter der Wahnvorstellung leide, ein Psychiater zu sein. Da Jackson damit einverstanden war, suchte man einen klinischen Psychologen, der ebenfalls ein Experte auf dem Gebiet der Psychotherapie bei Psychosen war. Watzlawick bat den Psychologen, ihn bei einem Erstinterview eines Patienten mit der Wahnvorstellung, er sei Psychiater, filmen zu dürfen. Nachdem beide zugesagt hatten, wurden sie in einer Therapiesitzung zusammengebracht, in der die Experten den jeweils anderen für einen paranoiden Patienten hielten. Beide starteten rasch damit, die vermeintlichen Wahnvorstellungen des jeweils anderen zu behandeln. Weil sie die Wahrheit voneinander nicht kannten, verhielten sie sich wie in ihrem Berufsleben bei der Therapie von Patienten. Gerade dieses reale Verhalten des anderen vermehrte in beiden die Überzeugung, beim jeweils anderen läge diese psychische Erkrankung vor. Damit kam es zu einer beeindruckenden Dynamik, denn je realer sich jeder verhielt, desto verrückter erschien er in den Augen des anderen. Dieses fast lausbubenhaft anmutende Experiment verdeutlicht eindrücklich, dass auch der Langsame Walzer nicht frei von Fehlern und Irrtümern ist, weil das Denken nur das erledigt, was unbedingt erforderlich ist, und bevorzugt mit den Informationen arbeitet, die aktuell zur Verfügung stehen. Diese mangelhafte Kontrolle und Reflexion ist häufig eine wichtige Grundlage für menschliche Entscheidungen, denn alles, was unser Denken erleichtert, wird automatisch als höher bewertet als das, was einen Energieaufwand im Denkprozess bedeutet – eben auch wenn der Langsame Walzer getanzt wird. Die Denksysteme der beiden Experten gaben sich damit zufrieden, dass es sich beim anderen jeweils um einen Patienten mit Wahnvorstellungen handelte. Jede Hinterfragung dieser vertrauenswürdigen Information hätte einen höheren Energieaufwand für das Denksystem bedeutet. Der geniale Psychologe und Wirtschaftsnobelpreisträger Daniel Kahneman spricht in solchen Fällen von einer »hohen kognitiven Leichtigkeit«.

Unser Quickstepp-Denksystem neigt auch dazu, spontane Assoziationen durchzuführen, weil wir bestimmte Wörter und Begriffe mit bestimmten Vorstellungen und Emotionen verbinden. So spüren Sie sicherlich beim Wort »Vanillearoma« andere Assoziationen aufsteigen als bei »Eiterbeule« (Zweiteres war übrigens zu meiner Studentenzeit in einem vornehmlich von Medizinstudenten frequentierten Restaurant als hervorragendes Cordon Bleu mit einer Käse-Kräuter-Füllung bekannt, welche wegen ihres Aussehens nach dem Anschneiden so genannt wurde). Derlei Assoziationen können unser Wohlbefinden nachhaltig beeinflussen, wie ein weiteres Experiment von Ellen Langer bewiesen hat. Darin hat sie ältere Menschen im Alter zwischen Ende 70 und Anfang 80 eine Woche lang in die Vergangenheit zurückversetzt. Eine Gruppe wurde tatsächlich in das Jahr 1959 platziert, indem sie diese eine Woche in einer Umgebung lebte, die original aus 1959 stammte. Sogar alte Schwarz-Weiß-Filme aus dieser Zeit liefen in einem ebenso alten Fernsehapparat. Gleichzeitig sollten sich die betreffenden Personen vorstellen, dass sie tatsächlich im Jahr 1959 lebten und alles, was in ihrem Leben danach geschehen war, ausblenden. Eine zweite Gruppe wurde lediglich gebeten, sich mit dem auseinanderzusetzen, was 1959 ausgemacht hatte. Das Ergebnis des Experiments zeigte deutliche Prozesse des Verjüngens, vor allem in der Gruppe, die in das Jahr 1959 zurückversetzt worden war. Deren Mitglieder zeigten bei Intelligenztests bessere Ergebnisse, die Beweglichkeit ihrer Gelenke erhöhte sich, sie wurden in ihren Bewegungen sicherer. Der Satz »Wir sind so jung, wie wir uns fühlen« hat dadurch eine wissenschaftliche Bestätigung bekommen. Die durch die 1959er-Umgebung hervorgerufenen Bilder und Emotionen haben zu einer Verjüngung geführt. Damit ist sogar eine signifikante Verlängerung des Lebens möglich. Diesen Umstand haben Forscher in Oxford, Ohio, in einer Studie bewiesen, mit der sie 1975 begonnen haben, indem sie 650 Menschen dazu aufforderten, in einem Fragebogen negative oder positive Aussagen zum Alter anzukreuzen. 20 Jahre später stellte sich heraus, dass diejenigen Personen, welche das Altern positiver betrachtet hatten, im Durchschnitt 7,5 Jahre länger lebten als diejenigen mit einer negativen Einstellung. Da nur etwa 30 Prozent unseres Lebensalters von genetischen Faktoren abhängen, haben der Lebensstil, aber auch die innere Einstellung einen großen Einfluss auf das Alter, das wir erreichen.

Auch Kahneman berichtet von einem Experiment, bei dem festgestellt wurde, dass Studenten signifikant langsamer gingen, wenn sie sich Wörter merken mussten, die mit einem höheren Lebensalter verbunden waren – und umgekehrt. Also gerade die Assoziationen sind es, die uns dazu bringen sollten, körperlich aktiv zu bleiben, sich mit 74 Lenzen noch ein E-Bike zu kaufen und sich eben nicht einzureden, dass das ab einem gewissen Alter nichts mehr für uns ist. Wir alle kennen den Spruch »Der Glaube kann Berge versetzen« oder auch die Geschichten von den sich selbst erfüllenden Prophezeiungen. Mit dem Konzept der Assoziationen werden diese wesentlich klarer begreifbar.

Ein weiteres besonders anschauliches Beispiel für diese Assoziationen im Quickstepp-Modus bietet eine Beobachtung aus der Büroküche einer britischen Universität. Dort gab es eine sogenannte Vertrauenskasse, in die Geld hineinwarf, wer sich einen Kaffee oder Tee nahm. Irgendwann wurden an der Wand direkt hinter dieser Vertrauenskasse Poster mit verschiedenen Motiven angebracht. Die Konsequenz: Wenn dort Bilder von Augenpaaren zu sehen waren, wurde fast dreimal so viel Geld in die Vertrauenskasse geworfen wie in den Wochen, wo dort Blumenmotive hingen. Befragungen zeigten, dass das niemandem auch nur ansatzweise bewusst gewesen war. Die Poster mit den Augenpaaren hatten die unbewusste Assoziation verursacht, beobachtet zu werden – und daher war mehr Geld hineingeworfen worden.

Während ich diese Zeilen schreibe, kommt mir eine Szene aus dem Film »Die Blechtrommel« in den Sinn, in der das Familienoberhaupt ein Bild von Johann Sebastian Bach von der Wand nimmt und durch eines von Adolf Hitler, der gerade die Macht übernommen hat, ersetzt. Das Erinnern an diese Szene führt bei mir nun zu weiteren Assoziationen, allerdings im Langsamer-Walzer-Modus, denn ich frage mich gerade, warum in den Klassenzimmern unserer Schulen überall Bilder von unserem Bundespräsidenten hängen – und Kreuze mit einem festgenagelten Menschen darauf.

Diese unbewussten Assoziationen sind auch die Ursache für unsere Vorurteile, und das Wort sagt es ja bereits: Ein *Vor*urteil ist ein Urteil vor dem Urteil, wobei eine Überprüfung des Sachverhaltes nicht stattfindet. »Frauen können schlechter Autofahren als Männer« lautet so ein typisches Vorurteil. Wenn wir uns die Unfallstatistiken ansehen, dann wird das in keiner Weise bestätigt. Eine Studie des *Autoclubs Europa* zeigt das genaue Gegenteil: Zwei Drittel aller Unfälle mit Verletzungsfolgen werden von Männern verursacht. Auch die gängigen Vorurteile über dumme

Blondinen, faule Ausländer, technikbegabte Männer halten einer sorgfältigen Überprüfung nicht stand. Wie lässt sich diese Vereinfachung von menschlichem Verhalten erklären? Zuerst wird dadurch die Umwelt weniger komplex und damit leichter bewältigbar, in weiterer Folge führt jedes dem Vorurteil entsprechende Verhalten zu einer Bestätigung desselben. Sieht man einmal eine Frau, die sich beim Einparken schwertut, dann können alle Frauen schlechter Auto fahren, sieht man einmal einen älteren Mann mit einer jungen Freundin, dann suchen sich alle Männer in einer Mid-Life-Krise eine jüngere Freundin, und alle Tiroler laufen in Lederhosen herum, wenn man einmal einen Tiroler in Lederhosen sieht und so weiter. Man nennt das den Halo-Effekt, der besagt, dass wir bei einem bestehenden Vorurteil alles, was der Betreffende tut, so bewerten, wie es das Vorurteil vorgibt.

Obendrein und ergänzend hat der Quickstepp-Modus eine starke Tendenz dazu, auch mit recht beschränkten Informationen eine kongruente Geschichte zu basteln. Diese Geschichte glauben wir dann so lange, bis mehr Informationen verfügbar sind. Dieses Modell der so getroffenen voreiligen Schlussfolgerungen und konstruierten Geschichten hilft uns allerdings dabei, intuitives Denken besser zu verstehen. Kahneman verwendet dafür eine recht sperrige Abkürzung, nämlich WYSIATI, ausgeschrieben »What you see is all there is«. Übersetzt heißt das: »Was Du gerade siehst, ist alles, was es gibt« oder sinngemäß »Nur was man gerade weiß, zählt«. Unser Quickstepp-Modus kümmert sich wenig um die Qualität und Quantität von Informationen, aus denen Eindrücke, Urteile und Intuitionen geboren werden oder diese kongruenten Geschichten entstehen. Glücklicherweise sind dann aber beileibe nicht alle Eindrücke, Urteile, Intuitionen und Geschichten zwangsläufig falsch, sondern sie erleichtern es uns in einer komplexen Umwelt, Teilinformationen rasch sinnvoll so zu interpretieren, dass sie zielführende und adäquate Handlungen unterstützen. Aber naturgemäß macht uns WYSIATI auch anfällig für Verführungen, Fehlentscheidungen und Irrtümer aller Art, speziell dann, wenn wir uns im Quickstepp-Modus befinden.

Einen weiteren Bereich, der typisch für unser Denken ist, nennt die Psychologie »Heuristik« oder auch »verkürzte kognitive Operation«. Laut *Duden* bedeutet »Heuristik« die Kunst, mit begrenztem Wissen und wenig Zeit dennoch zu wahrscheinlichen Aussagen oder praktikablen Lösungen zu kommen. Heuristiken reichen in den meisten Lebenssituationen aus, um diese mit entsprechender Güte bewältigen zu können. Allerdings macht dieser energiesparende Modus unser Denken und Urteilen auch fehleranfällig, und zwar gerade dann, wenn in brenzligen Situationen voreilige oder verfälschte Schlüsse gezogen werden. Typisch dafür ist die Einschätzung von Personen, vor allem der erste Eindruck. Wir können gar nicht anders, als einen ersten Eindruck von einem Menschen zu haben, wenn wir ihn das erste Mal sehen. Und ohne Mühe entsteht in uns in wenigen Sekunden eine Meinung von diesem Menschen, ohne etwas über ihn zu wissen. Unser Gehirn verwendet dazu vorhandene Schablonen und presst jemanden, den wir zum ersten Mal sehen, in eine dieser Schablonen. Wird uns etwa ein älterer Herr mit krausen und wirr abstehenden Haaren vorgestellt, der auf der Nase weit vorne platziert ein altmodisches Brillenmodell mit Metallrahmen trägt und uns ein wenig konfus über den Brillenrand anblickt, dann werden wir ihn für einen zerstreuten Professor halten, wenn unsere Schablone von zerstreuten Professoren so aussieht. Hüten Sie sich darum davor, jemanden besonders ernst zu nehmen, wenn er von sich behauptet, er habe eine gute Menschenkenntnis, weil

er Menschen auf den ersten Blick richtig einschätzen könne. Er kann es ziemlich sicher nicht besser oder schlechter
als wir alle, hat aber noch nie etwas von Heuristik gehört.

Solche voreiligen Schlüsse verleiten uns auch dazu,
etwas für bare Münze zu nehmen und es auf das Niveau
der Allgemeingültigkeit zu erheben, obwohl die zugrunde
liegende Stichprobe viel zu klein dafür ist. Wir neigen
dazu, einer guten und oberdrein plausiblen Geschichte
eher zu glauben als harten Daten und Fakten. Und eine
gute Geschichte kann man auch mit geringen Fallzah-
len und niedrigen Stichproben erzählen. Plausibilität
schmeckt unserem Gehirn, weshalb der Langsame Walzer gerade dann nicht getanzt wird. Ein Klassiker ist das
Rauchen. Jeder Raucher kennt einen anderen Raucher,
der mit 96 Jahren bei bestem Wohlergehen noch immer
sein Päckchen Zigaretten raucht. Und sonst kennt man
halt zumindest den kettenrauchenden deutschen Ex-Bun-
deskanzler Helmut Schmidt, der 2015 immerhin erst
einen Monat vor Vollendung seines 97. Lebensjahres
starb. Zwei Monate zuvor hatte er sich allerdings wegen
eines Raucherbeines in Behandlung begeben. Die zunehmenden Rauchverbote hatte er übrigens für eine vorübergehende gesellschaftliche Erscheinung gehalten. Diese
Ausnahmeerscheinungen von Personen, welche trotz des
Rauchens ein hohes Lebensalter erreichen, finden sich
in Begründungen wieder, die das Rauchen als weniger
gefährlich erscheinen lassen sollen. Auch den Raucher-
gehirnen schmecken solche plausiblen Geschichten – ich
spreche aus Erfahrung. Entgegen diesen erfreulichen Ausnahmefällen sterben jedoch jährlich weltweit etwa sechs
Millionen Menschen an den Folgen des Rauchens. Folglich wäre so gesehen die gesamte Bevölkerung von Ländern wie Finnland oder Dänemark in rund zehn Monaten
ausgerottet, die von Luxemburg oder Malta bereits in

weniger als einem Monat.

Eine weitere Heuristik sorgt dafür, dass wir uns Informationen, über die wir nicht verfügen, durch solche ersetzen, über die wir verfügen, um bezüglich der Häufigkeit von bestimmten Ereignissen zu einer Bewertung oder Einschätzung zu kommen. Diese fehlenden Informationen werden durch solche ersetzt, an die man sich mit Leichtigkeit erinnert. Wenn Sie gefragt werden, ob sich Promis häufiger scheiden lassen als Nichtpromis, dann werden Sie eher mit »Ja« antworten, wenn Sie gerade in der Klatschpresse von einer Promischeidung gelesen haben. Wenn die Medien gerade von einem Flugzeugabsturz berichtet haben, dann wird Ihre Einstellung zur Sicherheit des Fliegens zumindest kurzfristig darunter leiden oder Ihr Misstrauen gegenüber der betroffenen Fluglinie wachsen. Speziell bei der Einschätzung von Risiken erweist sich diese Heuristik zuweilen als monströs und wenig hilfreich. Als am 10. September 2018 in Wien ein einjähriger Bub von einem Rottweiler gebissen wurde und tragischerweise nach etwas mehr als zwei Wochen an den Folgen der Bissverletzung starb, gab es unmittelbar Forderungen nach strengeren Hundehaltungsgesetzen. Einige dieser Forderungen waren allerdings absurd überzogen, wie etwa eine Beißkorbpflicht für alle Hunde, seien sie auch noch so klein. Die entsprechende Statistik zeigt, dass es zwischen 1998 und 2007 in Deutschland zu 49 Todesfällen durch Hundebisse bei über 80 Millionen Einwohnern kam. Jeder Todesfall für sich ist tragisch und bedauernswert, aber objektiv gesehen ist das Risiko, an einem Hundebiss zu sterben, extrem gering und wird immer überschätzt, wenn es gerade zu so einem tragischen und entsprechend medienwirksam aufbereiteten Fall kommt. Viel weniger Aufsehen wird bei einem weit höheren Risiko gemacht, nämlich der echten Grippe: Im Winter 2017/18 starben in Deutschland nachweislich zumindest 1.665 Patienten daran – die genaue Zahl liegt mit Sicherheit noch höher, da nicht alle grippebedingten Todesfälle immer mit der Grippe in Verbindung gebracht werden. Fast alle Opfer waren über 60 Jahre alt und viele der Todesfälle wären bei richtiger Risikobewertung vermeidbar gewesen. Laut dem Präsidenten des deutschen Robert-Koch-Institutes Lothar Wieler ist nämlich gerade bei den über 60-Jährigen, also bei der Gruppe mit dem höchsten Risiko von tödlichen Komplikationen, die Impfquote mit 35 Prozent besonders niedrig. Da man sich aber *vor* der Grippesaison impfen lassen soll, ist die Gefahr, die von der Grippe ausgeht, nicht präsent. Auch die Medien berichten in dieser Zeit nicht in emotionalen Beiträgen von den Risiken.

Aus dieser Falle, die uns die Trägheit unseres Langsamer-Walzer-Modus aufbürdet, kommen wir nur heraus, wenn wir bewusst Energie aufwenden, um die gegebene Angelegenheit sorgsam auf der Grundlage von Daten und Fakten zu überdenken. Auf diese Weise könnten wir auch die zurzeit scheinbar allgegenwärtige Bedrohung durch Terrorismus als das einordnen, was sie tatsächlich ist, nämlich eine zwar für jedes einzelne Opfer höchst bedauerliche, allerdings als politische Äußerung eine höchst lächerliche Randerscheinung in der Geschichte Europas, eine peinlich-schauderhafte Theaterinszenierung, welche Angst erzeugen soll. Bei den elf Terroranschlägen zwischen März 2014 und Juni 2017 kamen in Europa 191 Menschen zu Tode. Laut WHO stirbt alle zehn Sekunden ein Kind an Hunger oder Unterernährung, also 8.640 Kinder pro Tag. Somit sind im selben Zeitraum, in dem in Europa 191 Menschen dem sinnlosen, geradezu absurden Terrorismus zum Opfer gefallen sind, über zehn Millionen Kinder weltweit an Hunger gestorben. Aber warum berühren uns diese Terroranschläge so übermäßig? Die

Erklärung dafür kann nur in der Natur des Menschen liegen, seltene Ereignisse überzubewerten, unter anderem ausgelöst durch die intensive Berichterstattung in den Medien und durch die geografische Nähe der Ereignisse. Das oberste Ziel der Medien als gewinnorientierte Unternehmen ist nun mal nicht die Informationsübermittlung, sondern es sind die Einschaltquoten und Auflagen, über welche die Preise der Werbung festgelegt werden. Die Einschaltquoten und Auflagen steigen, wenn solche Anschläge in unserer unmittelbaren Umgebung möglichst emotionalisierend breit ausgeschlachtet werden. Das erzeugt in uns eine emotionale Erregung, die der Quickstepp-Modus aufnimmt und Impulse zu schützenden Handlungen auslöst oder zumindest Angst hervorruft. Wenn wir uns aber die Fakten ansehen, so ist das Risiko, in Europa einem Terroranschlag zum Opfer zu fallen, vernachlässigbar gering. Nüchtern betrachtet besteht nicht der geringste Anlass zur Sorge – wir können das erbärmliche Schauspiel der verblendeten Fanatiker ignorieren. Aber es muss uns gelingen, diese Überreaktionen nicht mehr zuzulassen, indem wir mit kritischem Verstand vom Quickstepp in den Langsamen Walzer wechseln.

Freilich gibt es auch Nutznießer dieser Überbewertung seltener Ereignisse, und das sind vor allem Versicherungen. Sie kennen das Phänomen der Überbewertung seltener Ereignisse gut und lassen es in ihre Angebote und in die Berechnung der Prämien miteinfließen. Haben Sie sich schon einmal überlegt, was genau Sie versichern, wenn Sie eine Lebensversicherung abschließen? Etwa wirklich Ihr Leben? Nein, denn keine Versicherung kann Sie davor bewahren, dass Sie eines Tages sterben müssen, auch nicht davor, früher zu sterben als es Ihrer Lebenserwartung entspricht, etwa durch einen Unfall. Der Versicherungskaufmann wird Ihnen beim Abschluss einer

Lebensversicherung vorrechnen, wie viele Steuern Sie dadurch sparen und was Sie ausbezahlt bekommen werden, wenn Sie den Ablauf der Versicherungszeit erleben. Gleichzeitig wird er Ihnen unter Vorbringung des einen oder anderen drastischen Beispiels vor Augen führen, wie überaus wichtig es ist, dass im Falle Ihres frühzeitigen Ablebens für Ihre Familie gesorgt ist. Nicht erwähnen wird er, wie viel Gewinn das Versicherungsunternehmen mit Ihrer Lebensversicherung machen oder wie hoch seine Prämie für den Abschluss sein wird. Versicherungen sind gewinnorientierte Unternehmen, die niemals auf der Seite der Versicherten stehen, auch wenn sie das in diversen Werbespots behaupten. Sie stehen immer auf der Seite der Aktionäre und der zu erwirtschaftenden Dividenden. Stellen Sie eine Gegenrechnung an, indem Sie dieselbe Summe, welche Sie für eine Lebensversicherung einzahlen, mit anderen Anlageformen vergleichen! Sie werden erstaunt sein. Wahrscheinlich lohnt es sich, beim Abschluss einer Versicherung, abzuwägen, ob, wenn kein Schadensfall eintritt, der finanzielle Verlust durch das Bezahlen einer Prämie höher ist als die Summe, die Sie ein Schadensfall kosten würde.

Es gebe noch eine Unzahl weiterer Beispiele für diese Heuristiken, aber widmen wir uns nun der Frage, warum wir häufig nach den beschriebenen Mustern reagieren. Das ist erstaunlich einfach zu erklären: Für unsere Einschätzungen, Urteile und Entscheidungsfindungen spielt das, was wir über die Welt und das Leben gelernt und erfahren haben, eine wesentlich dominantere Rolle als statistische Tatsachen und harte Fakten. Dabei ist es aber so, dass wir unser Wissen über die Welt und das Leben regelmäßig über- und die Rolle des Zufalls unterschätzen. Wir können zumeist gar nicht anders, als unsere beschränkten Informationen als das Maß aller Dinge zu interpretieren, denn der Quickstepp-Modus ist damit vollauf befriedigt. Aus diesen stets beschränkten Informationen konstruieren wir Geschichten, die wir speziell dann glauben, wenn sie gut sind. Das wiederum führt uns zu der beruhigenden Überzeugung, dass das Leben auf der Welt einen Sinn hat, weil es uns gelingt, die Vergangenheit schönzureden. Manchmal geraten wir dadurch ins Schwärmen von der guten alten Zeit, in der alles besser war. Diese verzerrte Erinnerung mag unser Gehirn, wenn und weil wir sie uns selber schlüssig erzählt haben.

Auch als Karriereturbo eignet sich dieser Mechanismus hervorragend. Hatte ein Manager mit einer riskanten Entscheidung Glück und führte diese zu einem finanziellen Erfolg, so kann er das im Nachhinein voller Überzeugung als seinen Weitblick und seine hohe Entscheidungskompetenz verkaufen. Solche Situationen haben schon so manche Karriere in höchste Höhen geführt. In Wahrheit haben die meisten Manager vielmehr Glück als dass ihre Erfolge durch ihr Können verursacht würden. Diese Fehleinschätzungen finden sich in vielen Bereichen wieder, ein besonders gutes Beispiel hierfür ist die Börse. Wenn man die Aktienkäufe und Verkäufe eines einzigen Tages nachverfolgt – das sind übrigens mehrere hundert Millionen –, dann erkennt man schnell, wie undurchschaubar dieses Geschäft ist. Niemand hat eine wirtschaftlich gut begründete Antwort auf die Frage, warum Aktien von jemandem gekauft werden und gleichzeitig ein anderer die Aktien derselben Firma verkauft. Denn niemand kennt die Zukunft, sondern kann höchstens Annahmen über sie stellen. Aktienexperten können diese Annahmen auch exzellent begründen. Dennoch haben sie die Wirtschaftskrise 2008 nicht vorhergesehen. Richard Foster von der Yale School of Management stellte fest, dass die größten 500 Konzerne der Welt heute im Schnitt

15 Jahre alt werden – vor 100 Jahren wurden sie noch 67 Jahre alt. Alle zwei Wochen verschwindet ein Konzern vom Top-500-Markt. Wer kann da schon genau wissen, welche Aktie gerade vorteilhaft ist? Auch unter den Ärzten finden wir Fehleinschätzungen, wie eine Publikation des renommierten »American Journal of Medicine« berichtet. Bis zu 15 Prozent aller Diagnosen sind demnach falsch, weil die Ärzte ihre Fähigkeiten überschätzen. Seien Sie also kritisch, speziell wenn Sie zu einer sogenannten Gesundenuntersuchung gehen!

Eine für mich besonders schweißtreibende und manchmal frustrierende Fehleinschätzung erlebe ich immer wieder in meinem Fitnessstudio: Wenn ich zu einem Gerät gehe, auf dem vorher ein Paradeathlet oder sogenannter Discopumper mit enorm viel Gewicht trainiert hat, tendiere ich regelmäßig dazu, mir ebenfalls höhere Gewichte zuzumuten. Nach einigen wenigen Wiederholungen muss ich allerdings erkennen, dass meine Muskeln das, was meine Fehleinschätzung ihnen aufgebürdet hat, nicht schaffen. Umgekehrt verhält es sich genauso. Dieser sogenannte »Anker-Effekt«, ebenfalls eine Heuristik, wurde auch bei Schätzungen gut untersucht. Immer wieder konnte festgestellt werden, dass Schätzungen stark von Zahlen beeinflusst werden, die man kurz vorher auch in einem völlig anderen Zusammenhang wahrgenommen hat.

Zusammenfassend können wir uns noch einmal in Erinnerung rufen, dass der Quickstepp immer getanzt wird und der Langsame Walzer nur unter Aufwand von Energie auf der Tanzfläche erscheint. Dadurch können wir unser Leben müheloser bewältigen, sind aber gleichzeitig anfälliger für Verführung, Beeinflussung und Manipulation. Wer das auszunützen weiß, der kann viel mit uns anstellen, und es gibt tatsächlich immer wieder dieselben Fallen, in die wir mit gnadenloser Sicherheit das eine oder andere Mal hineintreten und die ich in den folgenden Ausführungen ein wenig durchleuchten werde. Ich beginne mit einem persönlichen Erlebnis, welches sich gerade beim Schreiben dieser Ausführungen zugetragen hat. Selten, aber doch spiele ich im Lotto mit, speziell wenn es besonders gewinnträchtige Jackpots gibt. Neulich habe ich gewonnen – keinen Betrag, der mich reich gemacht oder mir ein finanziell unabhängiges Leben ermöglicht hätte: Es waren aber immerhin 1.061 Euro. Mich hat das wenig überraschend immens gefreut, zumal ich bislang bis auf einige niedrige Eurobeträge noch nie etwas gewonnen hatte. Wenn ich allerdings alle eingesetzten Spielbeträge der vergangenen 30 Jahre zusammenzähle, dann habe ich auch bei meiner sporadischen Spielweise wenigstens 1.000 Euro ausgegeben. Somit habe ich nüchtern und rein finanzmathematisch betrachtet so gut wie gar nichts gewonnen. Dennoch habe ich mich dabei ertappt, dass ich in den ersten Wochen nach diesem vermeintlichen Gewinn häufiger Lotto gespielt habe als all die Jahre vorher, ja manchmal sogar dann einen Lottoschein gelöst habe, wenn gar kein Jackpot zur Aussicht stand, ganz einfach, weil es mir in den Sinn gekommen ist. Zusätzlich wurde ich auch für die Lotto-Pop-ups im Internet wesentlich sensibler und habe sogar da dreimal mitgespielt. Obendrein habe ich anstatt der vor dem Lottogewinn durchschnittlich ausgegebenen 8 Euro pro Tippschein den Einsatz auf 13 Euro erhöht. Das ist kurz zusammengefasst ein absurdes Verhalten, denn wie wir bereits festgestellt haben, habe ich über den gesamten Zeitraum des Lottospielens netto nichts gewonnen. Trotzdem hat mich ein Gewinn dazu verführt, nicht nur weiterhin zu spielen, sondern auch noch meine Einsätze zu erhöhen. Dieses einmalige erfreuliche Erlebnis des Gewinnens hat in mir eine unbewusste Illusion des Gewinnens verankert, also eine Geschichte, die mein Gehirn gerne glaubt. Der Quickstepp-Modus hat diese Illusion übernommen und mich noch mehr Lotto spielen lassen. Diesbezüglich bin ich bei weitem nicht der Einzige, der genauso agiert. Nach gründlichen Recherchen konnte ich feststellen, dass dies ein recht häufiges Verhalten ist. Gleichzeitig erklärt dieses Muster aber auch, warum manche Menschen gerade dann nicht mehr aufhören können zu spielen, wenn sie zu Beginn gewonnen haben. Wenn dieses Verhalten chronisch wird, lautet die Diagnose eines Tages »Spielsucht«.

Der Quickstepp-Modus hat noch weitere Sahnehäubchen zu bieten, die unsere Verführbarkeit immer wieder aufs Neue bestätigen. In seiner Online-Ausgabe brachte das »Hamburger Abendblatt« am 10. Oktober 2018 einen kurzen Artikel mit der Überschrift »Schon kleine Geschenke beeinflussen die Kaufentscheidung«. Darin zitiert es ein Studienergebnis der Universität Lausanne, in der Handelsvertreter von einem Forscherteam gebeten wurden, einer Gruppe von Kunden kleine Geschenke in Form von sechs Zahnpastatuben zu überreichen und einer zweiten Gruppe von Kunden keine Geschenke zu machen. Die Beschenkten bestellten im Schnitt doppelt so viel – wenn der Chef beschenkt wurde, gar viermal so viel – wie die Gruppe, die nicht beschenkt worden war. Dieses doch vorhersagbare, weil in vielen anderen Konstellationen bereits festgestellte Studienergebnis bestätigte lediglich, was die Forscher bereits wussten, nämlich dass wir uns durch kleine Geschenke dazu aufgefordert fühlen, etwas zurückzugeben. Also denken Sie daran, wenn Sie das nächste Mal eine Gratisprobe von irgendeinem Produkt erhalten! Wir bekommen im Laufe unserer Erziehung immer wieder von unseren Eltern, Lehren oder sonstigen pädagogisch Berufenen vorgegeben oder vorgelebt, dass man niemandem etwas schuldig bleibt und sich für Gefälligkeiten revanchiert. Dieses Verhaltensmuster wird uns anerzogen und wir folgen diesen Erziehungsinhalten. Im Volksmund gibt es für dieses Revanchieren sogar eine eigene Redewendung, nämlich »Eine Hand wäscht die andere«, und es erübrigt sich wohl, hier näher auszuführen, was das speziell in der Politik und Wirtschaft bedeutet.

In vielen weiteren Fällen zeigt sich immer wieder, dass wir besonders darum bemüht sind, niemandem etwas schuldig zu bleiben und uns für Gefälligkeiten erkenntlich zu zeigen. Wenn wir von jemandem etwas wollen, so kann folglich eine kleine Aufmerksamkeit hilfreich sein. Abgesehen von den unappetitlichen Erscheinungen wie etwa Bestechungen ist das auch tatsächlich ein für das Funktionieren einer Gesellschaft sinnvolles und nützliches Verhalten. Daher wird es uns bereits in der Kindheit beigebracht und verfestigt sich zusehends. Wenn dieses automatisierte Verhalten allerdings bewusst ausgenutzt wird, ist es leicht möglich, mehr zu erhalten, als man gegeben hat – oder umgekehrt, je nachdem, in welcher Rolle man sich gerade befindet. Die Verkaufsbranchen haben dazu allerlei Taktiken erarbeitet, welche deren Verkäufer erfolgreicher machen sollen, doch darüber später mehr.

Manchen von uns wird ein bestimmtes Verhalten von Teenagern bekannt sein, wenn den Eltern der neue Freund nicht behagt und Sätze wie »Das ist kein guter Umgang für dich« fallen. Mit beeindruckender Vehemenz verteidigen die Jugendlichen dann ihre neue Liebe bis hin zu der Drohung, von zu Hause auszuziehen. Sie haben sich nun mal längst für diesen Menschen entschieden. Je mehr die Eltern die betreffende Person hinterfragen oder anfeinden, desto heftiger wird sie verteidigt, wobei in Wahrheit eher die eigene Entscheidung verteidigt wird als der neue Freund selber. Ähnlich läuft es bei einmal getroffenen Entscheidungen häufig ab, denn diese werden meist hartnäckig aufrechterhalten, auch wenn jeder in der Umgebung bereits gesehen hat, dass selbige nicht richtig war. Durch diese Beharrlichkeit sind in der Geschichte schon viele Firmen in große Desaster geschlittert, weil die Manager einmal getroffene Fehlentscheidungen zu lange aufrechterhalten haben. *Blackberry* ist so ein Beispiel, denn die Verantwortlichen wollten von ihrer Tastatur auf dem Gerät einfach nicht ablassen, selbst dann nicht, als die Smartphone-Umsätze mit ihren App-Wunderwelten ihnen links und rechts davonzogen. Aber wir haben nun einmal den Drang, möglichst konsistent zu unseren einmal getroffenen Entscheidungen zu stehen. Durch dieses Verhalten ist immerhin auch die Titanic untergegangen: Wenn ein Schiff als unsinkbar gilt, dann ruft man nicht um Hilfe, wenn Wasser eintritt.

Können Sie erklären, warum gerade *Red Bull* eine Erfolgsstory geschrieben hat, die kein anderer Energydrink auch nur annähernd erreicht hat? Es gibt mehrere Gründe – einen wesentlichen Beitrag dazu hat allerdings der Reiz des Verbotenen geliefert. In manchen Staaten war dieses Getränk lange Zeit verboten und daher nicht im Handel erhältlich, und genau das hat vor allem Jugendliche besonders begierig gemacht. Und das ist schon erstaunlich, denn genau genommen braucht dieses Produkt niemand, zumindest würde es niemandem abgehen, wenn es nicht existieren würde – ähnlich wie *Coca-Cola*, Dosengulasch oder abertausende andere Produkte. Der Umsatz von *Red Bull* stieg im Jahr 2017 trotzdem auf über 6,2 Milliarden Euro. Dieser Reiz des Verbotenen, wie auch bei den Kirschen in Nachbars Garten, löst bei uns Begehrlichkeiten aus, denen wir häufig nicht widerstehen können.

Der Psychologe Stanley Milgram führte 1961 erstmals ein Experiment durch, welches bewies, dass wir Autoritäten gegenüber auch Gehorsam leisten, wenn das unserem

Gewissen oder Empfinden widerspricht. Milgram wollte damit das Verhalten der Menschen im Nationalsozialismus erklären und überprüfen, ob gerade die Deutschen einen besonders obrigkeitshörigen Charakter haben. Dazu wurde ein Schauspieler auf einem Stuhl sitzend mit elektrischen Kabeln versehen, ähnlich dem tatsächlichen elektrischen Stuhl. Er war im Zivilberuf ein 47-jähriger Buchhalter, der für diese Rolle speziell schauspielerisch ausgebildet worden war und von den meisten Versuchsteilnehmern als sympathisch und liebenswürdig empfunden wurde. Den vermeintlichen Versuchsleiter und Wissenschaftler spielte ein 31-jähriger Mann, der im wahren Leben Biologielehrer war. Die Teilnehmer stellten einen repräsentativen Bevölkerungsquerschnitt aus allen Berufsschichten dar – sie waren über Zeitungsinserate kontaktiert worden. Ihnen wurde erklärt, es ginge um ein Lernexperiment, bei dem falsche Antworten mit Stromstößen bestraft würden. Das Ergebnis war schockierend, denn 62 Prozent der Teilnehmer gingen bis zur auf dem Schalter ausgewiesenen lebensgefährlichen Stromdosis, obwohl das vermeintliche Opfer, welches selbstverständlich nicht wirklich Stromstöße erhielt, sondern deren angebliche Wirkung nur vorspielte, verzweifelt um Gnade flehte. Die Versuchspersonen zeigten deutliche Stressreaktionen wie Zittern, Schweißausbrüche oder protestierten, folgten allerdings trotzdem den Anordnungen. Wenn sie zögerten, wurden sie vom Versuchsleiter mit steigernden Aufforderungen zum Weitermachen animiert – mit der Begründung, dass dies im Interesse der Wissenschaft eben gemacht werden müsste. Auf die Frage nach der Verantwortung nahm der Versuchsleiter diese für alles, was passieren würde, auf sich. Obwohl dieses Experiment ethisch und methodisch aus nachvollziehbaren Gründen auch heute noch umstritten ist, sind doch seine Erkenntnisse schwerwiegend, denn sie zeigen, dass auch bei intensiver Herausforderung und Aktivierung des Langsamen Walzers eine Autoritätsperson ungemeinen Gehorsam verursachen kann. Gehorsam ist zweifellos ein erlerntes Verhalten – teilweise im Sinne einer Prägung, beginnend in der Familie, weitergeführt in der Schule, beim Militärdienst und anderen Einrichtungen. Überall dort wird Gehorsam mit positiven Sanktionen wie etwa Belohnungen verbunden. Es wird auch erlernt, dass die Personen, die Gehorsam einfordern, einen höheren Status haben, wie das im Fall des Experiments der Wissenschaftler war. Zudem beeinflusst die zum Gehorsam Aufgeforderten, dass eine Autoritätsperson die Verantwortung übernimmt. Eine weiterführende Interpretation des Experiments lässt uns erahnen, warum Menschen zu Kriegsverbrechen oder Folterungen fähig sind. Auch das hohe Ansehen des Versuchsleiters als Wissenschaftler bildete eine nicht zu unterschätzende Einflussgröße. Das Experiment wurde mehrmals in verschiedenen Ländern in Variationen wiederholt, und immer ließ sich ein signifikantes Maß an Gehorsam feststellen. Man fand auch keinen Unterschied zwischen den Geschlechtern.

Für unsere Betrachtungen ist die Erkenntnis, dass wir auf Autoritäten mit erhöhtem Gehorsam reagieren, maßgeblich: Wir haben eine gewisse Unfähigkeit, uns gegen Autoritäten zu stellen, unter anderem deshalb, weil wir Strafen vermeiden wollen. Bereits die ersten beiden Menschen, nämlich Adam und Eva, mussten erkennen, dass Ungehorsam bestraft wird, und deren Ungehorsam in Form von ein klein wenig Sex hat uns immerhin angeblich alle aus dem Paradies vertrieben. Sogar der sogenannte liebende Gott als oberste Autorität der Christen reagiert auf Ungehorsam mit Sanktionen. Hier setzt wieder ein Quickstepp-Modus ein, denn Strafe zu vermeiden ist zumeist eine rasche, automatisierte und unreflektierte Reaktion.

Hier komme ich nicht umhin, zu erwähnen, dass Autoritätshörigkeit eine zutiefst österreichische Angelegenheit ist. Andernfalls würden wir nicht überquellen vor einer Unmenge an Titeln. Die Alpenrepublik hat derer rund 900 und sie sind den Österreichern wichtig, wie eine Umfrage des digitalen Markt- und Meinungsforschungsinstituts *Marketagent.com* ergab: 56,2 Prozent der Befragten denken, dass ein Titel im Berufsleben wichtig ist. Mehr als jeder zweite Befragte gibt an, Personen mit Titeln anders zu begegnen als Titellosen. Der legendäre Hofrat, der Kammersänger, der Forstrat, der Kanzleirat, die Oberoffizialin, die Ökonomierätin, der Medizinalrat, die Bergrätin – alle bestätigen, dass ihnen der Titel mehr als einmal einen Vorteil verschafft hat. Wenn nun also der Herr Rat in einer überdimensionalen, schwarzen Limousine vor dem Amt vorfährt, in eleganten Zwirn gehüllt dem Fahrzeug entsteigt und eine Anordnung von sich gibt, dann hat er es zumindest in Österreich recht leicht, denn es gibt offensichtlich einen eigenen österreichischen Titel-Quickstepp.

Eine weitere Falle, in die uns unser Quickstepp-Modus gerne tappen lässt, ist die unreflektierte Bewertung des Verhaltens anderer Menschen: Ein Verhalten, das viele Menschen an den Tag legen, halten wir für richtiger als eines, das wir nur bei wenigen sehen. Robert B. Chialdini, ein US-amerikanischer Psychologe und Marketingexperte, nennt dies auch das »Prinzip der sozialen Bewährtheit«. Speziell in unsicheren Entscheidungssituationen orientieren wir uns am Verhalten anderer Menschen. An sich ist das ja hilfreich, weil uns dieser Quickstepp rasch darauf hinweist, wie wir uns in einer Situation angemessen verhalten können. Aber es macht uns auch beeinflussbar und wir können für solche, die das ausnützen wollen, zur leichten Beute werden. Die Mode nützt das aus, sie ist im Grunde genommen ein sich selbst verstärkender Mechanismus, denn je mehr Menschen die Hose unten weit tragen, umso mehr wollen ihre Hosen unten weit tragen. Bekommt ein Posting auf *Facebook* viele Likes, dann bekommt es noch mehr Likes. Das klingt jetzt ein wenig seltsam, aber wir haben hier eben einen sich selbst verstärkenden Mechanismus. Bereits 1885 veröffentlichte der französiche Psychologe, Soziologe, Mediziner und Mitbegründer der Massenpsychologie Gustave le Bon sein zu zweifelhaftem Ruhm gelangtes Werk »Psychologie der Massen«, in dem er das Prinzip der sozialen Bewährtheit bereits in einigen Passagen vorwegnahm. Dieses im Grunde frauenfeindliche und rassistische Machwerk diente den Nationalsozialisten als eine nicht unerhebliche Grundlage zur Beeinflussung der Menschen. Dennoch: Le-Bon beschreibt darin den Menschen als ein Wesen, welches in der Masse unter bestimmten Einflüssen seine Kritikfähigkeit verlieren kann, weil in der Masse eine »Gemeinschaftsseele« entstehen kann, die den Einzelnen leichtgläubig und psychisch infizierbar macht. Le Bon beschäftigte sich vor allem mit dem Einfluss von Politik, Religion und Ideologien auf die Masse, und meinte, die Masse wäre durch diese Enflüsse im Guten und Bösen zu allem fähig.

Dieser Quickstepp kann durchaus tödlich sein. Zeitungen berichten aus diesem Grund nicht über Selbstmorde, weil Journalisten wissen, dass nach einer diesbezüglichen Berichterstattung die Anzahl der tödlichen Verkehrsunfälle drastisch ansteigt. Der Grund dafür ist der »Werther-Effekt«, benannt nach dem 1774 veröffentlicheten Briefroman »Die Leiden des jungen Werther« von Johann Wolfgang von Goethe, in dem sich der von Liebeskummer geplagte Protagonist selbst tötet. Dies löste damals eine Welle von Suiziden aus. Auch heute lösen Selbstmorde, von denen breit und ausführlich berichtet wird, weitere Suizide aus – ganz nach dem Motto »Was für den gut ist, das ist auch für mich gut«. Die ansteigende Zahl an Unfalltoten nach einem in den Medien publizierten Suizid sind diesem Effekt folgend verborgene Suizide mit dem Auto.

Nahe verwandt mit der sozialen Bewährtheit ist das »Prinzip der Nachahmung«, jedoch betrifft dieses stets eine einzelne Person und beginnt bereits im Babyalter: Babys ahmen intuitiv Grimassen ihrer Eltern bereits im Alter von zwölf bis 21 Tagen nach. Dies geschieht über den Einsatz der Spiegelneuronen, über welche ich in einem späteren Kapitel noch ausführlich berichten werde. Aber so viel sei bereits zum aktuellen Verständnis vorweggenommen, dass es sich hierbei um eine Gruppe von Nervenzellen handelt, die uns unbewusst die Körpersprache anderer Personen nachahmen lässt. Damit können wir als soziale Wesen eine Verbindung zu anderen Menschen aufbauen, was uns unserem Gegenüber sympathischer macht. Diese außerordentliche Spielwiese des Quicksteps kann uns zu Handlungen verführen, die wir ansonsten nicht ausüben würden. Dazu gibt es eine beinahe frivole Untersuchung, durchgeführt 2013 von Nicola Gueguen und seinem Team mittels Straßeninterviews an 240 Studentinnen. Beginnend mit vergleichsweise harmlosen Fragen wie etwa »Wie alt bist du?« oder »Hast du Kinder?« wurden diese immer intimer. Sie lauteten irgendwann »Wann hattest du zum ersten Mal Sex?«, »Wie oft hast du Sex?«, »Masturbierst du?«, »Warst du schon einmal in einem Sexshop?«, »Warst du schon einmal homosexuell aktiv?«, »Praktizierst du Oralsex?« und »Praktizierst du Analsex?« Wenig verwunderlich war die Bereitschaft zu antworten nicht hoch: Sie lag bei 18 Prozent. Dies änderte sich allerdings, wenn die Fragestellerin die Körpersprache der Probandinnen geschickt nachahmte. Bei jenen Probandinnen, deren Körpersprache auch nur durch kleine Gesten wie das Kratzen am Kinn nachgeahmt wurde, erhöhte sich die Bereitschaft zu antworten auf 67 Prozent. Entscheidend sind an dieser Stelle nicht die Inhalte der Antworten. Für uns ist es entscheidend, zu erkennen, wie hoch die Beeinflussbarkeit bereits ist, wenn wir ein klein wenig nachgeäfft werden oder jemanden ein klein wenig nachäffen. Aus eigenen Versuchen weiß ich, dass Ihr Gegenüber das im seltensten Fall merken wird, genauso wie Sie es nicht merken werden.

Alle diese und noch viel mehr Bocksprünge, welche unser Quickstepp-Modus und der Langsame Walzer vollführen, werden im Marketing, und dort vor allem in der Werbung und im Verkauf, reichlich angewandt. Ob es nun Rabattaktionen sind oder die Ankündigungen von Onlineshops, dass nur mehr zwei Stück eines Artikels zur Verfügung stehen – sie sind meist klug aufgestellte Fallen für unsere Denksysteme. Und diese Fallen sind hochwirksam, weil wir so handeln, wie wir mit unseren Tanzeinlagen darauf reagieren. Doch sehen wir uns das in den nächsten Kapiteln noch näher an beziehungsweise setzen wir uns mit der praktischen Umsetzung auseinander!

**IHR DESTILLAT:**

Unser Denksystem arbeitet vehement ökonomisch und ist faul. Alles, was unserem Gehirn keine Mühe bereitet, wird daher bevorzugt. Aus diesem Grund sind wir anfällig für Verführungen, Manipulationen und Beeinflussungen. Wir erledigen unser Leben bevorzugt im Quickstepp-Modus, in dem wir immer wieder in alle möglichen Fallen tappen, bevor wir in unseren reflektierenden Modus, den Langsamen Walzer, umschalten.

## 3.2 DIE PUTZIS SIND WIRKSAM

*»Selbst der liebe Gott hat es nötig,*
*dass für ihn die Glocken geläutet werden.«*
Aus Frankreich

Jeder von uns kennt Werbespots, die er manchmal als unsägliche Belästigung empfindet, etwa die hochskurrile Familie Putz, die seit immerhin 1999 für das Möbelhaus *Lutz* nervige Botschaften in die Wohnzimmer hämmert. Verantwortlich dafür ist die höchst renommierte Werbeagentur *Demner, Merlicek & Bergmann*, welche für eben diese Werbung 2004 den Staatspreis für Marketing erhielt. Glauben Sie also ja nicht, dass diese professionellen Werbeverantwortlichen nicht wissen, wie nervig und grenzdebil diese Spots auf manche Zuseher wirken! Solche Spots werden – ob wir sie mögen oder nicht – produziert, weil sie wirksam sind, wie die Umsatzkurve des Unternehmens beweist. Besonders beeindruckend ist, wie rasant es ab 1999 bergauf ging, als diese putzige Familie die Werbepausen heimzusuchen begann. Freilich kommen da noch andere Faktoren wie Firmenzukäufe und Filialexpansionen hinzu, aber diese wären nicht möglich gewesen, wenn nicht eine ausreichende Anzahl Menschen in die *Lutz*-Möbelhäuser gepilgert wäre.

Dass Werbung wirkt, ist im vorliegenden Beispiel naheliegend. Ohne größere Mühen ließe sich eine Vielzahl solcher Geschichten schildern, und einige werden auch noch dazukommen. Werbung kann gar nicht anders als wirksam zu sein, sie gehört mit zum ältesten Verhaltensrepertoire, das wir haben, ist sie doch fester Bestandteil des Paarungsrituals, der Brautwerbung, der Balz, der Brunft. Wenn wir an den Hirsch denken, der in der herbstlichen Brunftzeit den Kopf emporreckt, sein stolzes

Geweih gegen den Rücken neigt und hormondrüsenanregend seine Hirschkühe anröhrt, oder an den Rad schlagenden bunten Pfau oder andere Balzereien, welche die Natur uns reichlich neckisch zur gefälligen Bewunderung zur Verfügung stellt, so ist das alles Werbung in seiner ursprünglichsten und natürlichsten Form. Da kommt man schwer umhin, nicht rasch Analogien zu den angepriesenen Waren der Parfümindustrie, der Schminkutensilien, der Modebranche, der Schuherzeugung und dergleichen Zweige zu finden. Doch zumeist scheint mir die menschliche Natur die des Tierreiches ein wenig auf den Kopf zu stellen, denn gerade in der Analogie zum Balzschmuck tendiert bei den Menschen das weibliche Geschlecht eher zu selbigem. Die männliche Abteilung neigt zu weniger subtilen Formen, denn da finden wir als Balzstafette häufiger die Uhren, Autos oder Titel, obwohl in den vergangenen Jahren vermehrt auch das Subtile mehr und mehr in den männlichen Blickpunkt geraten ist. Männerkosmetik sorgt bei den diversen Produzenten für gesteigertes Entzücken, denn der Männerkosmetikmarkt wächst laut *Bloomberg* weltweit schneller als das allgemeine Kosmetiksegment, womit dieses Segment einen immer größeren Anteil an den über 47 Milliarden US-Dollar ausmacht. Alleine in der vermehrten Bartpflege ist der Markt in Österreich von 2015 auf 2016 um satte 18 Prozent gewachsen, und zwar vornehmlich durch Werbung. *Beiersdorfer* tritt nicht umsonst als Sponsor der russischen Eishockey-Liga oder der brasilianischen Volleyball-Liga auf.

Unbedingt sei an dieser Stelle erwähnt, dass die mehr oder weniger ausufernde Aufbesserung des Äußeren beileibe nicht nur dem Bereich der Balz zuzuordnen ist, wenngleich sich seit Menschengedenken die Vermählungsinteressenten bei der Brautschau besonders herausputzen und nicht in dreckigen Arbeitshosen losziehen, wie es auch die weiblichen Objekte der Begierde mit gewissen behübschenden Formenbetonungen tun. Solche Behauptungen einer Reduktion auf die Balz wären von naiver Einseitigkeit, denn viele andere Bereiche stehen mit dem Äußeren eines Menschen in Wechselwirkung. Da lassen sich die Bedürfnisse der sozialen Zugehörigkeit ebenso anführen wie die Selbstverwirklichung durch einen bestimmten Lebensstil, die beruflich passende erfolgsversprechende Erscheinung und dergleichen mehr. Genau damit kommen wir aber zurück zu der oben gemachten Ankündigung, dass Werbung wirkt, sind jetzt allerdings durch diesen kurzen Umweg näher am Kern der Wirkung. Vornehmlich geht es in der Werbung darum, bewusste und unbewusste Bedürfnisse anzusprechen oder gar neue Bedürfnisse zu erzeugen. Mit diversen Methoden der Verführung und Verzauberung sollen wir unser Verhalten dahingehend gestalten, dass die häufig kommerziellen Absichten des Werbenden befriedigt werden. Einerlei, ob Defizit- oder Wachstumsbedürfnisse, oder gar vorerst unbekannte, nicht vorhandene Bedürfnisse, wie wir aus obigen Darstellungen in Kapitel 2 festgestellt haben, müssen Bedürfnisse befriedigt werden. Wir können nicht aufhören zu essen, bloß weil wir uns von der Werbung nicht beeinflussen lassen wollen. Die Werbung hat allerdings Einfluss darauf, was wir essen. Ob wir uns nun für diesen oder jenen Haferbrei entscheiden, ist ursächlich abhängig von dem, welche Bilder und Assoziationen sich in unserem Kopf festgesetzt haben, also welche Werbebotschaften angekommen sind und angenommen wurden. Bei der Wahl des Kleidungsstils oder der Lippenstiftfarbe und -marke verhält es sich nicht anders.

Wenn nun der eine oder andere selbstbewusste, kritische Konsument behauptet, dass er sich von der Werbung nicht beeinflussen lässt, dann ist diese Behauptung doch etwas mutig. Denn genau diese Behauptung wird recht als »Third Person Effect« oder »Dritte-Person-Effekt« beschrieben. Dieser erstmals 1983 vom Washingtoner Soziologen und Journalisten W. Phillip Davison anhand von wenigen Einzelfällen postulierte Effekt besagt, dass viele Menschen davon überzeugt sind, dass Werbung andere Menschen stärker beeinflusst als sie selbst davon beeinflusst werden. Mittlerweile wurde dieser Effekt durch etliche Studien weitgehend bestätigt. Außerdem wurde nachgewiesen, dass der »Third Person Effect« nicht nur auf Werbung zutrifft, sondern ganz prinzipiell auf Massenmedien. Dies entspricht einer menschlichen Tendenz dazu, den eigenen Selbstwert zu erhöhen und den der anderen als niedriger einzuschätzen.

Diese eben erwähnten Bilder und Assoziationen, die sich in unseren Köpfen festsetzen sollen, zielen auf unsere bewusste und unbewusste Aufmerksamkeit und Wahrnehmung ab. Trotz einiger natürlicher Wahrnehmungsfilter ist es für unser Gehirn enorm schwer, alles abzuwehren, denn beispielsweise können wir Bilder nicht nicht wahrnehmen, wenn wir hinsehen. Wir haben drei solcher Hürden oder Filter, nämlich das Ultrakurzeitgedächtnis, das Kurzzeitgedächtnis und das Langzeitgedächtnis. Im Ultrakurzeitgedächtnis wird ein Reiz vorerst registriert, im Kurzzeitgedächtnis wird er weiterverarbeitet und im Langzeitgedächtnis gespeichert. Das Ultrakurzzeitgedächtnis ist eine Art Sortieranalage, welche im Wesentlichen nur filtert, damit unser Bewusstsein in der Flut der Sinnesreize doch noch ein wenig zu schwimmen vermag und nicht ersäuft. Hier wird ohne Rücksicht auf Verluste aussortiert, bis etwas unsere Aufmerksamkeit erreicht. Dies bedeutet einen ersten gelungenen Versuch, unsere zielgerichtete Wahrnehmung zu aktivieren, gleichsam eine gewollte Verzauberung zu initiieren. Vergleichen Sie das mit den vielen Werbe-Pop-ups auf Ihrem Smartphone, die Sie ohne bewusste Registrierung wegwischen, bis Sie plötzlich bei einem länger hinsehen. Damit beginnt dann eine Art Interpretation oder Bewertung und es erfolgt zumindest eine Speicherung für wenige Sekunden. Danach wird wieder selektiert, wie bei den Pop-ups, die Sie sich für kurze Zeit angesehen haben. An diesem Punkt scheitern die meisten Werbebotschaften, und nur jene, die genügend Aufprallwirkung auf Sie haben, schaffen es, weitere Beachtung zu finden. Hier ist für fast alle Botschaften Endstation, speziell seit es Smartphones, Social-Media- und Onlinewerbung gibt, weil es einfach zu viel ist. Aber auch bei Werbespots im Fernsehen schalten wir weg, Printanzeigen überblättern wir. Daher müssen die Werbebotschaften so aufbereitet sein, dass sie für das Kurzzeitgedächtnis bekömmlich sind. Dies geschieht umso leichter, je mehr wir uns gerade mit etwas beschäftigen oder aber auch durch Wow- und Aha-Erlebnisse, die möglichst genau zu unseren Bedürfnisse passen. Ein Beispiel dafür ist ein geplanter Autokauf, bei dem Sie sich für eine bestimmte Marke interessieren. Plötzlich fallen Ihnen im Straßenverkehr all diese Autos auf – das wird »Involvement« genannt, was als eigene Theorie in der Werbung gut beschrieben ist. Überdies ist das unter anderem auch ein uns bereits bekannter Quickstepp-Modus, eine kognitive Leichtigkeit. Um bei unseren Pop-ups zu bleiben: Einige wenige schaffen es, dass Sie sich näher mit ihnen auseinandersetzen und auf die betreffende Website weiterklicken. Ins System der Wahrnehmungsfilter übersetzt bedeutet das, dass es eine Werbung in das Langzeitgedächtnis geschafft hat. Hier kann es an unsere eigene Welt, an unsere Wünsche, Erfahrungen, Werte, Vorstellungen und Emotionen andocken. Damit beginnen sich Bilder einzuprägen und es werden Assoziationen geknüpft – die Werbebotschaft wird gelernt.

Beachten Sie in unserem Zusammenhang mit Verführung und Verzauberung, dass es uns niemals gelingen kann, alle Werbebotschaften wegzufiltern! Es gibt keinen Zustand ohne Bedürfnisse außer den Tod, also werden wir alle von Werbebotschaften erreicht und beeinflusst. Werbung ist immer eine Kommunikation mit einem Bedürfnis, gleichsam eine Erotisierung von Mangelzuständen. Die Sehnsucht, diese Mangelzustände abzuschaffen – egal ob sie erzeugt wurden oder vorhanden waren –, ist die wesentliche Ursache für die Wirksamkeit von Werbung. Die Frage ist nur, welche Botschaften uns wie und warum erreichen.

Sehen wir uns nun jene Methoden an, mit denen uns die Werbung am wirkungsvollsten beeinflusst. Diesen Betrachtungen sei vorangestellt, dass sich dieses Kapitel in engsten Verflechtungen mit dem Verkaufsinstrument »Marketing« befindet. Eine Trennung ist nicht möglich, und auch sachlich nicht sinnvoll. Daher werden folgende Ausführungen immer wieder in beiden Gehegen umherstreifen, ohne dass dies die Schilderungen und somit das Verständnis für die Verführung durch Werbung vermindern würde.

Üblicherweise werden Werbestrategien und die dazugehörigen Maßnahmen von den Marketingabteilungen in Zusammenarbeit mit Werbeagenturen entwickelt und umgesetzt, als ein Teil der Marktkommunikation. Durch den stets zunehmenden Informationsüberfluss wird es für die Experten immer schwieriger, für ihre Botschaften auch nur ansatzweise Aufmerksamkeit zu erhalten, geschweige denn ins Langzeitgedächtnis zu gelangen. Daher werden die Methoden und Maßnahmen auch subtiler und ausgeklügelter. Nur genügend Krawall auf verschiedenen Werbekanälen zu erzeugen, reicht häufig nicht mehr, um als Appetizer auf das Tellerchen des Kunden zu gelangen. Werbebotschaften im Fernsehen, in Zeitungen, auf Plakaten, in Kinos, im Internet zu hämmern kann leicht ins Leere gehen. Um ins Langzeitgedächtnis zu gelangen, müssen die Werber eine Zielgruppe festlegen, welche sie gleichsam involvieren wollen und der sie in weiterer Folge maßgeschneiderte Wow- und Aha-Erlebnisse bietet, um selbige gedanklich zu ködern. Die berühmten »*Red Bull* verleiht Flügel«-Werbespots reichen dazu nicht mehr aus. Der König der Dosen investiert seit vielen Jahren in diverse möglichst spektakuläre Sportarten. Hinzugekommen sind in jüngerer Vergangenheit auch Sportarten der breiten Masse wie Fußball und Autorennen, sowie als personifizierte Werbeträger Helden des Sports. Die Verbindung von Abenteuer, Erfolg, Gefahr und einem Energydrink bekommt beim Zielpublikum immer neue Nahrung. Und das Zielpublikum besteht wiederum aus genau jenen, welche dem Abenteuer, dem Erfolg, der Gefahr zumindest als Fernsehkonsument zugetan sind, womit sie immer wieder gedanklich geködert werden. Ergänzend wird die Wirksamkeit durch einen bereits erwähnten Quickstepp gesteigert, durch den Reizes des Verbotenen, der allerdings stark verblasst ist, aber in den Anfangsjahren ein starker Motor für Aufmerksamkeit war. Eines der grandiosesten Beispiele für einen punktgenauen Treffer beim Zielpublikum ist der »Pampers Pooface«-Werbespot von *Saatchi & Saatchi.* Untermalt von Richard Strauss' »Also sprach Zarathustra«-Melodie wurden Babygesichter kurz vor und während der Darmentleerung gezeigt, wobei jeweils maximal angestrengten Gesichtsausdrücken jene von höchster Entspannung und Wonnegefühl folgten. In diesem mehrfach preisgekrönten Werbespot gelingt es *Saatchi & Saatchi* von der ersten Sekunde an, seine Zielgruppe, nämlich die Mütter mit windelpflichtigen Babys, zu fesseln und während des gesamten 50-sekündigen

Spots in höchster Aufmerksamkeit zu halten, also lange genug, um ins Langzeitgedächtnis zu gelangen. Höchst emotionalisierend alleine durch die Grimassen der Babys, mit einer bestens dosierten Portion Humor gelingt *Saatchi & Saatchi* mit diesem Spot, was Werbung leisten muss, nämlich dass der Köder den Fisch anlockt und ihm dann bestens schmeckt (und nicht dem Angler). Die Zielgruppe der Mütter ist höchstpersönlich betroffen und mehrmals am Tage mit diesen Darmentleerungen beschäftigt, noch dazu ist das Brutpflegehormon Prolaktin hochaktiv – das ist übrigens auch bei Vätern während der Babyzeit etwas erhöht, und moderne Väter wechseln die Windeln anstandslos, wodurch es zu einer gegenseitigen Verstärkung in der Wahrnehmung kommt, welche sich spätestens beim gemeinsamen Erstellen der Einkaufsliste als vorteilhaft für *Pampers* erweist.

Diese Art von Werbung ist eine leichtere Variante, wenn eine Zielgruppe angesprochen wird, die ohnedies ihre Aufmerksamkeit auf eine gewisse Produktgruppe gelenkt hat, vor allem aus persönlichen Umständen heraus – Involvement eben. Solche Situationen finden wir allerdings nur in zwei Prozent der Fälle vor. Was also tun und welche Köder auswerfen für die anderen 98 Prozent, damit eine Aktivierung des Interesses, ein Verzaubern überhaupt erst beginnt? Nehmen wir noch einmal diese Werbe-Pop-ups zu Hilfe: Wie muss der Werbende ein Pop-up gestalten, damit Sie es auf Ihrem Smartphone nicht achtlos wegwischen? (Dasselbe gilt selbstverständlich auch für E-Mails, Mailings, Printanzeigen und Fernsehwerbung.) Was muss getan werden, damit sich der Konsument damit auseinandersetzt, damit der Sprung ins gelobte Land, ins Langzeitgedächtnis gelingt?

Ein mittlerweile veraltetes, aber immer noch häufig verwendetes Modell, um an diese 98 Prozent heranzukommen, nennt sich AIDA. Jedoch hat das mit der gleichnamigen Oper nichts zu tun und wurde auch nicht von Guiseppe Verdi entwickelt. Der Entwickler war E. St. Elmo Lewis, ein US-amerikanischer Werbestratege, und er wusste 1898, als er diese Methode als Anleitung für Verkaufsgespräche präsentierte, freilich noch nichts von *YouTube*, *Facebook* oder *Instagram*. Nicht einmal Fernsehen gab es zu dieser Zeit und die Anzahl der verfügbaren Produkte war mehr als überschaubar. Die Grundlage dieser Methode war das Angreifen der dargebotenen Waren, also der wirkliche Kontakt mit dem Produkt. Das aber gibt es heute kaum noch, daher ist diese Methode wenig brauchbar geworden. Außerdem konnte diese hierarchische Anordnung von Wirksamkeit von Werbung trotz intensiver Forschung nie belegt werden. Die vier Buchstaben stehen für Attention (Aufmerksamkeit), Interest (Interesse), Desire (Sehnsucht, Wunsch) und Action (Kauf, Verwendung) und beschreiben die Stufen der Werbewirkung bis hin zur Verwendung oder zum Kauf des Produktes. Eines der wesentlichsten, wenn nicht heutzutage gar das wesentlichste A fehlt, nämlich die Advocacy, also die aktive Weiterempfehlung, welche ja gerade in den sozialen Medien besonders intensiv betrieben werden kann. Wenn Sie beabsichtigen, durch Werbung andere Menschen zu beeinflussen, dann beauftragen Sie eher nicht Werbefachleute, die Ihnen mit diesem veralteten Opernkonzept ihre Aufwartung machen. Eine andere in ihrer Wirksamkeit bewiesene Methode gibt es allerdings auch nicht, aber es gibt vor allem – wie Sie inzwischen wissen – Erkenntnisse zum Thema »Verführung, Beeinflussung und Manipulation«. Halten Sie sich darum an diejenigen Werber, welche über diese und im Folgenden beschriebenen Kenntnisse verfügen!

Schockieren ist eine Methode, die es vermag, die

Aufmerksamkeit ausreichend zu erregen und Handlungen auszulösen. Sie merken das selbst, wenn Sie sich erschrecken. Ein Bild der Tierschutzorganisation *Humans for Animals* mit dem Slogan »Behandle andere so, wie du selbst behandelt werden willst!« stellt das besonders drastisch dar. Auf diesem Bild ist erschreckend realistisch dargestellt, wie ein blutendes, totes Menschenbaby nackt im Schnee liegt, erschlagen von einer Robbenmutter mit einem Knüppel ganz so, wie es menschliche Robbenjäger mit Robbenbabys machen. Diese Schockmethode wurde in den 1980er Jahren durch den Fotographen Oliveiro Toscani weltweit berühmt, der für den Kleidungskonzern *United Colours of Benetton* aufsehenerregende Bilder geschossen hatte. Seine Darstellungen von einem ölverschmierten Vogel, einem nackten Gesäß mit dem Stempelaufdruck »HIV positive« und Kinderarbeit beschäftigten über viele Jahre medienwirksam die deutschen Gerichte bis hin zum Bundesgerichtshof. Gleichzeitig gab es für diese Darstellung auch Preise.

Das Wesen dieser Art von Werbung bildet ein eigenes Genre. Derartige Schockwerbung erschüttert absichtlich persönliche oder gesellschaftliche Normen. Den Werbern geht es zumeist allerdings nicht darum, jemanden absichtlich zu verletzen. Vielmehr wollen sie überraschen, denn gerade die Überraschung führt zu erhöhter Aufmerksamkeit. Wir reagieren auf unvorhergesehene Inhalte einfach aufmerksamer als auf Erwartetes. Ist die Aufmerksamkeit erst einmal geweckt, dann beginnt die gedankliche Auseinandersetzung mit dem Inhalt und schon ist eine erste Brücke gebaut. In einer Studie an 105 kanadischen Schülern im Alter zwischen 18 und 27 Jahren konnte gezeigt werden, dass Schockwerbung den meisten Schülern aufgefallen und in Erinnerung geblieben war. Beworben wurde dabei der Schutz vor Aids durch Kondome mithilfe von

Schock, Angst und Information.

Die neueste, mittlerweile von mehr als 100 Staaten vorgegebene Schockwerbung auf Zigarettenpackungen operiert mit den bekannten Darstellungen von kaputten Zähnen, verrotteten Lungen und toten Menschen. Diese Bilder, die zum Teil drastischer sind als manche *Benetton*-Bilder, führten laut einer deutschen Telefonumfrage dazu, dass mehr Raucher mit dem Rauchen aufhörten. 53 Prozent der ehemaligen Raucher gaben an, dass diese Fotos zumindest ein Mitgrund für ihren Verzicht waren. Derartige Abbildungen bewirken zusätzlich, dass weniger Jugendliche mit dem Rauchen beginnen. Der Vollständigkeit halber muss aber gesagt werden, dass die Ergebnisse nicht in allen Ländern einheitlich sind. Gerade diese Schockbilder sind im Grunde dennoch etwas, das wir nicht wollen, nämlich reinste Manipulation. Aber im Dienste der guten Sache werden sie gesellschaftlich akzeptiert – und ihre Bilder erreichen unser Gehirn.

Über ethische und moralische Aspekte kann man geteilter Meinung sein, auch darf der Zweck nicht immer die Mittel heiligen. Die Wirksamkeit der Schockmethode ist allerdings unbestritten, wenngleich es auch Studien gibt, die zeigen, dass beim Überschreiten einer gewissen Grenze manchmal gegenteilige Effekte ausgelöst werden können und sich Konsumenten deshalb gegen ein Produkt entscheiden.

Ein weiteres Betrachtungsfeld zur Erregung von Interesse ist neben der Schockmethode Werbung mit sexuellen Inhalten, die deshalb dazu angetan ist, die Aufmerksamkeit zu steigern, weil insbesondere sie es vermag, unser Belohnungszentrum zu aktivieren. »Oralverzehr – schneller kommst du nicht zum Samengenuss« ist so eine Werbung, welche mit angedeuteten sexuellen Inhalten diese Zentren ansprechen soll. Freilich kommt bei dieser Fruchtsaftwerbung auch noch ein zusätzlicher Effekt hinzu, nämlich die Absurdität, die uns innehalten lässt. Die legendäre Werbung mit der *Milka*-Kuh bewirkte übrigens, dass eine nicht unbeträchtliche Menge an urbanen Kindern tatsächlich glaubte, Kühe wären violett.

Eine Gemeinsamkeit fällt bei den vorgestellten Beispielen besonders auf, nämlich dass sie mit maximaler Geschwindigkeit unsere Gefühle verzaubern, gleichsam eine Gefühlsregung anstoßen. Dies deutet darauf hin – einerlei ob *Pampers* oder *Benetton* –, dass zuerst eine Erregung eines Gefühls in Sekundenbruchteilen vorhanden sein muss, damit es zu einer Weiterbeschäftigung mit der Werbebotschaft kommt. Dafür gibt es auch in wissenschaftlichen Untersuchungen mehrere Hinweise, so konnte etwa eine Aktivierung des limbischen Systems durch Werbung nachgewiesen werden. Werden mehrere Sinne kombiniert angesprochen, wie etwa das darmentleerende Baby in Symbiose mit der »Zarathustra«-Melodie, ist die Chance größer, dass wir uns mit einer Botschaft auseinandersetzen, weil unsere Gefühlswelt intensiver erreicht wird. Schockwerbung spricht zusätzlich eindeutig einige unserer Grundemotionen an, nämlich Ekel, Wut, Überraschung und Verachtung, und gerade gegen diese Grundemotionen können wir uns nicht wehren.

Wie bei der Familie Putz eindrücklich festzustellen, ist auch die Penetranz eine gängige Methode, um in das Langzeitgedächtnis vorzudringen. Idealerweise in Kampagnenform aufbereitete Werbeaktivitäten – womöglich noch über mehrere gut aufeinander abgestimmte Kanäle und über einen längeren Zeitraum – haben ihre Wirkung. Wie wir im vorhergehenden Kapitel gesehen haben, ist unser Denksystem fast immer im Quickstepp- Modus, und sollte einmal ein Interesse an einem Möbelkauf bestehen, dann ist es naheliegend, dass das Möbelhaus *Lutz* am schnellsten erinnert wird, weil dieses den höchsten Werbeaufwand mit größter Konstanz betreibt. Wenn ein Produkt auch bei solchen Konsumenten beworben werden soll, die nicht durch persönliche Umstände betroffen sind, dann kann die Dauer und Anzahl der Wiederholungen wirksam sein, aber es müssen Geschichten erzählt werden, die unserem Gehirn schmecken.

Hinzu kommt noch ein spezieller Effekt, der sogenannte »Mere Exposure Effect«. Dieser besagt, dass eine wiederholte Darstellung einer zuerst unbeachteten oder neutralen Sache mit der Zeit eine positive Bewertung bekommt. Der Quickstepp mag Vertrautes, und damit wird häufige Konfrontation mit demselben Inhalt in der Werbung wirksam. Vorsicht sei geboten, weil auch der gegenteilige Effekt möglich ist, nämlich dass sich eine anfangs erwirkte Abneigung ebenfalls verstärken kann. Wenn ein und dieselbe Botschaft zu häufig gezeigt wird, kann es allerdings auch zur Abnutzung kommen. Dieser Effekt geht weit zurück in die Urgeschichte des menschlichen Daseins. Um in der Steinzeit zu überleben, mussten die Menschen extrem wachsam gegenüber Neuem sein, denn Fremdes konnte immer Gefahr bedeuten. Bewährtes und Bekanntes hingegen bedeutete keine Gefahr, weshalb diesbezüglich auch nicht viel Aufmerksamkeit erforderlich war. Und genau dieses Urverhalten kann bei übermäßiger monotoner Werbung wieder aufflackern. Wirksamer ist es, dieselbe Botschaft in immer wieder neue Geschichten zu verpacken, wie es eben mit der Familie Putz seit immerhin 1999 geschieht. Die *Billa*- und *Merkur*-Kaufhäuser bewerben ihre Biolinie »Ja natürlich« seit Jahren mit einem nervigen, altklugen kleinen Ferkel, das in immer neue Geschichten verwickelt wird. Einem Konsumenten ging das offensichtlich derart auf die Nerven, dass er den Spot ein wenig neu modellierte und in den diversen Social-

Media-Kanälen verbreitete: Er zeigt das Schweinchen auf einem Spieß, an dem es als Spanferkel gegrillt wird – mit dem abgeänderten Logo »Na endlich«. Das zeigt deutlich, dass ihn die Werbebotschaft erreicht hat.

Eine weitere interessante und effektive Methode ist das Werben mit unterschwelligen Reizen. Gerade hier ist die Verführbarkeit bei den Konsumenten hoch, weil eine nicht völlig bewusst wahrgenommene Botschaft besonders unkritisch übernommen wird, wie es eben der Trägheit unseres Denksystems eigen ist. Durch häufige Wiederholung der unterschwelligen Botschaften können diese unreflektiert in unseren Langzeitspeicher gelangen. Wenn Sie sich ein Fußballspiel im Fernsehen ansehen, dann werden Sie Ihre Konzentration auf das Spiel richten, die Hände über dem Kopf zusammenschlagen, wenn der Schiedsrichter Ihrer favorisierten Mannschaft einen sicheren Elfmeter versagt, Sie werden mitjubeln beim Torerfolg Ihres Favoriten, mit erwartungsvollem, nervösen Herzflattern den Schlusspfiff herbeisehen, weil Ihre Lieblingsmannschaft knapp mit nur einem Tor vorne liegt. Was Sie über den gesamten Zeitraum des Spiels auch sehen, aber kaum einmal bewusst wahrnehmen, ist die Bandenwerbung am Spielfeldrand. Wenn Sie nun Spiel für Spiel über 90 Minuten unterschwellig mit Werbebotschaften gefüttert werden, so bleibt das meistens nicht wirkungslos. Es entstehen zumindest Schablonen, welche bei entsprechender Passung vom Quickstepp leicht erkannt werden, wenn Sie das nächste Mal vor einem Einkaufsregal stehen. Kein Wunder also, dass diese Werbung in der deutschen Fußballbundesliga bis zu 200.000 Euro kostet – pro Spiel.

Ein besonders krasses Beispiel für Werbung ist der Saatgut- und Herbizidhersteller *Monsanto*, welcher tatsächlich mit Slogans wie »Nachhaltige Landwirtschaft heißt verbesserte Lebensqualität« wirbt. Trotz der wilden

Auseinandersetzungen mit Umweltschützern und zahlreicher Verurteilungen wegen der gesundheitsschädigenden Wirkung ihrer Produkte wirbt *Monsanto* mit Schlagwörtern wie »nachhaltig« und »verbesserte Lebensqualität«. Mit Bildern von Kindern und ihren Eltern verstärken sie optisch das Thema »Nachhaltigkeit«. Das kommt dem Kenner der Szene wie ein gewaltiger Affront gegen den gesunden Menschenverstand vor, jedoch rein werbetechnisch gesehen ergibt das Sinn, weil Werte und Normen angesprochen werden, die gelernte Allgemeingültigkeit haben. Diese Methode kann äußerst wirksam sein, denn wie wir ja wissen, nimmt es unser Denksystem nicht so genau mit Daten und Fakten, sondern es mag eher glaubwürdig erzählte Geschichten, die dann als viel wahrer wahrgenommen werden, als sie es tatsächlich sind. Weitere bekannte Beispiele zeigen, dass diese Methode recht häufig Verwendung findet, etwa wenn ein Automobilkonzern mit sauberer Umwelt wirbt. Diese Methode nennt sich »Greenwashing« und ist – wenn auch ethisch bedenklich – durchaus wirksam.

Die Vermittlung von Werbebotschaften durch Autoritäten ist ebenfalls eine gängige Methode, jedoch muss das Produkt einigermaßen dazu passen. Ärzte sind bei der Bevölkerung überwiegend als Autoritäten anerkannt. Beruhend auf dem beschriebenen Milgram-Experiment, welches das Autoritätsprinzip als eine intensive Möglichkeit der Beeinflussung beschreibt, die sogar den Langsamen Walzer ausboten kann, kann die Umsetzung überaus erfolgreich sein. *Dr. Best* ist dazu das Paradebeispiel: Der Name dieser Zahnbürste – andere gleichnamige Zahnpflegeprodukte kamen erst viele Jahre später dazu – stammt tatsächlich von einem Chicagoer Zahnarzt namens Earl James Best. Im Zuge eines Relaunches mit neuen Produktmerkmalen, nämlich der flexiblen Zahnbürste gegen Zahnfleischverletzungen und mit dem Slogan »Die klügere Zahnbürste gibt nach« wurde diese Kampagne gestartet. Um die Glaubwürdigkeit zu erhöhen, suchte die beauftrage Werbeagentur Grey nach einem Zahnarzt und fand besagten Dr. Best. Der erfolgreiche Werbeauftritt der vorher eher unbedeutenden Marke startete bereits 1988 und machte die damals neuartigen flexiblen Zahnbürsten zum Weltmarktführer. Der Marktanteil betrug 1987 unmittelbar vor dem Relaunch sechs Prozent und stieg bis 2000 auf über 42 Prozent an. Nachahmer gibt es mittlerweile auch in anderen Bereichen: Etwa bei Produkten gegen die Verkalkung von Haushaltsgeräten treten Installateure auf, die dem Publikum mit größter Fachkompetenz mitteilen, dass eine kaputte Waschmaschine nicht sein müsse, würde man nur mit dem richtigen Entkalker regelmäßig und rechtzeitig vorsorgen.

Freilich ist die Darstellung der Methoden bei weitem nicht vollständig, aber das zu leisten, würde weit über einen bekömmlichen Rahmen hinausgehen. Mir ist es vielmehr darum gegangen, Ihnen einen Eindruck zu vermitteln, was Werbung leisten muss, um wirksam zu sein. Gerade Werbung beeinflusst uns in der heutigen Gesellschaft als Gesamtes, jedoch kann es für ein einzelnes Produkt ausnehmend schwer sein, in unser Gehirn zu gelangen, wenn falsche oder ineffektive Methoden gewählt werden. Über die Methodenauswahl berichte ich im nächsten Kapitel, denn diese ist ein wichtiger Bestandteil des Marketings. Erschwerend kommt für die Werbung noch hinzu, dass wir ihr eher ablehnend gegenüberstehen, weil wir Manipulation und Beeinflussung nicht mögen. Dennoch ist sie gut gemacht immer wirksam, ob wir wollen oder nicht. Und das ist in gewisser Weise auch gut so. Denn Werbung ist insgesamt eine höchst löbliche Angelegenheit: Durch sie wird die Wirtschaft angekurbelt, Arbeitsplätze werden gesichert und geschaffen, letzten Endes wird durch sie Wohlstand vermehrt, da sie ein wesentlicher Katalysator dafür ist. Auch wenn sie meist kritisch beäugt wird – und das nicht nur im Falle der nervigen Familie Putz –, in der Summe bewirkt sie viel Positives, bei weitem mehr als diverse Verschwörungstheorien, zusammengefasst in dem unzulässig vereinfachenden Satz »Die wollen uns nur das Geld aus der Tasche ziehen«. Gerade diese Art der Verführung durch Werbung ist eine besonders vitale und lebensbejahende, weil sie uns an die Überwindung des einen und anderen Mangels näherkommen lässt, vielleicht um von den Defizit- zu den Wachstumsbedürfnissen zu gedeihen. Werbung lädt das Leben mit der Fülle des Genießens auf und bietet eine Vielzahl an Verlockungen, welche unser Tun und Handeln, unser Streben und Entwickeln fördert.

Der Vollständigkeit halber muss ich an dieser Stelle allerdings erwähnen – obwohl ich die Werbung insgesamt als etwas Positives bewerte –, dass es selbstverständlich auch eine missbräuchliche Verwendung derselben gibt, etwa für unredliche politische Zwecke, Betrugskampagnen, die Bewerbung diverser unethischer Produkte á la *Monsanto* und Konsorten, sowie andere dergleichen gestaltete Spielarten mehr. Aber das liegt in der Natur der Sache, denn erst das Verbot schafft die Übertretung, erst die Verfügbarkeit der Zehn Gebote schafft die Sünde, erst die Steuergesetze schaffen den Steuerbetrug und vor allem als gültige Prämisse für die Werbung: Erst die Gier schafft das Raffen.

Nehmen Sie sich hin und wieder die Zeit und konsumieren Sie Werbung ganz bewusst! Sie werden einige beschriebene Methoden wiederfinden, einige neue entdecken und bald recht gute analytische Fähigkeiten entwickelt haben, um deren Qualität beurteilen zu können.

Wie diese Werbung entsteht, wo sozusagen die Küche ist, in der neue Rezepte entwickelt werden, mit denen Sie umworben werden sollen, mit denen Ihr Langzeitgedächtnis gefüttert werden soll, das sehen wir uns im nächsten Kapitel an, welches sich mit jenen speziellen Aspekten des Marketings auseinandersetzt, in denen Werbung ihren Ausgangspunkt hat.

**IHR DESTILLAT:**

Werbung ist wirksam – ob wir wollen oder nicht. Sie beeinflusst unser Verhalten in vielen verschiedenen Bereichen, nicht nur im Konsum, dort aber hauptsächlich. Gleichzeitig ist Werbung eine positive Erscheinung als ein wichtiger Katalysator für Wachstum, Wohlstand und persönliche Entwicklung.

## 3.3 UNBEGRENZTE MÖGLICHKEITEN

*»Wer aufhört zu werben, um Geld zu sparen,*
*kann ebenso seine Uhr anhalten, um Zeit zu sparen.«*
Henry Ford

Wenn wir uns nun dem Thema »Marketing« widmen, so sei den folgenden Ausführungen vorangestellt, dass dieser breite Bereich bei weitem nicht nur unsere speziellen Inhalte zur Verführung beherbergen würde. Marketing ist eine hochprofessionelle, vielschichtige Disziplin, die intensiv erlernt werden muss, will man gut darin sein. Die diversen Teilgebiete, welche sich zum Erfolg eines Produktes, einer Dienstleistung oder einer Unternehmung zusammenfügen sollen, umfassen Zieldefinition, Marktforschung, Zielgruppendefinition, Strategieentwicklung, Produktplatzierung und Positionierung, Preispolitik, Kommunikationspolitik, Kommunikationsmodelle, Kommunikationskanäle, Vertriebspolitik, Umsetzungstaktiken, Budgetierung, Werbung, PR, Umsetzungs- und Erfolgsmessung. Um unseren eigentlichen Inhalt nicht aus den Augen zu verlieren, werde ich mich nur dem Aspekt der Verführung widmen, welcher allerdings in einigen Teilgebieten maßgeblich ist.

Beginnen wir mit einem Beispiel, das als eine der größten Marketingleistungen überhaupt bezeichnet werden kann, und das zeigt, wie die gesamte Menschheit beeinflusst werden kann: Im Jahr 2008 wurde aus einem unbekannten Produkt mit dem falschen Namen, der falschen Farbe und kaum Werbebudget der 44. amerikanische Präsident Barack Obama. Nüchtern betrachtet war die Wahl Obamas zum mächtigsten Mann der Welt nichts anderes als eine grandiose Marketingleistung, hinter der ein Team aus Marketingprofis stand. Immerhin über 62 Millionen Menschen wählten Obama – das waren 52,92 Prozent aller Wähler. Sein wichtigster politischer Gegner John McCain wurde von knapp zehn Millionen Menschen weniger gewählt. Darüber hinaus bekam Obama um sieben Millionen Stimmen mehr als jeder andere Präsident vorher. Doch was steckte wirklich hinter diesem Erfolg – außer dem ganz bewusst eingesetzten Slogan »Yes, we can«? Wie konnten 62 Millionen Menschen dazu gebracht werden, ihre Stimme für Obama abzugeben? Die Planungen dazu begannen bereits 2006, nachdem Obama erst seit zwei Jahren Senator des Staates Illinois war und immer wieder durch seine Reden auf sich aufmerksam machte. Ein hochprofessionelles Team aus Wahlkampf- managern, Marketingexperten und Social-Media-Ikonen wie etwa David Plouffe oder *Facebook*-Mitbegründer Chris Hughes richtete ein Büro in Chicago ein und begann zu arbeiten, nachdem Obama sich zur Kandidatur über- reden hatte lassen. Aus Meinungsumfragen, welche im herkömmlichen Marketing der Marktforschung entspre- chen, wusste man, dass die Politik des damaligen Präsi- denten George W. Bush höchst unpopulär war. Während Hillary Clinton und alle anderen republikanischen und demokratischen Kandidaten in ihren ersten Wahlkampf- auftritten immer wieder darauf hinwiesen, es besser machen zu wollen als Bush, bot Obama dem Wählervolk an, es *anders* zu machen. Das Obama-Team wusste ge- nau, dass das Wählervolk mehr vom Altbekannten – auch wenn eine bessere Qualität versprochen wurde – nicht wollte. Das war das Ergebnis aus den Erkenntnissen der Marktforschung, welche eine erste Positionierung Oba- mas zeichnete, die sich deutlich von seinen Konkurrenten unterschied. Gleichzeitig begann das Wahlkampfteam, sich um das Budget zu kümmern, das für die Kampagne benötigt wurde. Dazu wurde eine Freiwilligenkampagne ausgearbeitet, um Spenden zu sammeln, Unterstützung zu generieren und Mundpropaganda voranzutreiben. Das Team konzentrierte sich dabei vorerst auf das Internet als Kommunikationskanal, um die Freiwilligen zu rekrutie- ren sowie Spenden und Unterstützung zu erhalten. Die dazu erstellte Website ermöglichte soziale Interaktion mit Obama und seinem Team, womit sie den Kandidaten und seine Ideen »begreifbarer« machte. Bereits im März 2007 hatte man so 450.000 Freiwillige gewonnen. Die Spen- densammlung war enorm erfolgreich, am 3. April 2007 konnte das Team mit 26 Millionen Dollar in die erste intensivere Phase des Wahlkampfes starten. Hillary Clinton erhielt bis dahin um drei Millionen Dollar weniger Wahlkampfspenden.

Die Positionierung Obamas wurde verfestigt, er war der Optimismus versprühende, für soziale Gerechtigkeit und Menschlichkeit eintretende potenzielle Präsident, der vieles anders machen würde. Der Wahlkampf wurde immer intensiver geführt, künftige Freiwillige wurden durch Webtechnologien genauso angesprochen wie durch bestehende Freiwillige. Wenige Monate später waren sie auf über eine Million angewachsen. Direkte Kommunikation wurde via Liveübertragungen intensiv eingesetzt – und vor allem mittels Social Media. Die Obama-Kampagne startete mit dem sogenannten Mikrotargeting, einer damals neuen Disziplin in Wahlkämpfen. Ein eigenes Spezialistenteam durchforstete dafür alle möglichen Datenbanken, um für jede erdenkliche Wählergruppe die idealen Botschaften herauszufiltern. Die Sympathisanten und potenziellen Wähler bekamen immer mehr maßgeschneiderte Mails oder Botschaften via *Facebook*, je näher der Wahltag rückte. Darunter waren auch immer wieder »Bettelbriefe«, in denen um Spenden von 5 Dollar oder mehr gebeten wurde. Das Mikrotargeting wurde weiter umgesetzt, bei den Hausbesuchen durch die Freiwilligen wusste man präzise, was die einzelnen Wählergruppen hören wollten. Die Botschaften wurden präzisiert, auch bei den E-Mail-Kampagnen. Was das Marketing mit ihrer kommerziellen Werbung damals schon längst tat, wurde nun auch in einem Wahlkampf mit höchster Professionalität umgesetzt. Diese Methoden des Mikrotargeting wurden übrigens im Wahlkampf 2012 noch einmal verfeinert. Zu diesem Zeitpunkt folgten Obama 26 Millionen Menschen auf *Facebook* und 16 Millionen auf *Twitter*, und das ist für sich ein Datenpool, aus welchem sich unzählige Informationen für einen maßgeschneiderten Wahlkampf herausfiltern lassen. Ein Team aus über 100 Computerspezialisten, Bloggern, Hackern, Mathematikern, Statistikern und Analysten durchforstete unzählige Datenbanken. Dadurch konnten die potenziellen Wähler noch gezielter angesprochen werden – nach sozialer Herkunft, Einkommen, religiöser Überzeugung, Auto, Hobby, Wohngegend, Beruf, allgemeinen Überzeugungen und vielem mehr. Dies ging sogar so weit, dass Einzelpersonen via E-Mails direkt darauf angesprochen wurden, dass sie noch nichts auf das Spendenkonto eingezahlt hätten, mit Aussagen wie »Der Präsident zählt auf Leute wie dich, lass ihn nicht im Stich!« Grundlage dafür waren vernetzte Datenbanken, die das Spendenverhalten jedes Einzelnen genauestens festhielten.

Ohne jeden Zweifel war das »Produkt Obama« selbst ein wesentlicher Erfolgsgarant, denn seine rhetorischen Fähigkeiten waren erfrischend, wenn er hemdsärmelig vor sein Publikum trat und voll überzeugender Inbrunst »Yes, we can!« schmetterte. Selbstverständlich war jede einzelne Geste und Aussage genauestens einstudiert, basierend auf den Erkenntnissen der Meinungsforschung und Webanalysen. Das zuerst unbekannte »Produkt Obama« wurde zu einer immer stärkeren Marke, die für etwas stand, und die zumindest im Wahlkampf konsistent ihr Markenversprechen hielt.

Obamas Sieg ist – vor allem auch, wenn man die Wahlkämpfe 2008 und 2012 miteinander vergleicht – eine passende Wiedergabe der Veränderung, die das Marketing in den vergangenen Jahren erfahren hat, speziell in Hinblick auf die Beeinflussungsmethoden. Die Methoden, um über diverse Kommunikationskanäle ins Langzeitgedächtnis zu gelangen, haben sich in ihrer Gewichtung einem starken Wandel unterzogen. Philip Kotler, einer der weltweit einflussreichsten Wirtschaftstheoretiker, hat gemeinsam mit Hermawan Kartajaya, der wiederum laut dem Britischen Chartered Institute of Marketing zu den 50 Gurus zählt, die die Zukunft des Marketings geprägt haben, das bemerkenswerte Buch »Marketing 4.0« herausgegeben. Das 2017 erschienene Werk ändert die von Derek Rucker entwickelten bisherigen vier As des Marketings (Aware, Attitude, Act, Act again) und fügt außerdem ein fünftes hinzu, nämlich das Advocate. Und gerade dieses Advocate, auf das ich noch näher eingehen werde, war ein wesentlicher Erfolgsbaustein von Obamas Wahlerfolg. Mit »Advocate« ist vornehmlich gemeint, dass die Kunden mit der Zeit eine starke, loyale Bindung zur Marke aufbauen, die letztendlich in eine Weiterempfehlung mündet. Genau das hat Obama mit seiner großen Freiwilligentruppe erreicht, kombiniert mit der ungeheuren Power der sozialen Netzwerke. Kotler behauptet sogar, dass dieses fünfte Element heute der wichtigste Faktor für den Erfolg eines Produktes ist, sogar noch wichtiger als der Kauf oder die Verwendung selbst. Der Reihe nach bedeuten diese fünf As »Aware« (das Produkt kennen, etwa durch Werbung), »Appeal« (das Produkt mögen – es ist bereits ins Langzeitgedächtnis vorgedrungen), »Ask« (vom Produkt überzeugt werden, etwa durch eigene Onlinerecherchen und ein Nachfragen), »Act« (das Produkt wird gekauft oder verwendet) und dann eben das »Advocate« (das Produkt wird weiterempfohlen). Diese fünf As finden wir alle in Obamas Wahlkampf wieder: Er wurde durch Onlinewerbung und seine Reden bekannt – damit war die Aware-Stufe erreicht. Etliche potenzielle Wähler fanden ihn und seine Botschaften attraktiv – die Appeal-Stufe war erreicht. Die einzelnen interessierten Wähler begannen sich intensiver für ihn zu interessieren, fragten bei

Freunden und Bekannten nach, verfolgten Fernseh- und Internetauftritte – die Ask-Stufe war erreicht. Die Wähler meldeten sich zum Freiwilligenteam oder unterstützten Obamas Wahlkampf auf eine andere Art, etwa durch Spenden – die Act-Stufe war erreicht. Die freiwilligen Wahlkämpfer zogen wahlwerbend von Haus zu Haus, teilten *Facebook*-Postings und überzeugten Verwandte und Bekannte – damit hatte die Advocate-Stufe eingesetzt.

Wenn wir uns an das Kapitel »Fallensteller« erinnern, können wir zudem rasch erkennen, dass auch das Prinzip der sozialen Bewährtheit eine große Rolle bei der Beeinflussung gespielt hat, denn was andere – oder noch besser: viele – gut finden, das muss auch für uns gut sein. Das ist freilich eine höchst simple Zusammenfassung, denn jede A-Stufe macht eine professionelle Erarbeitung derselben zwingend notwendig, um in den heutigen Märkten erfolgreich zu sein. Hinter diesen As stehen Strategieentwicklung, Kundensegmentation und alle anderen Marketinginstrumente, aber vor allem die Auswahl der Kommunikationsinhalte und -kanäle für jede Ebene. Das ist nun der Bereich, der für unsere Betrachtungen über Verzauberung und Verführung von höherer Relevanz ist. Wie bereits im vorangegangenen Kapitel über die Werbung erwähnt, wird hier von den Marketingfachleuten festgelegt, womit sie unser Langzeitgedächtnis am nachhaltigsten erreichen und dergestalt beeinflussen, dass wir deren Produkt oder Dienstleistung kaufen oder verwenden. Einige Branchen haben das Prinzip der Weiterempfehlung bereits als festen Bestandteil integriert – denken Sie an die Kundenrezensionen auf *Amazon* oder die Kundenbewertungen auf Hotelbuchungsplattformen wie *Booking.com*!

Die Festlegung der Kommunikation ist eine der wesentlichsten Aufgaben des Marketings, mit ihr steht und fällt der Erfolg. Durch die Vielfalt der Kommunikationsmittel muss heutzutage höchste Priorität darauf gelegt werden, wie sich ein Unternehmen mit seinem Produkt an den fünf As bis hin zur Advocacy entlanghantelt. Zur Auswahl stehen klassische Kommunikationsmittel wie Messeauftritte, Printanzeigen, Fernseh- und Radiowerbung, Plakate, Websites, Eventmarketing, Testimonials, Sponsoring oder auch die immer noch häufig eingesetzten Verkaufsmitarbeiter. Die neueren Kommunikationsmittel beinhalten Social-Media-Marketing, Influencer-Marketing, Nudging oder Blogger.

Das 21. Jahrhundert wird für uns das Jahrhundert der Überlastung des Gehirns werden, wobei das altgediente Sender-Empfänger-Modell weiterhin seine Gültigkeit behalten wird, wenn es auch zusehends schwindet. Beachtenswert ist dabei eine Binsenweisheit, nämlich dass uns als Empfänger nur beeinflussen kann, was bei uns auch tatsächlich ankommt. Die jüngeren Generationen allerdings benötigen auch andere Methoden als nur ein Sender-Empfänger-Modell, etwa eine sogenannte Useful-Brand-Experience, also eine nützliche Produkterfahrung, damit sie vom Marketing effektiv erreicht werden können. Das kann zum Beispiel eine Lifestyle-App sein, welche es uns bei unseren Einkäufen jederzeit ermöglicht, die Inhaltsstoffe der Produkte in den Supermärkten zu checken, wobei gleichzeitig Werbe-Pop-ups erscheinen, die nachhaltige Bioprodukte anbieten. Und genau da liegt des Pudels Kern, denn zuerst müssen die Marketingverantwortlichen wissen, über welchen Kanal – oder heutzutage vor allem, über welchen Kanalmix – sie uns erreichen, und zwar mit integrierten Kampagnen und nicht mittels Einzelaktivitäten. Und dabei muss die Botschaft oder Geschichte so aufbereitet sein, dass sie nicht innerhalb von zwei Sekunden mit dem Finger weggewischt, mit der Fernbedienung weggedrückt, mit Daumen

und Zeigefinger überblättert wird oder dem Verkaufsmitarbeiter durch die zugeschlagene Tür das Nasenbein
bricht. Wie meine Tochter Verena Luchner in ihrem 2017
erschienenen Buch »Advertising Shift« ausführt, erreichen
uns täglich rund 3.000 unerwünschte Werbebotschaften,
welche wir gnadenlos ausselektieren. Eine Studie des
GfK Marktforschungsinstitutes zur Mediennutzung von
Jugendlichen zeigte, dass bereits 93 Prozent der Jugendlichen und jungen Erwachsenen täglich ihr Smartphone
benutzen, aber nur mehr 45 Prozent von ihnen täglich
fernsehen. Verwendet man für seine Werbebotschaften
das Fernsehen *und* digitale Medien, lässt sich folglich die
Wirksamkeit um 60 Prozent steigern. Wichtig ist dabei zu
wissen, dass man für die verschiedenen Medien nicht ein
und denselben Spot verwenden kann, denn entspanntes
Fernsehen ist für eine Botschaft eine ganz andere Aus-
gangssituation als schnelles Lesen auf dem Smartphone
während einer U-Bahnfahrt.

Marketing hat sich in einigen Bereichen grundlegend
verändert, vor allem durch die Social-Media-Gewohnhei-
ten der potenziellen Kunden. Heute kommt es mehr denn
je darauf an, die Geschichte so zu bringen, dass die Aufmerksamkeit im ersten Augenblick des Betrachtens Spannung und Neugierde hervorruft und somit zuerst einmal
verzaubert. Die Quintessenz von erfolgreichem Marketing
war, ist und bleibt die gute Story zum Produkt, wie wir bereits aus den Betrachtungen über den Quickstepp-Modus
wissen. Nur die gute Story führt zum wichtigsten Parameter guten Marketings, nämlich der Advocacy – ohne
Story keine Advocacy. Dazu bedarf es in der heutigen
Marketingwelt integrierte Kampagnen, damit sich die
beiden Königskinder, nämlich Zielgruppe und Marke,
auch ausreichend finden. Die professionellen Marketingverantwortlichen wissen heutzutage weitgehend, dass das

Hämmern von Botschaften bei weitem nicht mehr ausreicht, um uns zu erreichen.

Auch die Hinschaugewohnheiten der Konsumenten haben sich in den vergangenen Jahren stark verändert. Bei einem Seminar über Marketing, an dem ich teilnahm, besprach der Vortragende ausführlich den notwendigen Goldenen Schnitt in den bildlichen Darstellungen, also den vermeintlichen Hauptfokus des Betrachters. Das ist aber in der heutigen Werbewelt mittlerweile eine rückständige Banalität, denn damit wird eine wesentliche Voraussetzung zunehmend verfehlt, nämlich dass die Botschaft oder das Bild von uns überhaupt wahrgenommen wird, also gewissermaßen, dass der Aufmerksamkeit eine Verzauberung vorausgeschaltet ist. Eine Erotisierung des Mangels oder zumindest einen Wow-Effekt wird der Goldene Schnitt heute nicht mehr auslösen können, und damit verpufft dessen korrekte Einhaltung wirkungslos. Die Beachtung des Goldenen Schnittes gilt unter Werbefachleuten sogar als überholt. Durch die permanente Konfrontation mit Werbung haben sich die Betrachter bereits zu sehr daran gewöhnt, womit der Goldene Schnitt sogar kontraproduktiv wirken kann. Die Bilderwelt von heute braucht eine balancierte Unruhe, die gerade den Goldenen Schnitt vermeidet.

Wie wir aus den Betrachtungen zum Quickstepp-Modus wissen, mag unser Wahrnehmungs- und Denksystem komplizierte Darstellungen und Aussagen nicht besonders. Folglich werden uns Kampagnen, die schwer beladen sind mit Denksportaufgaben, nur schwer erreichen. Wesentlich wirksamer ist es, wenn wir mit Botschaften konfrontiert werden, für welche wir bereits Schablonen abgespeichert haben, etwa wenn eine Botschaft unseren Humor trifft, für unsere aktuelle Situation nützlich ist oder etwas Einzigartiges vermittelt. Auch das wissen die

Marketingprofis, weshalb sie mehr und mehr dazu übergehen, über diverse Analysetools wie etwa *Google Analytics* oder *Cambridge Analytics* Ihre Vorlieben und Neigungen herauszufiltern und Ihnen maßgeschneiderte Angebote zu machen, ähnlich wie es Obamas Wahlkampfteam tat. Sie können übrigens mit dem *Google Dashboard* selber herausfinden, was *Google* bereits über Sie weiß. Diese Analysemethoden und daraus abgeleiteten personalisierten Kampagnen haben eine größere Chance, dass Sie damit erreicht werden, weil sie einfach besser Ihren Nerv treffen. Die Analysten in den Marketingabteilungen wissen durch die Onlineanalysemethoden immer genauer, wer Sie sind und was Sie wollen, und dieses Wissen übergeben sie dann an die Strategen und Kreativen des Marketingteams.

Eine jüngere Erscheinung und zusätzlicher Kanal im Marketingmix sind die sogenannten Influencer, also Beeinflusser oder Meinungsbildner. Die Erlöse aus diesem Marketingkanal werden im Jahr 2018 bereits auf 700 Millionen Euro geschätzt, bis 2020 wird die Ein-Milliarden-Euro-Grenze überschritten werden. Mit *YouTube*, *Facebook*, *Twitter* und *Instagram* als den wichtigsten Kanälen werden Influencer immer ernster zu nehmende Partner der Marketingstrategen, je nachdem, wie groß ihre Gefolgschaft und Präsenz in den genannten Kanälen ist. Manche von ihnen erreichen durchaus die Popularität von Film- und Fernsehstars und haben entsprechenden Einfluss. Als Beispiele können hier genannt werden: Bianca Heinicke, die ihr Studium der Sozialwissenschaften abgebrochen hat, mit über sechs Millionen Followern auf ihrem *YouTube*-Kanal BibisBeautyPalace, auf dem sie Videos veröffentlicht, die sich mit Lifestyle, Mode oder Kosmetik auseinandersetzen; die adoptierten Zwillinge Lisa und Lena mit über 13 Millionen Followern gehören zu den erfolgreichsten Nutzern der Plattform TikTok;

die ehemalilge »Germany's next Topmodel«-Gewinnerin Stefanie Giesinger als Social-Media-Influencerin, der studierte Psychologe und Pädagoge LeFloid mit seinem gleichnamigen, in Deutschland meistabonniertem Kanal oder die Zwillingbrüder Heiko und Roman Lochmann, genannt »die Lochis« mit ihrem *YouTube*-Kanal spielen ebenfalls in dieser Kategorie mit. Kernstück ihrer Werbewirksamkeit ist dieselbe wie die uralte Mundpropaganda, nur subtiler und massenhafter.

Der Marketingkanal via Influencer ist vor allem deshalb so wirksam, weil die Botschaften authentisch, mit starker persönlicher Note und durch die Influencer leidenschaftlich transportiert werden. Der große Unterschied zu einem Werbespot ist eine dezente Produktpräsentation, verpackt in einer guten Story. Dem liegt unter anderem die Tatsache zugrunde, dass eine durchschaute Taktik keine mehr ist. Die daher eher diskret gehaltenen Botschaften werden durch die Authentizität und Glaubwürdigkeit des Influencers verstärkt, vor allem auch durch dessen Potenzial zu verzaubern. Wir haben dadurch auch niedrigere innere Barrieren als bei herkömmlicher Werbung. Somit können uns Influencer besonders subtil und nachhaltig beeinflussen, speziell wenn diese zusätzlich noch einige der Beeinflussungsmöglichkeiten, welche im Kapitel »Fallensteller« abgehandelt wurden, beherrschen. Die bei ihrer Gründung 2011 völlig unbekannte Uhrenmarke *Daniel Wellington* begann als kleines Start-up. Durch Influencer-Marketing ist sie heute speziell bei einem jüngeren Publikum eine der bekanntesten Uhrenmarken und das Unternehmen hat mittlerweile einen Wert von knapp 200 Millionen Euro.

Einen Schritt weiter gehen die Marketingexperten mit den künstlichen Meinungsmachern in sozialen Netzwerken, den sogenannten Social Bots. Diese Computerprogramme, die ursprünglich für Spiele entwickelt wurden, geben programmierte Meinungen und Beiträge ab und antworten auf Fragen. Die Inhalte sind nur schwer oder gar nicht zu unterscheiden von denen echter Menschen. Zu *Facebook* gibt es Schätzungen, dass bereits über 20 Prozent aller Accounts solche Bots sind. Am ehesten sind sie daran zu erkennen, dass sie 24 Stunden aktiv sind, denn das können echte Menschen nicht bewerkstelligen. Diese Art der künstlichen Intelligenz wird vermehrt in Wahlkämpfen eingesetzt. Restaurant- und Hotelbewertungen werden bereits häufig von Computern geschrieben. In Flirtbörsen kommunizieren diese automatisierten Programme häufig so authentisch, dass die Nutzer glauben, es mit echten möglichen Partnern zu tun zu haben. Auf *Twitter* wurde kürzlich eine Bots-Kampagne entdeckt, welche von Impfgegnern initiiert wurde, gleichsam als Meinungsmachermaschine. Dieser Bot täuschte eine Meinungsmehrheit gegen das Impfen vor. Nach dem uns bekannten Prinzip der sozialen Bewährtheit kann das erhebliche bedauerliche Auswirkungen auf die Gesundheit haben. Erinnern Sie sich an das Beispiel mit den 1.665 Grippetoten in Deutschland im Winter 2017/18.

Die Wirkung von Bots auf Wahlen ist hinlänglich bekannt und hat Donald Trump im Wahlkampf tatkräftig unterstützt. Diese Bots haben dafür gesorgt, dass seine Tweets möglichst oft »geretweetet« wurden, womit deren Inhalte durch die vervielfachte Menge eine größere Bedeutung bekamen.

Auch die Brexit-Propaganda steht unter dem Verdacht, mit Bots gearbeitet zu haben. Dies ist ein durchaus bedrohliches Szenario für eine freie Welt, der unlautere Wettbewerb feiert hier eine wirklich große Party. Um den Kreis zu schließen, kommen wir zwangsläufig wieder auf Obama zurück, der diese Entwicklung zumindest bei seinen beiden Wahlen eingeleitet hat. Die Behauptung, dass Obama ein reines Marketingprodukt sei oder vielmehr eine erfolgreiche Marketingkampagne, lässt sich auch an einer kritischen Betrachtung seiner Bilanz als Präsident ablesen: Er hat 2008 im Wahlkampf versprochen, dass Guantanamo geschlossen wird, aber Guantanamo existiert noch immer. Die USA war zu Beginn seiner Amtszeit in zwei Kriege verwickelt – am Ende waren es acht Kriege. Obama hat den Drohnenkrieg massiv ausgeweitet und den Schuldenberg auf 8 Billionen Dollar erhöht. Paradoxerweise haben sich sogar die Rassenkonflikte in den USA während seiner Amtszeit verschärft. Aber Obama ist immer noch vielen Menschen sympathisch – nicht nur in den USA, sondern weltweit. Seine Beliebtheit ist ungebrochen und nimmt vor allem außerhalb der USA zu. Urteilen Sie selber, was gutes Marketing bewirken kann!

Im nächsten Kapitel möchte ich Ihnen eine ganz spezielle Komponente des Marketingmix näherbringen, nämlich den Verkäufer. Gerade er ist eine eingehendere Betrachtung wert, weil hier eine besondere Variation ins Spiel kommt, nämlich die persönliche Begegnung. Diese ist uns immerhin in den allermeisten heute relevanten Kanälen abhandengekommen. Da es aber gerade im Zwischenmenschlichen einige Eigentümlichkeiten bezüglich Verführung und Verzauberung gibt, kann die nachfolgende Betrachtung zu einer besonders spannenden werden.

## 3.4 DIE ACHT STUFEN NACH NIRGENDWO

*»Wer auf andere Leute wirken will, der muss
erst einmal in ihrer Sprache mit ihnen reden.«*
Kurt Tucholsky

Sagt Ihnen der Name Victor Lustig etwas? In seiner Bio-
grafie gibt es eine Begebenheit, welche seinem Nachnamen
alle Ehre macht: Er verkaufte nämlich 1925 den Eifelturm,
obwohl ihm dieser selbstverständlich nicht gehörte. Als er
1947 als Insasse des Hochsicherheitsgefängnisses Alcatraz
nach zwölf Jahren Haft verstarb, notierte ein Gefängnis-
wärter auf seinem Totenschein angeblich »Verkäufer« als
Lustigs Beruf. Tatsächlich war er ein Hochstapler, Trick-
betrüger, Glücksspieler und eleganter Schwindler, der fünf
Sprachen fließend beherrschte, über eine hohe rhetorische
Begabung verfügte und ein ausnehmend gutes Einfühlungsvermögen besessen haben dürfte. Obendrein kann
ihm durchaus ein überdurchschnittlich entwickeltes Maß
an Phantasie und Kreativität attestiert werden, wie seine

ungewöhnliche Lebensgeschichte eindrucksvoll zeigt. Als sich um 1925 die Pariser Bevölkerung mehr und mehr wegen des desolaten Zustandes des Eifelturms erregte und dies auch häufig Gegenstand diverser Zeitungsberichte war, in denen immer wieder von Abrissplänen berichtet wurde, kam Lustig auf seine Idee, die ihn weltberühmt machte: Er entwendete aus dem Postministerium originales Briefpapier und Umschläge und schrieb an sechs verschiedene Schrotthändler. In seinen Briefen gab er sich als stellvertretender Postminister aus und machte eine Ausschreibung, in der er den Eifelturm zum Kauf anbot. Die Verhandlungen dazu führte er in dem noblen Hôtel de Crillon. Er schmeichelte den Interessenten, indem er ihnen zusicherte, sie seien nach einem strengen Auswahlverfahren ausgewählt worden, in welchem sich ihr Ruf als ehrliche Geschäftsleute bewiesen hätte. Gleichzeitig bat er um höchste Vertraulichkeit, um die Öffentlichkeit nicht aufzustacheln, da es auch vehemente Gegner des Abrisses gebe. Lustig besichtigte den Turm schließlich mit den Interessenten, da er dabei das tatsächliche Interesse genauer einschätzen konnte. Danach bat er innerhalb des nächsten Tages um verbindliche Angebote. Einen Schrotthändler namens André Poisson, den er als Käufer auserwählt hatte, ersuchte er um eine weitere vertrauliche Unterredung, in der er elegant umschreibend Schmiergeld verlangte. Nach dieser Forderung war sich Poisson sicher, dass es sich um keinen Betrüger handelte, denn das korrupte Verhalten machte ihn als Beamten glaubwürdig. 50.000 Dollar wechselten in Folge den Besitzer und Lustig verschwand aus Paris. Nachdem keine Zeitung von diesem Betrug berichtete, weil Poisson sich für seine Leichtgläubigkeit schämte und daher keine Anzeige erstattete, kehrte Lustig nach Paris zurück und versuchte es ein zweites Mal. Der neue Interessent allerdings schöpfte Verdacht und meldete

Lustig bei der Polizei. Das veranlasste Victor Lustig zu seiner Flucht in die USA. Dort gingen seine Betrügereien als Graf Victor Lustig weiter, sogar Al Capone ging ihm auf den Leim. In weiterer Folge erfand er eine sogenannte Gelddruckmaschine und verkaufte diese an einen Polizisten. 1935 wurde er schließlich verhaftet und zu 15 Jahren Gefängnis verurteilt.

Dieser Victor Lustig bestätigt mit seinem Verkauf des Eifelturms einen alten Verkäuferspruch, der da lautet »Man kann alles verkaufen, wenn man es nur richtig macht«. Niemand wird daran zweifeln, dass Victor Lustig seine hochausgeprägten Begabungen für äußerst unehrenhafte Zwecke missbrauchte. Dennoch ist der Eifelturmverkauf eine ergiebige Quelle dafür, wie man als Verkäufer erfolgreich sein kann. Es gibt wenige fundierte Untersuchungen dazu, was erfolgreiche Verkäufer ausmacht beziehungsweise welche Eigenschaften diese gemeinsam haben. Bereits 1964 erschien in der Juli/August-Ausgabe der »Harvard Business Review« ein bemerkenswerter Artikel, der bis heute allen Überprüfungen standhält, nämlich »What Makes a Good Salesman« von David Meyer und Herbert M. Greenberg. Immerhin hatten die Genannten sieben Jahre nach den entscheidenden Eigenschaften gesucht, indem sie erfolgreiche Verkäufer analysierten. Sie fanden unter allen Eigenschaften zwei, die stark ausgeprägt vorhanden sein müssen, um im Verkauf erfolgreich zu sein, und das sind Empathie und Ego-Drive. Mit Empathie meinen sie die Fähigkeit, zu fühlen, wie der Kunde fühlt, um den nötigen Einblick in dessen Bedürfnisse und Wünsche zu bekommen. Solche Verkäufer können ihre Angebote daran anpassen, und sie adjustieren ihre Gespräche präzise auf die Befindlichkeiten des Kunden, weil sie diese erkennen. Ego-Drive wiederum meint die Eigenschaft, gewinnen zu wollen, um Selbstbestätigung zu erhalten. Dabei geht es vordergründig nicht um Geld, sondern diese Verkäufer mögen es nicht, Zweiter zu sein. Sie betrachten den Verkauf als eine Eroberung des Kunden, ihr Selbstbild wächst mit jedem erfolgreichen Verkauf, weshalb sie nahezu süchtig nach diesem sind. Jede der beiden Eigenschaften für sich alleine wäre wenig erfolgversprechend, aber die Kombination aus beiden macht Verkäufer überdurchschnittlich erfolgreich. Sie können sich in den Kunden einfühlen und wollen ihn regelrecht erobern, genauso wie es Victor Lustig getan hat. Wenn Sie von einem solchen Verkäufer »betreut« werden, ist die Wahrscheinlichkeit um einiges höher, dass Sie bei ihm kaufen anstatt bei dessen Konkurrenz, dass Sie etwas mehr Geld ausgeben oder neue Umstände wählen. Gleichzeitig werden Sie aber auch mit größerer Wahrscheinlichkeit mit Ihrem Kauf zufrieden sein und diesen Verkäufer weiterempfehlen.

Ein Verkäufer mit Empathie wird schnell erkennen, wo genau Ihre Bedürfnisse liegen und welche Kaufmotive Sie haben, er wird Ihnen ein präzises für Sie passendes Angebot machen, er wird mit Ihnen gemeinsam Ihre bessere Zukunft mit dem Produkt zeichnen. Der empathische Verkäufer weiß ganz genau, dass Sie den Kauf im Nachhinein sich selbst gegenüber mehrmals rechtfertigen werden, er wird Ihnen somit alle für Sie maßgeschneiderten Argumente geben, mit denen Sie das mühelos tun können. Gleichzeitig sind das dann auch die Argumente, mit denen Sie den Kauf gegenüber anderen rechtfertigen. Er weiß genau, dass dies dann auch die Argumente sind, die zu einer Weiterempfehlung führen. Sein Ego-Drive wird den Kauf vorantreiben, den roten Faden in der Spur halten, eine unaufdringliche Hartnäckigkeit erzeugen, das Gefühl vermitteln, dass er leidenschaftlich an das Produkt glaubt und auch daran, wie gut es zu Ihnen passt oder wie viele Vorteile es für Sie bringt.

Sie kennen vielleicht die Situation, in der Ihr Partner sich einen neuen Mantel gekauft hat und diesen mit der Frage »Gefällt er dir?« zu Hause vorführt. Da gibt es nur eine Antwort, sofern man am häuslichen Frieden Interesse hat, nämlich »Ja!« Jedes Bedenken und jede Kritik führt zu Konflikten, denn der empathische Verkäufer hat im Gehirn Ihres Partners alle Argumente verankert, die diesen Kauf als positive Entscheidung rechtfertigen. Auf dem Nachhauseweg hat ihr Partner dasselbe mehrmals getan, nämlich den Kauf mit den Argumenten des Verkäufers vor sich selbst gerechtfertigt. Sie haben, wenn Sie nun Bedenken äußern oder Kritik üben, nur geringe Chancen, dass dies freudige Reaktionen auslöst.

Der professionelle, erfolgreiche Verkäufer ist mit den Quicksteps bestens vertraut und kann diese bewusst oder intuitiv wirkungsvoll einsetzen. Wenn Sie von einem Verkäufer in einem Verkaufsgespräch um eine kleine, nahezu unscheinbare, leicht erfüllbare Leistung gebeten werden, dann können Sie erkennen, dass er sein Handwerk versteht. Der Verkäufer agiert mit dem Wissen, dass Sie wahrscheinlich eine größere Leistung erbringen werden, wenn Sie vorher scheinbar freiwillig eine kleinere Leistung erbracht haben. Die Bitte um eine kleinere Leistung ist lediglich ein Vorbereitungsmanöver, bei dem der Verkäufer genau weiß, dass dieser Bitte fast jeder nachkommen wird. Der Bitte nach einem weit aufwändigeren Verhalten, etwa seine Unterschrift unter einen Kaufvertrag zu setzen, wird dann eher Folge geleistet. Die Ausnutzung dieses Quicksteps erhöht die Chancen des Verkäufers auf einen erfolgreichen Abschluss. Das Engagement zur ersten Handlung erhöht das Engagement für die zweite Handlung, denn der Mechanismus der Selbstverpflichtung hat eingesetzt.

Aber auch den umgekehrten Quickstepp hat der erfolgreiche Verkäufer in seiner Werkzeugkiste: Er äußert eine Forderung oder Bitte, welche unverhältnismäßig groß ist. Dabei erwartet er gar nicht, dass Sie diese erfüllen, sondern es ist die zweite Forderung, auf die er hinaus will. Diese ist im Vergleich mit der ersten erkennbar kleiner und leichter zu erfüllen. Der Verkäufer weiß dabei genau, dass die erste Bitte nicht zu groß sein darf, damit er Sie nicht verärgert oder Sie seine Taktik durchschauen. Ein gelungenes Beispiel zeigte eine Blutspendenaktion, bei der sich die Anzahl der Blutspender von 14 Prozent auf 24 Prozent aller Befragten beinahe verdoppelte, wenn diese vorher gebeten wurden, Langzeitblutspender zu werden, also mit einer Bitte konfrontiert wurden, deren Erfüllung als zu aufwändig erachtet wurde. Aber wenigstens zu *einer* aktuellen Blutspende, also einer wesentlich kleineren Forderung, waren dann wesentlich mehr Personen bereit.

Eine weitere besonders typische Situation im Verkauf ist uralt und immer noch modern, nämlich die Preisverhandlung: Der geschickte Verkäufer nennt Ihnen zuerst ganz bewusst einen zu hohen Preis, und dann beginnen Sie zu feilschen. Er lässt sie in dem Glauben, dass Sie das besonders geschickt machen, stöhnt und wischt sich die nicht vorhandenen Schweißperlen von der Stirn. Schließlich gibt er beim Preis nach, und zwar auf das Niveau, welches er ohnedies haben wollte. Aber das kennen Sie ja nicht. Die Chance, dass Sie dann kaufen, hat sich dramatisch erhöht, und zwar in zweierlei Hinsicht: Erstens fühlen Sie sich erfolgreich und im Vorteil, weil Sie den Preis vermeintlich drücken konnten, andererseits unterliegen Sie aber auch der gesellschaftlichen Norm von Geben und Nehmen. Das bedeutet, dass man nicht nur nimmt, sondern auch gibt, denn dieses Verhalten stellt eine Grundlage unserer sozialen Beziehungen dar und ist anerzogen. Wenn die vorhin bereits anhand des Zahnpasta-Beispiels beschriebene Technik der Einflussnahme durch kleine Geschenke mit den beschriebenen Methoden kombiniert wird, lässt sich deren Wirkung noch einmal steigern. Dabei ist dieses Schenken für sich bereits ausgesprochen wirksam, weil wir nun mal niemandem etwas schuldig bleiben wollen.

Gerade dem empathischen Verkäufer liegt eine Technik besonders gut, nämlich Sie beinahe unmerklich in ein angenehmes Gespräch zu verwickeln und dadurch Zugang zu Ihren Bedürfnissen und Kaufgelüsten zu erhalten. Er wird Sie mit seinem ausgeprägten Einfühlungsvermögen in einen Zustimmungsmodus bringen und jede Möglichkeit zur direkten Widerrede vermeiden. Gleichzeitig passt er sich Ihnen mit Mimik und Gestik an, imitiert Ihre Stimmlage, Ihr Sprechtempo und Ihre Lautstärke. Üblicherweise beginnen solche Gespräche mit einer Frage nach Ihrem Befinden oder Ihrer Meinung zu einem bestimmten Thema. Mit dieser vordergründig sanften Technik schafft der Verkäufer Vertrauen und Sympathie, Sie fühlen sich in dem Gespräch wohl und gut verstanden. Ist nun einmal eine Übereinstimmung und positive Wellenlänge hergestellt, beginnt der Verkäufer allmählich und für Sie nur schwer erkennbar das Gespräch zu führen und zum eigentlichen Anliegen überzugehen. Ihre Chance, ihm nicht zu folgen, ist in so einer Situation eher gering. Diese Methode ist dem NLP, dem Neurolinguistischen Programmieren, entlehnt und höchst effektiv, solange man sie geschickt einsetzt und das Nachäffen nicht durchschaut wird. Das ist allerdings nur selten der Fall. Empathische Verkäufer sind Small-Talk-Profis, der Volksmund beschreibt ihr Vorgehen trefflich mit »um den Finger wickeln«. Die Wirkung der Nachahmung wurde bereits als ein wirkungsvoller Quickstepp beschrieben. Vom empathischen Verkäufer angewendet besteht eine hohe Wahrscheinlichkeit, dass Sie nicht widerstehen können. Diese hier dargestellten Methoden repräsentieren nur eine Auswahl, es gebe noch etliche weitere Varianten, aber zumindest sind Sie nun mit den häufigsten ein klein wenig bekannt geworden. Unschwer ist dabei zu erkennen, dass der Beruf des Verkäufers eine hohe Profession darstellt, die aus grundsätzlichen, wenig trainierbaren und erlernbaren Komponenten besteht. Das bisher Beschriebene muss allerdings noch ergänzt werden durch einige weitere, nennen wir sie »sekundäre Fähigkeiten«, die uns in unseren Kaufentscheidungen, welche wir von Angesicht zu Angesicht mit dem Verkäufer treffen, beeinflussen können und werden.

Wie uns Herr Lustig mit seinem Eifelturmverkauf gezeigt hat, ist auch das entsprechende Auftreten eine recht gewichtige Komponente. Wenn der Melkmaschinenverkäufer mit Anzug, Krawatte und Lackschuhen auf dem Bauernhof erscheint oder wenn die Vertreterin von Krebsmedikamenten mit Sonnenbrille und hochgestecktem Haar nebst freizügigem bauchfreiem Top beim Onkologen auftritt, dann wird das als nicht besonders kompatibel mit der Situation aufgefasst werden. Das falsche Outfit bewirkt zumindest, dass eine unbewusste Barriere entsteht, die nicht notwendig wäre. Wer ausgelatschte Schuhe trägt, wird wie ausgelatschte Schuhe behandelt. Die erfolgreichen Verkäufer verzaubern uns auch durch ihr passendes, angemessenes Äußeres und reduzieren damit unsere Barrieren in Bezug auf das Verführtwerden. Aus der US-amerikanischen Gerichtsbarkeit wissen wir, dass »schöne Menschen«, wie auch immer die aussehen mögen, niedrigere Strafen erhalten, wie John E. Steward 1980 im »Journal of Applied Social Psychology« berichtet. Allgemein bekannt ist auch, dass attraktive Menschen schneller Karriere machen und mehr verdienen, weil wir ganz grundsätzlich vom Zauber der Schönheit angetan sind. Diese Phänomene der Schönheit und Attraktivität sind bereits intensiv untersucht worden und das hat ergeben, dass wir solchen Menschen in bester Quickstepp-Manier automatisch positive Eigenschaften zuschreiben. Wenn nun ein Verkäufer nicht unbedingt mit dem Antlitz von George Clooney oder Brad Pitt geboren wurde, sondern vom anerkannten Schönheitsideal mehr oder weniger abweicht, so ist es doch möglich, durch andere Attribute einen attraktiven Eindruck zu machen, wie etwa passend elegantes Auftreten oder sympathisches Verhalten. Gute Verkäufer achten zudem auf ihre rhetorischen Fertigkeiten – ihr Ego-Drive lässt sie diese immer weiter verbessern. Mit ihrem Empathievermögen setzen sie das dann in Verkaufsgesprächen gezielt um. Solche Verkäufer können einem fünfjährigen Kind die Quantenphysik verständlich näherbringen, weil sie auf die Menschen eingehen und deren Sprache annehmen. Und die Sprache des Kunden zu sprechen erzeugt Sympathie, Vertrauen, Kooperation und damit Kaufbereitschaft.

Wie wir bereits festgestellt haben, mag unser Denksystem keine Unstimmigkeiten. Wenn wir nun von so einer typischen Kaufunstimmigkeit beschlichen werden wie etwa »Das gefällt mir schon, aber es ist viel zu teuer«, dann will unser Gehirn diesen Spannungszustand abbauen. Wir empfinden das als durchaus unangenehm, weil wir in einer typischen kognitiven Dissonanz schweben. Der Verkäufer erkennt solche Situationen sofort und kann auch damit umzugehen. Zuerst wird er Druck abbauen, weil er weiß, dass Sie sich umso wahrscheinlicher gegen den Kauf entscheiden, je mehr Sie sich in Ihrer Freiheit eingeschränkt fühlen. Man nennt dies »Reaktanzverhalten«.

Er wird Ihnen auf emotionaler Ebene mit Verständnis begegnen und auf sachlicher Ebene mit einer Problemlösung, und das alles in Ihrer Sprache und Ihrer Welt. Sind Sie eher ein rationaler Typ, dann wird er in einer Daten- und Faktenwelt sprechen, sind Sie eher ein emotionaler Typ, dann wird er Bilder von Ihrer Zukunft mit dem Produkt zeichnen. Seine rhetorischen Fertigkeiten helfen dem Verkäufer, Ihnen Ihre Spannungen zu nehmen – und zu kaufen.

Wenn Sie sich an Ihre früheren Käufe zurückerinnern, werden Sie vermutlich feststellen, dass diese häufig in Phasen abliefen. Der äußerst charmante Arzt, Betriebswirt, Motivationstrainer und Redner Stephan Frädrich hat die Gemeinsamkeiten seiner beiden Bücher »Günter lernt verkaufen« und »Günter lernt flirten« in einem Artikel mit dem Titel »Der Verkaufsprozess – ein Flirt in 5 Phasen« zusammengefasst und hält dazu auch Vorträge. Die fünf Phasen des Flirtens, nämlich die gesellschaftliche, die persönliche, die vertraute, die zärtliche und die intime Nähe finden sich im Verkaufsgespräch des erfolgreichen Verkäufers in analogen Phasen wieder, und zwar genau in der dargestellten Reihenfolge. Frädrich betont in diesem Artikel neben der Wichtigkeit des strikten Einhaltens der Reihenfolge ganz besonders die sogenannten »Ja- Signale«. Erst wenn solche erkennbar sind, ist es sinnvoll, von einer Phase in die nächste zu wechseln, wenn man sich keine Abfuhr oder gar Ohrfeige einhandeln will. Dieses Konzept der Teilzustimmungen ist auch im Verkauf höchst sinnvoll, denn wenn während des Verkaufsgespräches noch Fragen offengeblieben sind oder wenn nicht Punkt für Punkt Zustimmung erreicht wurde, dann wird der Verkaufsabschluss eine diffizile Angelegenheit. Genau die Nichtzustimmungen rächen sich. Nicht umsonst gibt es das Gerücht, dass erfolgreiche Verkäufer auch beim anderen Geschlecht erfolgreich sind, weil sie diese Zustimmungsketten elegant beherrschen – auch bei Ihnen, wenn Sie einkaufen.

Der Beruf des Verkäufers offenbart sich als eine besonders abwechslungsreiche, hochprofessionelle Tätigkeit, die viele Bereiche des menschlichen Daseins berührt. Von der Psychologie über die Bedürfnistheorien bis hin zur Soziologie und Verhaltensforschung muss ein Verkäufer sich ein immer höheres Maß an Wissen aneignen. Durch die zunehmende Wettbewerbsintensität in vielen Branchen, Onlineverkauf, Preisdruck und höhere Vergleichbarkeit von Angeboten hat der Druck auf Verkäufer enorm zugenommen. Nach meiner Erfahrung sind unter allen Verkäufern in allen mir bekannten Branchen nur maximal zehn Prozent wirkliche Spitzenverkäufer, die unter diesen intensiven Herausforderungen brillieren. Der Rest ist leidlich gut, mittelmäßig oder eben unterdurchschnittlich. Geraten Sie an einen Spitzenverkäufer, dann ist zwar die Wahrscheinlichkeit höher, dass Sie mehr Geld ausgeben oder etwas kaufen, das Sie eigentlich nicht kaufen wollten, dafür werden Sie aber mit dem Kauf auch zufriedener sein und diesen für sich und andere im Nachhinein besser rechtfertigen können. Hinzu kommt, dass der Großteil der Spitzenverkäufer sich auszeichnet durch einen hohen Respekt vor den Käufern und deren Anliegen, wodurch sich beinahe selbstverständlich mehr Chancen für Wiederverkäufe und Weiterempfehlungen ergeben.

Walter H. Braun veröffentlichte 1987 sein Buch »Top-Selling«. Es war das erste Buch, das ich zum Verkaufsthema gelesen habe, und zwar 1991, als ich meine Berufslaufbahn als Pharmaberater startete. Viele Jahre später – 2006 – besuchte ich ein Verkaufstraining mit Martin Limbeck, welches nach seinem 2005 veröffentlichten Buch »Das neue Hardselling« aufgebaut war. In diesem Training hatte ich ein eigentümliches Déjà-vu-Erlebnis. Bei Braun steht im Kapitel »Voraussetzung Nr. 4: Motivation« im Unterkapitel »Kann man das spielen?« Folgendes zu lesen: »Mag sein, dass Sie ein guter Schauspieler sind. Vielleicht sogar ein sehr guter. Aber auf Dauer können Sie Ihren Kunden nichts vormachen. Denken Sie stets an die vier »M M M M«: Man muss Menschen mögen.« Limbeck schreibt dazu im Kapitel »Die 4 Ms«: »Als neuer Hardseller haben Sie eine der wichtigsten Voraussetzungen des Verkäuferberufs verinnerlicht: Man muss Menschen mögen«, und diese vier Ms trug er bei seinem Verkaufstraining auch vor. Es ist völlig einerlei, ob Limbeck nun bei Braun abgeschrieben hat oder nicht (umgekehrt wird es wohl nicht gewesen sein) – der Respekt vor den Kunden ist das wesentliche Element, welches beide zu Recht betonen. Erfolgreiche Verkäufer wissen ganz genau, dass ehrlicher Respekt dazu führt, ebenfalls mit Respekt behandelt zu werden. Um allen Missverständnissen den Nährboden zu entziehen, sei hier auch gleich erwähnt, dass damit nicht diese devote, schleimige Unterwürfigkeit gemeint ist, die einem so mancher dauergrinsende Verkäufer mit fehlenden Lachfalten an den Augen entgegenbringt (nennt sich auch »Pan-Am-Lächeln« nach den Mitarbeitern der amerikanischen Fluglinie mit gekünsteltem Dauergrinsen).

Um den Kreis zur erforderlichen Professionalität zu schließen, oder aber weil Sie als Verkäufer tätig sind oder einer werden wollen, möchte ich einige kritische Betrachtungen zum Thema »Verkaufstrainings und CRM-Systeme « hinzufügen. Verkaufstrainings lagen 2017 im Spitzenfeld der meistgebuchten Trainings und Seminare von deutschen Unternehmen, es wurde dafür also enorm viel Geld ausgegeben. Das ist eine erstaunliche Tatsache, wenn man bedenkt, dass es nahezu keine seriösen wissenschaftlichen Untersuchungen und Analysen dazu gibt, was solche Verkaufstrainings bringen. »SPIN-Selling« und »The Challenger Sale« sind die einzigen mir bekannten Verkaufskonzepte, die zumindest auf Untersuchungen und Analysen mit mehreren tausend Verkäufern beruhen und dadurch auf soliden Fundamenten stehen. SPIN-Selling beruht auf einer zwölfjährigen empirischen Forschungsarbeit, durchgeführt vom englischen Psychologen und Managementprofessor Neil Rackham. Sein gleichnamiges, 1988 erschienenes Buch zählt immer noch zu den zehn meistgelesenen Büchern zum Thema »Verkauf« weltweit. »SPIN« steht für Situation, Problem, Implikation und Nutzen. Die aus den empirischen Beobachtungen abgeleitete Verkaufsstrategie beruht auf der Beobachtung und Analyse von über 35.000 Verkaufsgesprächen, welche Rackham mit einem Team von 30 Forschern in 20 Ländern durchführte. Die wichtigste Erkenntnis aus dieser Arbeit ist, dass sich Spitzenverkäufer von weniger erfolgreichen Verkäufern vor allem dadurch unterscheiden, dass sie andere Fragen stellen – eben zu den Bereichen, die für SPIN stehen. Zumindest in den Callcentern von *Motorola* konnte bei 42 Telefonverkäufern nachgewiesen werden, dass die Anwendung dieser Methode eine Gewinnsteigerung von über 60 Prozent bringt.

Zu einem neueren, ebenfalls durch großangelegte Untersuchungen abgesicherten Modell »The Challenger Sale« sagte der SPIN-Selling-Autor Neil Rackham einmal, dass es der wichtigste Fortschritt im Bereich des Verkaufs seit vielen Jahren und für viele Jahre sei. Als Matthew Dixon und Brent Adamson darangingen, 6.000 Verkäufer aus 90 Unternehmen auf der ganzen Welt zu analysieren, um herauszufinden, was zu Spitzenleistungen im Verkauf führt, zogen sie 44 verschiedene Eigenschaften als Beurteilungskriterien heran. Das Ergebnis dieser

Untersuchungen war ein ganz anderes, als erwartet: Dixon und Adamson fanden heraus, dass es fünf verschiedene Typen von Verkäufern gibt, nämlich den harten Arbeiter, den Challenger, den Beziehungspfleger, den einsamen Wolf und den reaktiven Problemlöser. Der mit großem Abstand erfolgreichste dieser fünf Typen ist der Challenger, und zwar in allen Branchen und Verkaufssituationen. Er kann seinem Kunden Perspektiven für sein Geschäft aufzeigen, welche dieser vorher nicht gesehen hat. Der Challenger zeigt dem Kunden seine wahren, bisher meist unbekannten Bedürfnisse und bietet dafür maßgeschneiderte Lösungen. Eine weitere, ganz wesentliche Erkenntnis aus dieser Untersuchung lautet, dass die Verkaufsmethoden der Challenger lehr- und lernbar sind.

Trainings und auch Bücher, die solche typischen Titel tragen wie »6, 8 oder sonst wie viele Stufen zum Verkaufserfolg « oder »Der sichere Weg zum erfolgreichen Verkaufsabschluss « sind im Vergleich zu den oben beschriebenen Modellen nur schwache Treppenwitze, welche sich meist in Banalitäten erschöpfen. Dort werden beinahe unverantwortlich am Thema vorbeigehende Nebenschauplätze wie Fragetechniken, Einwandbehandlung oder Abschlusstechniken vorgestellt und trainiert. Tatsächlich ist es für den Verkaufserfolg nahezu unerheblich, zu wissen, wann man eine geschlossene und wann eine offene Frage zu stellen hat. In dem großen Prozess der Verführung sind dies unbedeutende Randerscheinungen. Außer für die Branche der Verkaufstrainer, denn einige von ihnen leben recht gut von dieser Aufbauschung des Nutzlosen. Aber sie können nicht anders, sie müssen ihre Existenzberechtigung mit einer Erhöhung des Banalen begründen, weil sie Entscheidenderes zu leisten nicht imstande sind. Wer solche Trainer mit diesen Inhalten für sein Verkaufsteam engagiert, der hat damit schlüssig seine Ahnungslosigkeit im Verkauf bewiesen und lediglich Geld verbrannt. Wenn wir uns zusätzlich an die obigen Ausführungen zu Empathie, Ego-Drive und den anderen Fertigkeiten erinnern, dann bleibt nur eine Schlussfolgerung übrig: Wer Fragetechniken und Einwandbehandlung trainieren muss, der ist im falschen Beruf. Victor Lustig hätte damit den Eifelturm nie verkaufen können.

Trainings und Seminare, die sich mit der Welt der Beeinflussung näher auseinandersetzen und die Persönlichkeit der Verkäufer weiterentwickeln, haben da einen ganz anderen Stellenwert und Nutzen. Sie werden aufgrund ihrer Komplexität, Intensität und Dauer bloß viel seltener angeboten und gebucht.

Ein weiteres, oft recht gruseliges Kapitel im Verkauf durch Außendienste nennt sich CRM-System. CRM steht für »Customer Relationship Management« oder »Management der Kundenbeziehungen«. In solchen Systemen werden wir als Kunden beispielsweise nach unserem gründlich analysierten Kaufpotenzial in verschiedene Klassen eingeteilt. Dann wird festgelegt, wie oft die Kunden aus jeder Klasse pro Jahr kontaktiert werden müssen: Kunden mit hohem Umsatzpotenzial etwa zehnmal, die mit mittlerem Potenzial achtmal und Kunden mit niedrigem Potenzial sechsmal oder auch gar nicht. Die Verkäufer tragen ihre Besuche in ein elektronisches Berichtsystem ein und der Verkaufsleiter wertet aus, ob die vorgegebenen Ziele auch erreicht wurden. Dabei kann es zur tödlichsten aller Dynamiken für erfolgreiches Verkaufen in einem Unternehmen kommen. Diese Dynamik tritt dann ein, wenn ein Verkäufer seine Umsatzziele nicht erreicht, aber seine Besuchsvorgaben erfüllt hat. Wenn der Verteidigungssatz des Verkäufers »Was wollt Ihr denn von mir, ich habe eh alle meine Kundenbesuche vorschriftsmäßig gemacht« dann so akzeptiert, vom Verkaufsleiter sogar in dieser

Form weiter nach oben berichtet wird und dies auf jeder Hierarchieebene immer wieder auf Akzeptanz stößt, hat diese fatalste alle Misserfolgsdynamiken seinen Nährboden gefunden. Das Unheilvolle an so einer missgestalteten Erfolgskultur ist ein immer stärker werdender Teufelskreis des Ausredensuchens, des An-den-wahren-Ursachen-Vorbeischauens, des Sich-in-die-Tasche-Lügens. Denn einen Schuldigen muss es ja geben, und der liegt dann in der aktuell schlechten Marktlage oder an der aggressiven Konkurrenz. Dass die Umsatzziele zu hoch berechnet waren, das Produkt nicht konkurrenzfähig ist, die Fertigkeiten des Verkäufers nicht ausreichen, die Strategie nicht passt oder die Führungsmethoden des Verkaufsleiters untauglich waren, spielt dann keine Rolle mehr.

Obendrein werden CRM-Systeme häufig mit der falschen Absicht eingesetzt, und zwar als Kontroll- und Steuerungsinstrumente, um den Außendienst zu überwachen und dessen Verhalten zu optimieren, anstatt als Strategie zur Optimierung der Kundenbetreuung. Diese Kontrollfunktion wird logischerweise vom Außendienst sofort durchschaut. Die normalste, weil menschlichste Reaktion darauf ist Misstrauen, Ablehnung und Demotivation. Die Systeme werden halbherzig bedient, weil es Vorschrift ist. Dieser Umstand ist ausschließlich einer ausgeprägten Unfähigkeit des Managements zuzuschreiben und nicht eine Schwäche eines CRM-Systems an sich. Werden diese CRM-Systeme in einem Unternehmen noch dazu einer IT-Funktion zugeordnet, wobei dann auch noch Anfordernisse des Controllings und des Marketings berücksichtigt werden sollen, dann wurde ein Bastard erschaffen, der nichts Halbes und nichts Ganzes ist. Die wesentlichste, produktivste und gewinnbringendste Aufgabe eines CRM-Systems, nämlich die Selbststeuerung der Verkäufer zu unterstützen und zu gewährleisten, wurde damit zuverlässig zu Grabe getragen. Um mit einem CRM-System Erfolg zu haben, bedarf es einer anderen Herangehensweise: Das Verkaufsteam selbst führt das CRM-System im Unternehmen nach den eigenen Anforderungen ein.

Ein weiterer nicht unbedeutender Aspekt dieser CRM-Systeme ist die Tatsache, dass es sich um Managementsysteme handelt, welche vornehmlich die mittelmäßigen und unterdurchschnittlichen Verkäufer managen. Die Spitzenverkäufer verkaufen meist ohne solche Systeme besser, weil ihnen nicht durch den bürokratischen Aufwand, den CRM-Systeme immer verursachen, Zeit beim Kunden gestohlen wird. Das ist eindeutig eine beachtliche Paradoxie, nämlich ein System zu etablieren, um die Mittelmäßigen und Schlechten zu managen, dabei aber gleichzeitig den Besten wertvolle Zeit beim Kunden zu stehlen.

Wie Sie beim Lesen der letzten Absätze vielleicht bemerkt haben werden, bin ich mit dem Thema »Verkauf« besonders verbandelt. Das kommt daher, dass diese spannende Tätigkeit mehr als 27 Jahre ein essenzieller Bestandteil meines Berufslebens in verschiedenen Branchen und Funktionen war. 1993 war ich bei einem Pharmakonzern der weltweit erfolgreichsten Verkäufer. Dies war für mich ein enormer Auftrag und Motivation zugleich, mich mit der Materie noch intensiver auseinanderzusetzen. In der Folge habe ich ganze Bibliotheken an diesbezüglicher Literatur gelesen, viele Seminare und Trainings manchmal freiwillig, manchmal gezwungenermaßen besucht, aber auch solche organisiert oder selbst abgehalten. Das führte unter anderem 2006 zu einer weiteren Ehrung, bei der ich unter mehr als 850 Sales Managern in das Team der 15 erfolgreichsten gewählt wurde. In dieser intensiven, jahrelangen Auseinandersetzung mit dem Thema rund um den Verkauf sind mir bei weitem mehr Scharlatane begegnet als echte Könner, die einen tatsächlichen Mehrwert mit ihren Trainings und ihrer Literatur stifteten. Viele unter ihnen haben entweder heiße Luft verbreitet oder waren peinliche Selbstdarsteller. Die echten Könner, die erfolgreichen Spitzenverkäufer allerdings, das sind wahre Meister des Verzauberns und Verführens. Sie wissen, dass ein einmaliger Kauf noch lange kein Erfolg ist, denn »eine Schwalbe macht noch keinen Sommer«, wie Äsop in einer Fabel vorausschauend bereits im 6. Jahrhundert vor Christus formulierte. Vielleicht kannte auch Lustig diesen Satz von Äsop nicht, denn sonst hätte er seine Fähigkeiten nicht so eingesetzt, dass sie ihn schließlich ins Gefängnis brachten. Verkaufen ist hochkomplexe Profession, und wenn diese abseits von Profitgier und schnellem Einmalerfolg gelingt, dann führt dies mit größerer Wahrscheinlichkeit bei jedem Teilnehmer an diesem Prozess zu einer höchst erbaulichen Zufriedenheit.

**IHR DESTILLAT:**

Verkaufen und der Beruf des Verkäufers gehören zu den spannendsten und befriedigendsten Tätigkeiten, die es gibt. Gleichzeitig ist das erforderliche Maß an Können und Wissen gepaart mit entsprechenden Persönlichkeitseigenschaften enorm hoch und eine ständig wachsende Herausforderung. Die Entwicklung zu einem erfolgreichen Verkäufer braucht Methoden, welche alle diesen Umständen gerecht werden können.

## 3.5 DATEN, FAKTEN UND NICHTS ALS DIE WAHRHEIT

*»Hüte dich vor dem Imposanten!*
*Aus der Länge des Stiels kann man nicht*
*auf die Schönheit der Blüte schließen.«*
Peter Altenberg

Sehen wir uns zum Einstieg in diese Abhandlung einmal Daten und Fakten aus grundverschiedenen Bereichen an, indem wir die durchschnittlichen Penislängen aus wissenschaftlichen Publikationen mit der Kriminalitätsstatistik ausländischer Tatverdächtiger des österreichischen Bundeskriminalamtes vergleichen und dann daraus einfache mathematische Zusammenhänge ableiten.

Bosnien-Herzegowina ist das erste europäische Land, welches in der weltweiten Statistik der durchschnittlichen Penislängen im erigierten Zustand mit beachtlichen 15,65 Zentimetern imponiert. Gleichzeitig führt Bosnien-Herzegowina bei den ausländischen Tatverdächtigen in Österreich gemessen an der Einwohnerzahl mit 0,156 Prozent. Auf Platz zwei bei den Tatverdächtigen liegt Serbien mit 0,136 Prozent und einer überdurchschnittlichen Penislänge von 14,87 Zentimetern. Die Türkei mit 0,008 Prozent und Russland mit 0,002 Prozent liegen an den letzten beiden Stellen in der Top-10-Rangliste der Tatverdächtigen, gleichzeitig verzeichnen sie eine unterdurchschnittliche Penislänge von 13,19 Zentimetern in der Türkei und 13,21 Zentimetern in Russland. Wie können nun diese Zusammenhänge bewertet werden? Bosnier haben einen im Schnitt um 18,65 Prozent längeren Penis als Türken und sie begehen gemessen an der Bevölkerungsanzahl in deren Heimatland um 18,4 Prozent mehr Straftaten in Österreich. Serben haben einen

131

um 12,74 Prozent längeren Penis als Türken und begehen um 16,1 Prozent mehr Straftaten. Diese einfache Statistik stellt einen vordergründig klaren Zusammenhang zwischen Penislänge und Straftat her. Einfach gesagt: Je länger der Penis, umso wahrscheinlicher ist die Begehung einer Straftat.

Doch ist das wirklich so? Hält diese einfache Statistik einer genaueren Hinterfragung stand? Sehen wir uns dazu weitere Details an: Rumänen führen die Statistik des Bundeskriminalamtes für 2017 mit absolut 10.386 Tatverdächtigen an, wobei sie eine durchschnittliche Penislänge von 12,73 Zentimetern vorweisen können. Im weltweiten Vergleich der Penislängen liegen die Rumänen um 1,03 Zentimeter unter dem Durchschnitt. In der Anzahl der Tatverdächtigen gemessen an der Bevölkerungszahl liegen die Rumänen mit 0,053 Prozent allerdings im Mittelfeld. Damit sind sie nahezu gleichauf mit den Ungarn, welche bei 0,048 Prozent liegen – dies allerdings mit einer Penislänge von 14,99 Zentimetern. Diese Betrachtungen könnten wir endlos fortführen, wir würden keinen haltbaren Zusammenhang zwischen Penislänge und Straftaten finden, obwohl das oben gewählte selektive Beispiel diesen Zusammenhang konstruieren kann, wenn man sich keine weiteren Details dazu ansieht.

Wenn wir irgendwo Zusammenhänge entdecken, neigen wir dazu, Ursache und Wirkung zu interpretieren. Diese Interpretationen zu glauben, fällt zudem leichter, wenn sie von jemand anderem gemacht wurden – ein typischer Quickstepp.

Ähnlich verhält es sich mit dem Zusammenhang zwischen Porschefahrern und Penislängen – dieser wird ja zumindest scherzeshalber immer wieder vorgebracht, weshalb wir das auch gleich analysieren sollten: Tatsächlich ist die Schweiz das Land mit den meisten Porschefahrern, dort haben 0,043 Prozent der Bevölkerung 2017 einen Porsche gekauft. Die Penislänge der Männer liegt jedoch mit 14,35 Zentimetern über dem weltweiten Durchschnitt von 13,76 Zentimetern. Südkorea etwa liegt mit 9,66 Zentimetern unter den Nationen mit den kürzesten Penislängen, allerdings haben dort 2017 nur 0,005 Prozent der Bevölkerung einen Porsche gekauft. Die Italiener sind mit 12,5 Zentimetern unter den Schlusslichtern Europas. Trotzdem haben 2017 nur 0,009 Prozent der Bevölkerung einen Porsche gekauft. Die Österreicher liegen mit 14,89 Zentimetern deutlich über dem Durchschnitt und auch vor den Schweizern und Deutschen, der Porschekauf hielt sich im betreffenden Jahr allerdings mit 0,015 Prozent in Grenzen. In Deutschland fahren 0,034 Prozent einen Porsche bei einer durchschnittlichen Penislänge von 14,48 Zentimetern. Leider konnte ich keine genaueren seriösen Ursachen und Zusammenhänge ausfindig machen und jede Vermutung hinsichtlich der Porschekäufe in Deutschland aus Gründen des Nationalstolzes wären klischeehafte und daher unbedingt zu vermeidende Vermutungen. In diesem Zusammenhang sei auch erlaubt, mit der alten Volksweisheit aufzuräumen, die Nase des Mannes sei (so lang) wie sein Johannes. Mehrere wissenschaftliche Untersuchungen kamen zu dem Schluss, dass diese Volksweisheit schlichtweg nicht wahr ist. Naheliegenderweise werden uns einige diesbezüglich enttäuschte Leserinnen in diesen wissenschaftlichen Erkenntnissen zustimmen, wiewohl hier aber angemerkt werden muss, dass nicht alle Frauen auf extensivere Ausmaße reflektieren.

Kommt Ihnen mein Beispiel mit den Penislängen und Straftaten zu sehr an den Haaren herbeigezogen, ja sogar lächerlich oder entbehrlich vor? Wenn ja, dann kann ich Ihnen versichern, das ist es mitnichten. Diese ausschließlich willkürliche Zusammenwürfelei von Fakten wie oben finden Sie in allen möglichen Darstellungen immer wieder. Damit soll Ihnen stets irgendetwas bewiesen werden – oder die Auflage einer Zeitung soll mit einer reißerischen, eine solche Behauptung enthaltenen Schlagzeile erhöht werden. Gerade daraus erstellbare Statistiken bieten ein unendliches Betätigungsfeld für bewusste Beeinflussung und Manipulation. Wenn wir uns den Quickstepp-Modus in Erinnerung rufen, welcher sich mit einer guten Story, die dem Denksystem schmeckt, schnell zufrieden gibt und gleichzeitig Daten und Fakten weniger gerne verdaut, können wir nachvollziehen, dass diese eine besonders hohe Beeinflussungskraft haben – vorausgesetzt jemand bastelt eine gute, schlüssige, plausible, für das Gehirn leicht verdauliche Story daraus.

Als Nächstes erläutere ich Ihnen zwei Beispiele, die recht klar belegen, wie einfach aus einigen simplen Daten bemerkenswerte Erkenntnisse konstruiert werden können: In einer Pressemitteilung des deutschen Statistischen Bundesamtes wurde verkündet, dass 2014 rund 30 Prozent der Menschen mit Migrationshintergrund Abitur oder Fachhochschulreife besäßen. Daraufhin verkündete der »Spiegel Online« in einer Überschrift: »Menschen mit ausländischer Herkunft haben häufiger Abitur als Deutsche«, denn in Deutschland beträgt der Anteil an Abiturienten 28,5 Prozent. Solche Veröffentlichungen führen schnell zu falschen Schlüssen, wenn sie nicht hinterfragt werden. Eine detailliertere Analyse der Daten zeigt sofort die Lücken: dass »Spiegel Online« in der reißerischen Schlagzeile das Alter nicht berücksichtigt hatte. Die 28,5 Prozent gelten für alle Deutschen – die Personen mit Migrationshintergrund sind aber in der Mehrzahl zwischen 20 und 30 Jahre alt. Vergleicht man die entsprechenden Altersgruppen, dann findet man in Deutschland bei den 25- bis 30-Jährigen sogar knapp 50 Prozent mit Abitur oder einer

Fach- oder Hochschulreife, also deutlich mehr als bei den Menschen mit Migrationshintergrund. Je älter die Deutschen sind, umso mehr nimmt die Anzahl an Personen mit Abitur oder Fachhochschulreife ab, was eben diesen Gesamtbevölkerungsdurchschnitt von 28,5 Prozent ergibt. Damit ist die Headline von »Spiegel Online« schlichtweg falsch, führt aber zur Vortäuschung einer Realität, welche durchaus zu völlig unnötigen Diskussionen geeignet ist.

Wenn Sie eine Reise nach Rom geplant haben, dann sollten Sie sich vom Vatikan fernhalten, denn dieser soll die höchste Kriminalitätsrate der Welt haben. Man könnte bei dieser Aussage meinen, dass es in Caracas mit 3.387 Tötungsdelikten im Jahr 2017 sicherer ist. Das ist selbstverständlich grober Unsinn und eine rein statistische Schlussfolgerung. Der Vatikan hat nur knapp unter 600 Einwohner, aber 18 Millionen Besucher pro Jahr. Setzt man die begangenen Straftaten – hauptsächlich Diebstähle (die diversen Vorkommnisse in der Vatikanbank sind in dieser Statistik wahrscheinlich nicht enthalten) – in Relation zur Einwohnerzahl, dann kommt dieser absurde Wert heraus, der den Vatikan zur gefährlichsten Stadt der Welt macht. Die letzte absolute Monarchie Europas besitzt aber immerhin ein winziges Gefängnis, in dem nur zwei Sträflinge untergebracht werden können und das äußerst selten benutzt wird.

Doch es geht auch dramatischer, wenn nicht sogar gefährlich: Dass Manipulationen von Daten auch beängstigende Ausmaße annehmen können, zeigt sich immer wieder am Beispiel der Impfgegner. Der britische Arzt Andrew Wakefield publizierte Ende der 90er Jahre eine äußerst kleine Studie mit zwölf Kindern und leitete aus dieser Ministudie, die immerhin im »Lancet« publizierte Hypothese ab, dass die Masern-Mumps-Röteln-Impfung zu Schäden im Darm führe, die geistige Entwicklung behindere und Autismus begünstige. In größeren Studien konnte diese Hypothese nie bestätigt werden, es wurde kein Zusammenhang zwischen diesen Erkrankungen und den Impfungen gefunden. Was aber gefunden wurde, war die Tatsache, dass Wakefield von den Anwälten der Eltern von an Autismus erkrankten Kindern Geld bekommen hatte, um nach einer Verbindung zwischen Autismus und Impfung zu suchen. Die Eltern wollten damit den Impfstoffhersteller auf Schadenersatz verklagen. Wakefield verlor allerdings erst 2010 seine Zulassung als Arzt und ist heute als Berater für den Impfskeptiker Donald Trump tätig. Tatsächlich führte Wakefields Hypothese dazu, dass in Großbritannien die Impfrate von 92 auf 80 Prozent stetig zurückging. Die gefälschte Statistik verursachte 2005 mit 43.000 erkrankten Kindern die stärkste Masern-Mumps-Epidemie seit Jahrzehnten. Wenn man bedenkt, dass eines von 1.000 an Masern erkrankten Kindern stirbt, dann hatte diese gefälschte Studie doch beträchtliche Folgewirkungen. Wakefield hört dennoch nicht mit seinen Behauptungen auf, er gibt sich mit seinem gekränkten Ego als Opfer einer Verschwörungstheorie, hat eine beträchtliche Anhängerschaft um sich geschart und geht mit seinem Film »Vaxxed« auf Überzeugungstournee. Dieses traurige Beispiel zeigt, dass wissenschaftliche Statistiken besonders glaubwürdig erscheinen – unter anderem mit freundlichen Grüßen von Stanley Milgram.

Eine neuere Erscheinung in der wissenschaftlichen Literaturwelt sind die immer mehr werdenden pseudowissenschaftlichen Verlage und damit einhergehend die Zunahme an dergleichen Publikationen. Nachdem viele Wissenschaftler aufgrund der notwendigen Beschaffung von Forschungsgeldern unter vermehrtem Druck stehen, etwas zu publizieren, bieten sich ihnen diese Verlage – zum Teil gegen Entrichtung nicht unbeträchtlicher Gebühren – aktiv an. Damit können höchst fragwürdige Forschungsergebnisse und von Fachgremien ungeprüfte Theorien leicht an die Öffentlichkeit gelangen.

Ein besonders erquickliches Thema für pseudowissenschaftliche Publikationen sind Diäten und Ernährungsempfehlungen. Deshalb weiß auch keiner mehr, was man essen soll: Einmal sind es die Eiweiße, einmal ist es das Gemüse, einmal sind es die Ballaststoffe, einmal ist es die Brezensuppe, einmal gar nichts im Sinne des Heilfastens – dort aber dafür mit Selbstklistieren. Aber nichts ist wirklich stimmig. Der große Hype um die gesundheitsfördernde Wirkung von Olivenöl vor allem auf das Herzkreislaufsystem wurde bisher in noch keiner einzigen seriösen, nach allen wissenschaftlichen Standards durchgeführten Studie bestätigt. Einige, aber auch nicht alle Langzeitbeobachtungen lassen zwar einigermaßen auf eine positive Wirkung schließen, aber es gibt keine Angaben zu den erforderlichen Mengen, und schon gar keine Angaben zum Einfluss der Qualität des Olivenöls auf die Gesundheit.

Ein ähnliches Phänomen ist das »French-Paradoxon«, welches lange Zeit die Rotweinproduzenten jubeln ließ. Es besagt – ausgehend von den niedrigeren Herzkreislaufsterbedaten in Frankreich bei gleichzeitig vermehrtem Rotweinkonsum –, dass eben gerade der mäßige Konsum von Rotwein das Leben verlängert. Auch das hat sich nicht bestätigt, wurde aber aus naheliegenden Gründen gerne geglaubt.

Sogar die positive Wirkung des Fischöls ist mittlerweile eine nicht bestätigte Legende. Zwei dänische Forscher hatten durch eine schlampige Auswertung von Sterbedaten der Inuit den Schluss gezogen, dass Fischöl gesund fürs Herz sei, weil die Inuit kaum an Herzinfarkten sterben. Eine saubere und korrekte Auswertung der Datenlage durch die anerkannte Cochran Foundation konnte nach einer Metaanalyse von 48 Langzeitstudien mit 36.913 Teilnehmern und einer weiteren Analyse von 41 Kohortenstudien die positive Wirkung von Fischöl auf die Herz-Kreislauf-Gesundheit nicht bestätigen: Sie konnten keine verringerte Zahl an Herzinfarkten oder Schlaganfällen feststellen. Damit scheint sich die Einnahme von Fischölkapseln erübrigt zu haben und auch das fischige Aufstoßen bis zum Mittagessen nach der morgendlichen Kapseleinnahme gehört damit der Vergangenheit an.

Eine Therapieform, an die viele Menschen glauben, ist die Homöopathie. Das ist wirklich erstaunlich, denn bisher konnte in keiner einzigen randomisierten Doppelblindstudie eine bessere Wirkung als in der Placebogruppe nachgewiesen werden. Diese Art von Studien bildet den wissenschaftlichen Goldstandard, um die Wirkung einer Therapie zu überprüfen. Dabei werden die Patienten per Zufall in zwei Gruppen eingeteilt. Eine Gruppe bekommt ein Placebo, also ein Scheinpräparat, und die andere Gruppe bekommt die zu untersuchende Substanz. Weder der Arzt noch der Patient wissen, was verabreicht wird, damit eine Beeinflussung der Ergebnisse ausgeschlossen werden kann. Bei neuen Medikamenten wird nicht mit einem Placebo verglichen, sondern mit der aktuellen Standardtherapie. Das neu zu testende Medikament oder die neue Therapie müssen signifikant, also extrem vereinfacht ausgedrückt mit mindestens 95-prozentiger Wahrscheinlichkeit besser sein als die Standardtherapie oder das Placebo. Biostatistiker legen vorher noch fest, wie viele Patienten in die Studie eingeschlossen werden müssen, um valide Ergebnisse zu erhalten. Obwohl nach diesen strengen Kriterien noch nie eine signifikante Wirksamkeit der Homöopathie nachgewiesen werden konnte, werden mit homöopathischen Mittelchen Milliardenumsätze gemacht. Wie allgemein bekannt ist, heißt Homöopathie »Gleiches mit

Gleichem heilen«. Was bedeutet das? Nehmen wir an, Sie hätten eine Blasenentzündung. Nun bitten Sie einen anderen Menschen mit einer Blasenentzündung, in den Atlantik zu pinkeln. Dann warten sie einen Tag lang, damit sich die Pinkelei des Leidensgenossen ausreichend verdünnt hat und trinken einige Schlucke Atlantikwasser. Anzunehmen, dass Sie dadurch von Ihrer Blasenentzündung geheilt würden, ist geradezu absurd. Niemand würde das glauben. Nach diesem Verdünnungsprinzip soll aber die Homöopathie funktionieren, jedenfalls nach der Theorie des deutschen Arztes Samuel Hahnemann, der vor mehr als 200 Jahren diese Pseudowissenschaft begründete – zu einer Zeit, als die Schulmedizin im Gegensatz zu heute noch mehr schadete als heilte. Die heutzutage häufig verwendete homöopathische Verdünnung namens D24 bedeutet, einen Tropfen in der 100.000-fachen Wassermenge des Atlantiks zu verdünnen. Eine Wirkung ist da nur schwer vorstellbar, entsprechend dem blasenkranken Urin im Atlantischen Ozean. Aber nachdem immer wieder von Einzelschicksalen berichtet wird, in denen auf eine Wirksamkeit der Homöopathie geschlossen werden kann, werfen manche alle Vernunft über Bord. Sie glauben lieber der Pseudowissenschaft als dass sie den Zufall als Option in Betracht ziehen. Freilich gibt es bei einigen Menschen Besserungen nach der Verwendung von homöopathischen Mittelchen, aber die gehören in den Bereich der Placebowirkung oder sind auf eine erhöhte Zuwendung durch den Arzt zurückzuführen. Die Wissenschaftler kennen dieses Prinzip, dass bei bis zu 35 Prozent der Patienten auch bei der Einnahme eines Scheinpräparates eine Wirkung eintritt. Placebos wirken wie eine sich selbst erfüllende Prophezeiung. Aber die Homöopathie an sich ist genauso unwirksam wie Handauflegen, Geisterheiler oder Wallfahrten. Die Medizinische Universität Wien hat sich übrigens im November 2018 von der Homöopathie in einem *Facebook*-Posting distanziert, weil sie ein »unwissenschaftliches Verfahren und Scharlatanerie« sei. Bereits im Februar 2017 hatte die Russische Akademie der Wissenschaft die Homöopathie als Pseudowissenschaft eingestuft.

Zu Ihrem Schutz muss ich an dieser Stelle unbedingt und ausdrücklich betonen, dass ich weder Arzt bin noch irgendwelche Empfehlungen zu Therapien, Medikamenten oder anderen gesundheitlichen Aspekten abgebe. Wenn Sie irgendeine Aussage von mir so auffassen sollten, dann wäre das nicht beabsichtigt gewesen. Ich möchte Sie lediglich dahingehend beeinflussen, dass Sie diese gesundheitsbezogenen Angelegenheiten kritisch hinterfragen.

Selbstverständlich beschränkt sich die Manipulation durch Statistiken oder die Verführung durch subjektiv und selektiv ausgewählte Daten und Fakten nicht nur auf Gesundheits- und Ernährungsthemen. Aber gerade bei Gesundheitsthemen kann jegliche Manipulation von Fakten besonders gefährlich oder zumindest teuer für uns werden. Sie finden derlei Manipulationen und Beeinflussungen aber in allen Bereichen der Gesellschaft in vielfältiger Weise – ob mit Grafiken, dubiosen Meinungsumfragen oder durch die Aufbauschung von Einzelschicksalen.

Mit dieser kurzen, beinahe in homöopathischen Verdünnungen ausgeführten Abhandlung möchte ich Sie nur ein klein wenig empfindsam für den tatsächlichen Wahrheitsgehalt von Daten, Fakten und daraus abgeleiteten Statistiken machen.

**IHR DESTILLAT:**

Statistik eignet sich besonders zum Beeinflussen und Manipulieren, weil es einerseits oft schwierig ist, die zugrundeliegenden Daten und Fakten zu überprüfen, und andererseits mag unser Gehirn gut aufbereitete, schlüssige Geschichten. Doch speziell, wenn es um Gesundheit geht, ist eine gesunde Skepsis angebracht.

# 4 JEDER LEBT IN SEINER EIGENEN WELT

## 4.1 SABBERNDE HUNDE UND ZAHNÄRZTE

*»Man könnt' erzogene Kinder gebären,*
*wenn die Eltern erzogen wären.«*
Johann Wolfgang von Goethe

Warum ist jeder Mensch einzigartig? Wie ist ein Mensch das geworden, was er ist? Die Antworten auf diese spannenden Fragen sind ebenso vielschichtig wie auch niemals vollständig beantwortbar. Jede Antwort verursacht neue, weiterführende Fragen, etwa ob wir immer derselbe sind, oder auch, wie viele wir sind. Haben wir nur eine Persönlichkeit oder mehrere, und wenn ja, haben wir diese gleichzeitig oder nacheinander? Tatsächlich gibt es Einflüsse und Faktoren, deren Beschreibung uns den Antworten näherbringt. Bisher haben wir uns ja vornehmlich mit kurz- und mittelfristig wirkenden Beeinflussungen auseinandergesetzt. Die langfristigen, oft unser ganzes Leben bestimmenden verdienen unbedingt eine gesonderte Betrachtung – speziell wenn wir genauer wissen wollen, wer wir sind.

Die wissenschaftlichen Arbeiten des russischen Arztes, Physiologen und Nobelpreisträgers Iwan Petrowitsch Pawlow sind für erste Näherungen hilfreich. Pawlow stellte 1905 Versuche mit Hunden an und entdeckte, dass diese auf einen Futterreiz mit einem Reflex reagieren, nämlich mit Speichelfluss. Als Nächstes kombinierte er diesen Futterreiz mit einem weiteren Reiz: dem Läuten einer Glocke. Nachdem die Hunde mehrmals beiden Reizen ausgesetzt worden waren, wurden sie schließlich nur mehr dem Läuten der Glocke ausgesetzt. Und siehe da, sie reagierten auch ohne Gegenwart eines Futterreizes mit Speichelfluss. Sie hatten gelernt, dass es Fressen gibt, wenn die Glocken läuten. Diese dann als »konditionierte Reflexe« bezeichneten gelernten Verhaltensweisen begründeten einen eigenen Zweig in der Psychologie, den »Behaviorismus«. Die sabbernden Hunde dienten als Vorbild für Versuche beim Menschen, welche John B. Watson als Erster durchführte. Er zeigte einem kleinen Jungen namens Little Albert eine Ratte, und wenn dieser die Ratte berühren wollte – er hatte zu diesem Zeitpunkt keine Angst vor Ratten –, ertönte jedes Mal ein erschreckend lauter Hammerschlag. Schon nach kurzer Zeit zeigte Little Albert deutliche Angstreaktionen, wenn er die Ratte nur sah. Zwangsläufig kommt mir da die im ersten Kapitel bereits mehrmals bemühte Angst vor dem Zahnarzt in den Sinn. Nachdem ich auch im privaten Umfeld einige Zahnärzte kennengelernt habe, weiß ich, dass diese im Allgemeinen nette, freundliche Menschen sind. Folglich muss wohl etwas geschehen sein, das diese Angst immer und immer wieder in mir auslöst. Little Albert ist eine brauchbare Erklärung dafür: Durch diverse schmerzhafte Erfahrungen mit Zahnärzten verbinde ich deren Anblick, wenn einer von ihnen auf mich im Behandlungsstuhl liegend zukommt, mit Schmerzen und bekomme Angst. Die Geräusche des Bohrers, die diversen Gerüche oder das Gurgeln des Speichelabsaugers haben mich bereits im Wartezimmer erreicht und Erinnerungen an frühere Behandlungen wachgerufen. Dabei ist es unerheblich, ob es immer derselbe Zahnarzt oder jedes Mal ein anderer ist. Bei Little Albert musste es auch nicht ein und dieselbe Ratte sein.

Für unsere Reflexionen zur Verzauberung und Verführung ist – abgeleitet von diesen Experimenten – die Frage von allerhöchster Relevanz, welche Faktoren, Reize oder Erfahrungen uns beeinflussen, wie nachhaltig sie es tun und wie stark dies vom Umfeld abhängt, in dem wir aufwachsen und uns später aufhalten. Dazu müssen wir uns mit einem weiteren Begriff auseinandersetzen, welcher sich »Prägung« nennt und eine Sonderform der beschriebenen Konditionierung darstellt. Leicht verständlich wird diese Prägung, wenn wir als Beispiel das Erlernen von Sprachen heranziehen: Die Muttersprache erlernen wir mühelos und ohne viel tun zu müssen einfach dadurch, dass wir in einer Gegend aufwachsen, in der diese Sprache gesprochen wird. Das Erlernen einer weiteren Sprache – üblicherweise in der Schule – fällt uns schon schwerer, und dasselbe Niveau wie bei der Muttersprache zu erreichen, gelingt den Wenigsten. Auffällig hörbar ist das auch bei den unzähligen Dialekten: Wenn ein Hamburger im Alter von 28 Jahren nach Tirol übersiedelt, kann er sich noch so anstrengen – er wird den dort gesprochenen Dialekt nie so beherrschen, dass es für die Einheimischen nicht hörbar wäre, woher er ursprünglich stammt. Und das zeigt uns bereits die wesentlichen Merkmale der Prägung: Sie ist zeitlich begrenzt auf eine diesbezüglich lernsensible Phase, sie ist zumeist irreversibel, natürlich und erfolgt ohne Zwang, Belohnung oder Bestrafung.

Der für unser Leben entscheidende Punkt der Prägungen ist deren zeitliches und örtliches Auftreten, denn diese Prägungen finden immer genau in der Familie, in dem Umfeld, in dem Milieu, in der Kultur, in der Religion statt, in der jemand als Kind – speziell als Kleinkind – aufwächst. Unser lebenslanges Verhalten wird durch diese Umstände nur mit Mühe veränderbar beeinflusst, und es macht uns neben unseren individuellen genetischen Ausprägungen zu einzigartigen Persönlichkeiten. Wie aber Persönlichkeiten in ihrer Vielschichtigkeit tatsächlich genau entstehen, dazu gibt es viele unterschiedliche Theorien und Konzepte, wobei es bisher kein einziges davon auf das Niveau einer allgemeinen Gültigkeit geschafft hat. Unwidersprochen ist nur, dass jeder von uns mit seinen Verhaltensweisen, Gedanken, Gefühlen, Handlungen und Ansichten einzigartig ist. Professor Jan Denissen von der niederländischen Universität Tilburg fasste das einmal so zusammen: »Diese Gesamtheit an Eigenschaften nennen wir Persönlichkeit.« Weiters beschreibt er »Persönlichkeit« als die Gesamtheit jener Wesenszüge, die eine gewisse Stabilität haben. Etwaige Stimmungsschwankungen wie eine schlechte Laune haben nichts mit der Persönlichkeit zu tun, außer jemand hat immer schlechte Laune.

Bei diesen Betrachtungen treffen wir auf eine Analogie zum Göttlichen, weil wir in jeder Persönlichkeitsentwicklung ebenso eine Dreieinigkeit finden. Diese heißt beim Menschen nicht »Gottvater, Sohn und Heiliger Geist«, sondern »Genetik, Umwelt und Sozialisierung«. Diese drei Faktoren sind untrennbar miteinander verbunden. Die Wechselwirkungen untereinander lassen Persönlichkeiten in jede Richtung entstehen. Die Genetik ist dabei keine besonders aufregende Einflussgröße. Die Anzahl und Art unserer Gene bestimmt lediglich, dass wir Menschen sind, und das nur knapp oder anders ausgedrückt: beinahe nicht. Mittlerweile ist durch DNA-Analysen eindeutig belegt, dass Menschen und Schimpansen zu 93,5 bis 99,4 Prozent ein identisches Erbgut haben. Imponierend für die Anhängerinnen der Frauenbewegung ist die Tatsache, dass Männer den Schimpansen ähnlicher sind als Frauen. Bei einer gewissen Schwankungsbreite der genetischen Identität sind manche Männer den Schimpansen sogar genetisch näher als der eigenen Frau. Und es wird Frauen geben, die das bereits geahnt haben, ohne diese genetischen Analysen gekannt zu haben. Biologen, Psychologen und Verhaltensforscher, darunter auch die berühmten Affenforscherinnen Jane Goodall und Diane

Fossey haben längst herausgefunden, dass auch Affen eine Persönlichkeit haben. Dies ist nicht weiter verwunderlich bei dem hohen Grad an genetischer Identität mit den Menschen, zeigt aber, dass ab einem bestimmten Organisationsniveau das Wesen einer Persönlichkeit vorhanden ist. Gleichzeitig bedeutet das aber auch, dass Persönlichkeit einen biologischen und somit genetisch bedingten Ursprung hat und nicht nur eine Leistung des Menschseins ist. Was die Gene beim Menschen genauso wie beim Affen festlegen, ist die Art und Weise, wie Umwelteinflüsse und Sozialisierung zu einem für jede Persönlichkeit typischen Verhalten verarbeitet werden. Zumindest beim Menschen ist bewiesen, dass dies bereits im Mutterleib beginnen kann. Wenn die Mutter während der Schwangerschaft großen, vor allem mit Stress verbundenen Belastungen ausgesetzt ist, dann gelangt das vermehrt ausgeschüttete Stresshormon Cortisol in das Gehirn des Ungeborenen. Das noch nicht ausgereifte Stressverarbeitungssystem kann daran Schaden nehmen, sodass es später zu Persönlichkeitsstörungen kommen kann.

Eine neuere Disziplin innerhalb der Genetik ist die Epigenetik, welche für die Persönlichkeitsentwicklung in vorgeburtlichen und frühkindlichen Entwicklungsphasen eine gewichtige Rolle zu spielen scheint. Hierbei geht es um Mechanismen, die imstande sind, unter dem Einfluss äußerer Faktoren zu regulieren, welche Gene in welchem Ausmaß ein- oder ausgeschaltet werden. Die Gene selber werden dabei nicht verändert. Diese neuere Erkenntnis bedeutet, dass das vererbte Genmaterial durch Umwelteinflüsse manipuliert werden kann und somit die Veränderung von Persönlichkeitsmerkmalen beeinflusst. Wie bereits erwähnt, kann das Stresshormon Cortisol solche epigenetischen Veränderungen bereits vor der Geburt erwirken. Genauso kann aber auch das Bindungshormon

Oxytocin, welches durch liebevolle Zuwendung in der Frühkindphase vermehrt ausgeschüttet wird, epigenetischen Einfluss auf die Entwicklung der Persönlichkeit haben. Besonders bemerkenswert an der Epigenetik ist, dass dabei nicht veränderte Gene weitervererbt werden, sehr wohl aber die Mechanismen, welche die Regulation der Gene beeinflussen. Gerade die Epigenetik zeigt uns äußerst eindringlich, wie intensiv Umwelteinflüsse und Vererbung miteinander verflochten sind.

Wie wir von der Prägung wissen, kommt vor allem den frühkindlichen Erfahrungen und Einflüssen eine besondere Bedeutung für das weitere Leben zu. Naheliegenderweise hat das Elternhaus einen gewichtigen Einfluss auf unsere Persönlichkeitsentwicklung. Gerade in diesem Umfeld geschieht die Sozialisierung in den ersten Lebensjahren am intensivsten: Kinder lernen vom Verhalten ihrer Eltern, etwa wie man mit Konflikten umgeht oder welche Rollen Mann und Frau spielen. Eine Metaanalyse von 42 Studien durch Soziologen der Uni Köln hat gezeigt, dass das Scheidungsrisiko um 50 Prozent höher ist, wenn sich bereits die Eltern scheiden haben lassen. Hinzu kommt, dass für Kinder die ersten Männer und Frauen in ihrem Leben Vater und Mutter sind, und deren Verhalten, Neigungen, Vorlieben so von den Kindern häufiger angenommen werden als alles andere. Die größte Motivation von Kindern vorm Teenageralter ist es, den Eltern Trophäen vor die Füße zu legen. Hierbei kommt es aber darauf an, worauf die Eltern Wert legen. Schimpft der Vater andauernd über die Schule, so werden gute Schulnoten keine besondere Motivation für die Kinder sein, und eine Matura oder ein Hochschulstudium rückt in weite Ferne. Spricht und beschäftigt sich die Mutter unverhältnismäßig intensiv über und mit Mode, dann ist die Wahrscheinlichkeit höher, dass die Tochter vermehrtes

Augenmerk auf ihr Äußeres legen wird. Spielen Vater und Mutter leidenschaftlich Musikinstrumente, dann werden Kinder häufiger Musiker. Diese Auflistung können wir beliebig ergänzen, mehr oder weniger klischeehafte Beispiele hinzufügen. Die Erkenntnis daraus ist, dass Entwicklungen in alle Richtungen möglich sind, aber das Umfeld ein gewichtiges Wort mitredet. Die Hörbigers sind seit mehreren Generationen Schauspieler, *Trigema*-Chef Wolfgang Grupp schneidert in vierter Generation Leibchen und Unterhosen, Tina Weihraters Eltern waren Weltmeister im Skilauf.

Wenn die Hormone zu sprießen beginnen, erleben wir eine weitere hitzige Phase. Die Vorbilder ändern sich – anstatt der Mutter ist dies plötzlich Lady Gaga, anstatt des Vaters ist es Eminem. Rebellion setzt ein, wenn den Pubertierenden die Hormone das Signal dazu geben, flügge zu werden. Ich kann mich noch gut an die ständigen Auseinandersetzungen mit meiner Mutter erinnern, weil sie eine andere Vorstellung von einer angemessenen Haarlänge und allgemeinen Kleidungsnormen hatte als ich. Damals war ein Sänger mit dem Künstlernamen Heintje unter den konservativeren Teilen der Bevölkerung überaus populär. Die von mir favorisierten Beatles, Rolling Stones oder Pink Floyd waren quasi Antichristen im Vergleich mit diesem braven, adretten Traum aller Mütter, welcher mit gepflegtem Seitenscheitel und grundbiederer Kleidung bei der Müttergeneration alle Punkte abräumte. Da auch meine Mutter ein Heintje-Fan war, ersehnte sie für ihren Sohn ein derartiges Erscheinungsbild. Schulterlange Haare, zerschlissene Jeans und ausgetretene *Jogging-High* entsprachen so gar nicht ihren Vorstellungen. Und damit begann die Abnabelung ihren üblichen Gang zu nehmen: vom angepassten Familienmitglied hin zum wilden Rebell, der dann doch zahmer wurde.

Die von vielen Eltern gefürchtete Vorstellung, dass aus ihren Kindern einmal nichts werden würde oder dass sie mit einem Fuß im Gefängnis stehen könnten und dergleichen mehr trifft fast nie zu: 2016 saßen 64.193 – das sind 0,07 Prozent der in Deutschland lebenden Menschen – im Gefängnis, und wiederum nur 399 davon waren 14 bis 18 Jahre alt. Heftiges Pubertieren ist somit eine extrem seltene Ursache für eine Verwahrung in dergleichen Örtlichkeiten. Jugendliche sind auf dem Weg, sich selber zu finden, sie verstehen ihren Körper und dessen neue Reaktionen nicht ganz. Anstatt der Fußballkameraden rücken bei Burschen plötzlich die Mädchen ins Interesse; viele übergeben sich zum ersten Mal in ihrem Zimmer, weil sie auf einer Party zu viel Alkohol probiert haben; folglich fürchten die Eltern, ihre Kinder könnten Alkoholiker werden, also bekommen diese Hausarrest und so weiter. Sie tun es aber nicht, weil sie die Übelkeit und ihre Folgen mögen, sondern weil das Trinken verboten ist und daher einen ganz besonderen Reiz darstellt. Wir kennen das alle, einerlei ob als Eltern oder ehemalige Pubertierende. Das zweifellos vorübergehende Chaos der Gefühle, Wahrnehmungen und Wertvorstellungen muss sich beruhigen. Versuch und Irrtum, Nachahmung und das Ausprobieren von neuen, nicht immer gewünschten oder erlaubten Verhaltensweisen sind wichtige Begleiter auf dem Weg zur Persönlichkeitsentwicklung und eine vorübergehende Erscheinung, deren Höhepunkt zumeist zwei Jahre nach Einsetzen der Pubertät überschritten wird. In der Zeit bis etwa zum 20. Lebensjahr erfolgt im Stirnhirn eine entscheidende Entwicklung für unsere Persönlichkeit und unser Sozialverhalten. Dort verschalten sich spezifische Nervengeflechte, sodass alle Faktoren aus der erwähnten Dreieinigkeit sich zu einer Persönlichkeit mit entsprechendem Verhalten addieren. Hinzu kommen noch die im Kapitel 2.3 beschriebenen Funktionen des limbischen Systems, des Hypothalamus und der Amygdala, welche in ständiger Wechselwirkung mit dem Stirnhirn stehen. Daraus ergibt sich ein vordergründig recht stabiles Konstrukt einer Persönlichkeit. Wie wir selbst diese Eigenschaften sehen, interpretieren, umfärben und schöndeuten, nennen wir dann unsere »Identität«.

Die uralte These, dass jemand immer der sein wird, der er bis zum Erwachsenenalter geworden ist, mag zwar teilweise stimmen, aber diese These hat Risse. »Auch was wir am meisten sind, sind wir nicht immer« sagte einst die Humansitin und Schriftstellerin Marie von Ebner-Eschenbach. Sie bezweifelte überaus treffend und ihrer Zeit vorausschauend, dass wir uns kaum noch ändern, wenn wir einmal erwachsen geworden sind. Wir kennen alle Geschichten von Menschen, die durch Schicksalsschläge ihr Leben grundlegend geändert haben. Das Klischee vom durchsetzungsstarken, erfolgreichen Top-Manager, der aussteigt und ein demütiger buddhistischer Mönch wird, ist bekannt. Langzeitbeobachtungen an vielen tausend Menschen haben gezeigt, dass sich Persönlichkeiten im Laufe des Lebens sehr wohl ändern. Um das messen zu können, nimmt man die sogenannten »Big Five« als Grundlage. Diese beschreiben die fünf Hauptdimensionen der Persönlichkeit: Offenheit für Erfahrungen, Gewissenhaftigkeit, Extraversion, Verträglichkeit, emotionale Stabilität (Neurotizismus).

Die Veränderungen zeigen sich im Laufe des Lebens vor allem in einer zunehmenden Gewissenhaftigkeit, in einer wachsenden Verträglichkeit und einer höheren emotionalen Stabilität. Die Einflüsse, welche unsere Persönlichkeit verändern, sind die ganz üblichen Dinge des Lebens wie etwa die Geburt unserer Kinder, die Anforderungen im Berufsleben, die Art unserer Sozialkontakte. Wir müssen dazu nicht viel tun, diese Änderungen geschehen unmerklich. Es bedarf dazu keines Burnouts oder eines Herzinfarktes oder anderer schwerer Schicksalsschläge. Allerdings geschehen diese Veränderungen der Persönlichkeit etwas leichter bei jenen, die offen sind für Veränderung oder gar aktiv nach Veränderung suchen. Wenn jemand die Überzeugung hat, neuen Anforderungen gewachsen zu sein, die Kontrolle darüber zu haben – etwa bei einem neuen Job –, dann geschehen diese Veränderungen rascher.

Dass Menschen mehrere Persönlichkeitsvarianten haben können, ist zwar auf den ersten Blick unverständlich, aber bei genauerem Hinsehen findet man das immer wieder. Denken Sie an den unbarmherzigen, grausamen KZ-Lagerkommandanten, der ohne jede Regung Kinder vergasen ließ, aber zu Hause bei seiner Familie ein liebevoller und fürsorglicher Vater war. Im seinem 1886 erschienenen, auf einer wahren Begebenheit beruhenden Roman »Der seltsame Fall des Dr. Jekyll und Mr. Hyde« des schottischen Schriftstellers Robert Louis Stevenson wurden diese verschiedenen Persönlichkeiten in einer Person zur Weltliteratur.

Wir haben zumeist eine Vorstellung davon, wer wir selbst sind. Alle Erfahrungen, Prägungen, Konditionierungen und Sozialisierungen haben dazu beigetragen, dass wir gleichsam als Summe aller Erinnerungen ein Bild von uns erstellen, welches uns als eigene Identität gefällt. Dieses Bild beschreibt jedoch nichts anderes als jene Vorstellung, die wir von uns selber haben. Häufig übersehen wir dabei, dass dieses Bild von uns nie der Wahrheit entspricht. Wir neigen zu Verdrängung, Umdeutung, Schönfärberei. Der Schweizer Schriftsteller Max Frisch bemerkte dazu einmal treffend: »Jeder Mensch erfindet früher oder später eine Geschichte, die er für sein Leben hält.«

Vielleicht erliegen manche auch dem »Dunning-Kruger-Effekt«. Dieser beschreibt, dass dumme Menschen ihre Fähigkeiten eher als besonders hoch einschätzen, während kluge Menschen eher zur Bescheidenheit neigen, speziell wenn es um die Einschätzung ihrer Fähigkeiten geht. Jedenfalls kann diese verzerrte, von der Fremdwahrnehmung manchmal kräftig abweichende Selbstwahrnehmung zu beträchtlichen Turbulenzen führen, wenn wir mit anderen in Interaktion treten. Wir können davon ausgehen, dass sich auch unser Gegenüber ein gefärbtes Bild von sich selbst gemalt hat. Wie soll dann also Kommunikation funktionieren? Wir werden versuchen, den anderen zu beeinflussen, vielleicht zuerst zu verzaubern und dann zu verführen, denn wenn sich keiner wirklich kennt, ist das eine vielversprechende Option.

> **IHR DESTILLAT:**
>
> Wir können nicht genau wissen, wer wir wirklich sind, vor allem aber können wir nicht viel dafür. Das Leben hat uns je nachdem geformt, wo wir aufgewachsen sind und welche Erfahrungen wir gemacht haben. Dennoch können wir Einfluss darauf nehmen, wer wir werden, wenn wir etwas wirklich wollen.

## 4.2 WIR REDEN ANEINANDER VORBEI

*»Solange man selbst redet, erfährt man nichts.«*
Marie von Ebner-Eschenbach

Beginnen wir diese Betrachtungen mit einer kühnen Behauptung und überprüfen wir, ob wir dieselbe widerlegen oder bestätigen können. Die Behauptung lautet: »Wir haben keinen wirklichen Zugang zu anderen Menschen, können andere niemals wirklich verstehen, sondern haben zu anderen Menschen nur den Zugang, den wir uns einbilden zu haben«. Wie komme ich zu dieser Behauptung? Jeder Mensch hat im Laufe seines Lebens individuelle Wahrnehmungsfilter ausgebildet, die auf seinen Erfahrungen, Sozialisierungen, Prägungen und Konditionierungen beruhen. Genauso einzigartig wie die Persönlichkeit eines jeden ist, so sind es auch seine Wahrnehmungsfilter. Dadurch nimmt jeder Mensch Informationen so wahr, wie die Durchlässigkeit seiner Filter beschaffen ist. Vieles von dem, was wir glauben mit Kommunikation erreichen zu können, erreichen wir genau deshalb nicht. Jemanden zu überzeugen oder zu überreden erfolgt zumeist nur in unserer Einbildung. Auch wenn Menschen tun, was wir von ihnen wollen, so geschieht dies häufig, weil wir entweder Zwang, Macht oder Gewalt anwenden oder weil wir sie zu etwas bewegen können, das sie früher oder später auch selbst getan hätten. Um mehr zu bewirken, können wir uns diverser allgemeiner Verhaltensmuster – wie etwa im Kapitel »Fallensteller« beschrieben – bedienen, über die wir Menschen erreichen, um sie zu verzaubern, zu verführen, zu beeinflussen. Allerdings ist das nicht echte Kommunikation, sondern echte Manipulation. Lassen Sie mich die Durchleuchtung der obigen Behauptung mit einer humorigen

153

Metapher beginnen. Mir wurde diese als Beitrag über *WhatsApp* von einem Neurologen zugetragen:

Ein Passant fragt in einer ihm fremden Stadt:
**»Wo geht's denn hier zum Bahnhof?«**
Verschiedene Personen aus verschiedenen Berufsgruppen antworten ihm:

**Der Pädagoge:** »Ich weiß natürlich, wo der Bahnhof ist, aber ich denke, es ist besser für dich, wenn du es selbst herausfindest!«

**Der Sozialpädagoge:** »Ich weiß es auch nicht, aber ich finde es total gut, dass wir so offen darüber reden können!«

**Der Sozialarbeiter:** »Keine Ahnung, aber ich fahre Sie schnell hin!«

**Der Verhaltenstherapeut:** »Heben Sie zuerst den rechten Fuß und schieben Sie ihn vor! Setzen sie ihn auf. Sehr gut, super!«

**Der Esoteriker:** »Wenn du dorthin willst, wirst du den Weg auch finden!«

**Der Neurologe:** »Sie haben also die Orientierung verloren. Passiert Ihnen das öfter?«

**Der Psychoanalytiker:** »Sie meinen diese dunkle Höhle, wo immer etwas Langes rein und raus fährt?«

**Der Kreativitätstherapeut:** »Hüpfen Sie so lange auf einem Bein, bis Ihr Kopf eine Idee freigibt!«

**Der Selfmade-Unternehmer:** »Fragen Sie nicht lange – gehen Sie einfach los!«

**Der Coach:** »Wenn ich Ihnen die Lösung vorkaue, wird das Ihr Problem nicht dauerhaft beseitigen!«

**Der Lehrer:** »Hätten Sie aufgepasst, müssten Sie nicht fragen!«

**Der Priester:** »Heiliger Antonius, hilf dem Mann, sodass er den Bahnhof finde!«

Diese skurrilen Antworten, welche berufstypische Scheuklappen auf den Arm nehmen sollen, beinhalten für unsere Betrachtungen zur Kommunikation etliche interessante Aspekte: Der Mann erhält keine einzige brauchbare Antwort auf seine konkrete, einfache Frage. Jeder der Gefragten filtert die Frage durch seine Berufsbrille, bewertet, deutet um, und gibt dann dergestaltete Antworten von sich. So etwas kann in jeder anderen Situation genauso geschehen, wenn wir auf eine konkrete Frage eine konkrete Antwort erwarten (wohlgemerkt verwende ich hier bewusst die Satire – Antworten wie »Das weiß ich leider nicht, denn ich bin nicht von hier« oder »Das ist die nächste Straße recht runter« sind natürlich schon auch möglich).

Unsere Wahrnehmungsfilter beeinflussen, wie wir eine Frage verstehen und passen diese an unsere Vorstellungen an. Vor einigen Jahren war ich unter anderem für einen 32 Personen umfassenden Außendienst und dazu für vier Sales Manager verantwortlich. Wir organsierten ein Meeting, in dem die Strategie für ein neues Produkt vorgestellt wurde. Um sicherzustellen, dass jeder die Strategie verstanden hatte, bat ich alle 36 Personen am Ende des Meetings, die vorgetragene Strategie aus dem Gedächtnis auf ein leeres Blatt Papier niederzuschreiben. Als ich gemeinsam mit der gesamten Außendienstmannschaft die 36 Blätter auswertete, bekamen wir 36 verschiedene Strategien zu lesen. Die Abweichungen zur vorgetragenen Strategie waren zum Teil vernachlässigbar gering, zum Teil aber dermaßen verschieden vom Ursprung her, dass man annehmen hätte können, die Personen wären in einem anderen Meeting gewesen. Ich verlängerte das Geschäftstreffen um eine Stunde, die Produktmanagerin trug die Strategie erneut vor und wir wiederholten die Übung. Und siehe da, die Abweichungen wurden deutlich geringer, jedoch gab es immer noch einige Personen, deren Abweichung von der vorgetragenen Strategie unverständlich weit vom Ursprung entfernt lag. Nachdem wir bereits vor dem Meeting die Klarheit der Strategie und die Klarheit in der Kommunikation derselben sichergestellt hatten, bleiben nachbetrachtet nur zwei Möglichkeiten zur Interpretation übrig: Entweder war ein Teil des Verkaufsteams einfach zu blöd, um auch die klarsten Botschaften zu verstehen, oder die individuellen Wahrnehmungsfilter machen aus der Botschaft eine andere, mehr oder weniger veränderte Botschaft. Nachdem ich alle 36 Personen persönlich gekannt habe, schließe ich Blödheit gänzlich aus. Mich erinnert diese Erfahrung an unseren Fernsehempfang zu Hause: Wir haben eine Satellitenschüssel, über die wir die Programme einwandfrei empfangen. Wenn es stark regnet oder schneit, beginnt der Bildschirm zu flimmern bis hin zu diesen wirr durcheinander rasenden schwarzen und weißen Vierecken − man nennt das auch »Krieg der Ameisen«, wie mich neulich eine meiner Töchter belehrte. Es ist klar: Der Empfang ist gestört. Jeder einzelne Regentropfen und jede einzelne Schneeflocke hat das Potenzial, die Senderwellen zu stören. Bei ausnehmend vielen Regentropfen oder Schneeflocken gibt es dann mehr Störungen als einwandfreie Signale. Offensichtlich hatte das Verkaufsteam pro Person eine unterschiedliche Wetterlage mit unterschiedlichen Niederschlagsmengen. Dieses aufschlussreiche Experiment zum Verständnis einer Strategie habe ich mit anderen Teams wiederholt, und ich habe auch Kollegen gebeten, dies mit ihren Teams durchzuführen. Das Ergebnis war jedes Mal dasselbe: verschiedene Niederschlagsmengen.

Diese Verzerrung in der Wahrnehmung und Weitergabe findet sich auch in einem Kinderspiel bestätigt, das sich »Stille Post« nennt. Hierbei stehen Kinder in einer Reihe nebeneinander. Das erste Kind denkt sich einen Satz aus und flüstert ihn dem nächsten Kind ins Ohr. Dieses flüstert ihn dem nächsten Kind ins Ohr und so weiter. Das letzte Kind in der Reihe spricht nun diesen weitergegebenen Satz laut aus − ebenso dann jenes Kind, welches sich diesen Satz ausgedacht hat. Der Lacherfolg ist garantiert, weil die beiden Sätze immer deutlich voneinander abweichen. Das Ergebnis ändert sich übrigens nicht, wenn Erwachsene sich an diesem Spiel versuchen, weil sie das Gehörte genauso individuell bewerten, umdeuten und verfälscht weitergeben. Wir kennen das, wenn der Nachbar beim Kirschenpflücken von der Leiter gefallen ist und sich den Fuß verstaucht hat. Wenn das von einigen Nachbarinnen wieder an andere Nachbarinnen weitererzählt wird, dann hat der Kirschpflücker recht schnell ein Polytrauma. Ähnliche Phänomene im Zusammenhang mit individuellen Bewertungen kennen wir auch von zumeist männlich besetzten Jäger- oder Fischerstammtischen.

Obwohl die Sprache eines der charakteristischsten Merkmale des Menschseins ist, funktioniert sie nur mangelhaft. Wenn Sie in 1.000 Firmen eine Mitarbeiterbefragung darüber machen, was verbessert werden müsste, finden Sie bei mindestens 950 Unternehmen unter den drei führenden Vorschlägen die Kommunikation. Das ist eine reine Schätzung meinerseits aufgrund meiner Erfahrungen und der vielen Mitarbeiterbefragungen, die mir bisher zur Durchsicht gereicht wurden. Nehmen wir einmal als gegeben hin, dass Kommunikation nur mangelhaft funktioniert. Dann müssen wir ebenfalls zur Kenntnis nehmen, dass dies Folgen hat, speziell dann, wenn jemand seine Interessen, Meinungen oder Überzeugungen durchsetzen will. Er muss die zu starken Niederschlagsmengen überwinden, um für seine Senderwellen den ungestörten Empfang sicherzustellen. Dazu gibt es für die Satellitenschüssel technische Hilfsmittel wie etwa Signalverstärker, die den Empfang verbessern. Übertragen auf die Kommunikation heißt das, jene Hilfsmittel einzusetzen, welche die Beeinflussung anderer Menschen wahrscheinlicher macht. Dazu gehören alle im Kapitel 3 vorgestellten Methoden. Jemanden mit Worten und Argumenten zu überzeugen, ist die von allen am meisten akzeptierte Variante, weil Überzeugen eine offene Art der Kommunikation darstellt. Wie wir aber wegen der unterschiedlichen Wahrnehmungsfilter bereits erahnen, hat diese Methode ihre Grenzen. Eine weitere Variante ist das Überreden – eine ebenfalls begrenzte Methode, weil wir es nicht besonders mögen, wenn uns jemand über den Haufen redet. Und weil diese Methoden ihre Beschränkungen haben, gelangen wir rasch in das Reich der Manipulation und Beeinflussung. In Firmen lockt man mit Incenitves oder Prämien, in der Politik wird mit Ängsten gespielt, mit kleinen Geschenken wird die Freundschaft erhalten und so weiter und so fort. Wenn auch das nicht zum Ziel führt, dann kommen die heftigen Waffengattungen, nämlich die Anwendung von Gewalt, Ausübung von Macht und am Ende die Vernichtung. Dies ist der ewige Kreislauf des einander Nichtverstehens – eigentlich eine düstere oder zumindest unangenehme Vorstellung.

Ganz so dramatisch ist es jedoch zumeist nicht, denn es gibt tatsächlich Zugänge zu anderen Menschen, die funktionieren und unverfälscht sind. Stellen Sie sich einen Japaner vor, der nur japanisch spricht, und einen Italiener, der nur italienisch spricht. Die beiden treffen sich und wollen sich unterhalten. Können sie sich auf irgendeiner Ebene verständigen, obwohl nicht nur die Sprache enorm verschieden ist, sondern auch die begleitende Gestik und Mimik? Denken Sie dabei an Lachen und wie ansteckend es sein kann! Sehen Sie sich die geniale Lachszene im Weinkeller mit Stan Laurel und Oliver Hardy aus dem Film »Die Sittenstrolche« an – Sie werden keine Chance haben, nicht zu lachen. Der Grund dafür sind die bereits erwähnten Spiegelneuronen, die bei der Beobachtung von Handlungen anderer Menschen aktiviert werden und deren Bewegungen auf nervlicher Ebene widerspiegeln. Diese Aktivierung der Spiegelneuronen führt dazu, dass beim Beobachter automatisch die gleichen Handlungen stimuliert werden. Torjubel, Lachen, Gähnen oder Weinen sind durch diese Spiegelneuronen ansteckend. Dieser Mechanismus erlaubt es uns, die Handlungen eines anderen Menschen zu verstehen. Und somit können der Japaner und der Italiener genau über diese Spiegelneuronen eine erste Brücke bauen, indem einer von ihnen zu lächeln beginnt.

Aufgrund dieser Funktionseinheit des Gehirns steht zweifelsfrei fest, dass es hinter der Sprache noch andere Formen der Kommunikation gibt. Und die Formen der Kommunikation über Spiegelneuronen scheinen zuverlässiger und wirksamer zu sein, denn sie lassen uns die Gefühle und Stimmungen anderer Menschen erkennen. In der Neurowissenschaft gelten die Spiegelneuronen zusätzlich als Zentrum der Empathie, also der Bereitschaft und Fähigkeit, sich in die Einstellungen und Emotionen anderer hineinzufühlen. Gleichzeitig und weil es einander funktionell bedingt, sind die Spiegelneuronen auch der Sitz unserer Intuitionen. Im Gegensatz zur Sprache funktionieren die Spiegelneuronen unbewusst, wir können sie nicht ein- und ausschalten oder mit dem Verstand steuern. Die Mimik, Gestik, Körperhaltungen, Stimmungen und Bewegungen der anderen Menschen werden von unserem Gehirn sofort verarbeitet, indem die Spiegelneuronen ein Spiegelbild von dem entstehen lassen, was wir sehen. Dadurch treten wir mit anderen in Resonanz, wir schwingen mit ihren Gefühlen mit und umgekehrt. Egal ob dies ein Lachen, Gähnen, Weinen, Freude, Wut oder sonst eine beobachtbare Regung ist. Allerdings besitzen wir im Laufe des Lebens immer feiner werdende Antennen dafür, ob diese Äußerungen echt sind. Man denke nur zurück an das Kapitel mit den Verkäufern und dem dort erwähnten

Pan-Am-Lächeln, welches uns unsympathisch erscheint, weil wir instinktiv spüren, dass es nicht echt ist. Unser Gehirn vergewissert sich ständig, ob diese Gefühle und Körpersignale auch tatsächlich echt sind.

Diese Aktivitäten der Spiegelneuronen sind der Spielplatz der Verzauberung. Hier entstehen diese unmittelbaren, auf den Augenblick des Erlebten bezogenen Gefühlsregungen. Wir schwingen mit, wenn wir Freude, Glück oder Trauer wahrnehmen. In solchen Situationen gibt es die echten Tränen wie bei der Schlussszene des legendären Films »Love Story«. Der berühmte letzte Satz, den Ryan O'Neil zu Ali McGraw am Sterbebett sagt, nämlich »Liebe bedeutet, niemals um Verzeihung bitten zu müssen« hat den Taschentuchverbrauch bei Millionen von Kinogängern dramatisch in die Höhe steigen lassen. Ebenso berührend ist der Augenblick, in dem das eigene Kind zum ersten Mal zurücklächelt – das ist einer der intensivsten und bewegendsten Momente im Leben. Erinnern Sie sich an die vergangene Fußballweltmeisterschaft und die Bilder nach dem Sieg Frankreichs, als die Kameras die Menschen beim Jubeln auf der Avenue des Champs-Élysées in Paris einfingen? Einander völlig fremde Menschen lagen sich in den Armen, sangen zusammen, tanzten zusammen. Sie waren geeint durch ein Gefühl der Freude. Jeder schwang mit dem anderen mit, für die Spiegelneuronen war das ein Höhepunkt ihrer Existenz: Auch sie wurden an diesem Abend in Frankreich Weltmeister. Genau diese Funktion im Gehirn verhilft uns dazu, einen Zugang zu anderen Menschen zu finden – einen Zugang, der echt, unverfälscht und wahrhaftig ist. Für die gesamte Menschheit bedeutet dies bei weitem mehr als die vielen Worte.

Für das menschliche Miteinander sind die Spiegelneuronen unentbehrlich, denn ohne sie würde das Zusammenleben nicht funktionieren. Da ihre Existenz dazu führt, dass gewisse Handlungsmuster und Gefühle abgespeichert werden, können wir diese immer besser deuten und auch vorausschauend agieren. Dadurch können wir Situationen richtig einordnen und angemessene Handlungen ausführen. Je mehr Erfahrungen wir im Leben sammeln, also je entwickelter unser System der Spiegelneuronen ist, umso »menschlicher« im positiven Sinne sind wir als Menschen, umso einfühlsamer, umso verständnisvoller – allerdings wieder abhängig davon, in welcher Umgebung wir aufgewachsen sind. Die Ausbildung der Spiegelneuronen ist bis zum Ende des vierten Lebensjahres abgeschlossen, aber im Gegensatz zu den Prägungen können Spiegelneuronen durch neue Erfahrungen immer wieder zu neuem Verhalten angeregt werden.

Mit den Spiegelneuronen wird auch der berühmte Satz des Kommunikationswissenschaftlers Paul Watzlawick »Man kann nicht nicht kommunizieren« verständlicher: Egal, wie ich mich verhalte, ich sage damit immer etwas aus. Auch wenn ich in Gegenwart anderer Menschen nur starr und bewegungslos dasitze, dann sagt das zumindest aus, dass ich nicht aktiv bin. Gähne ich in einer geselligen Runde am Abend, dann wird bald ein anderer in der Runde gähnen. Die Spiegelneuronen haben ihre Antennen ausgefahren, sie registrieren das Gähnen sofort und verleiten zum Gähnen. Versuchen Sie einmal, auf der Straße Ihnen völlig fremde Menschen anzulächeln! Sie werden erstaunt sein, wie viele neue Bekanntschaften Sie machen. Die vielen Theorien zur Entschlüsselung der Körpersprache beruhen zu einem erheblichen Teil auf der Funktion der Spiegelneuronen – ebenso die Pantomime. Unser Verstand schafft es zwar bedingt, entstehende Emotionen zu blockieren, aber er schafft es nicht, die Gefühle der Mitmenschen nicht wahrzunehmen. Auch können stärkere Emotionen in uns – wie etwa Trauer – wahrgenommene Gefühle überlagern. Der Vollständigkeit halber sei hier erwähnt, dass Emotionen sogenannte Urinstinke wie etwa Wut, Ärger, Freude, Überraschung, Trauer oder Ekel sind, welche unbewusst entstehen und nicht unterdrückt werden können. Sie entstehen als eine körperliche Reaktion auf einen äußeren Reiz. Gefühle sind das, was von diesen Emotionen in unser Bewusstsein gelangt und dort wahrgenommen wird. Wenn wir zornig sind, weil uns jemand gerade den letzten Parkplatz weggeschnappt hat, fällt es uns zumeist etwas schwerer, zurückzulächeln, wenn uns der Parkplatzdieb anlächelt.

Die beiden Systeme – Sprache und Spiegelneuronen – arbeiten nicht unabhängig voneinander, sondern sind miteinander verwoben. Der Verstand überprüft Situationen und Verhalten kritisch, analysiert und bewertet. Danach werden Entscheidungen getroffen, aber ob dabei nun der Verstand oder die Emotion die Oberhand behält, das ist nicht geklärt und Gegenstand vieler Forschungen. Vor der Entdeckung der Spiegelneuronen war es für die Wissenschaftler und vor allem auch Philosophen jahrtausendelang der Verstand, der die Entscheidungen traf. Diese Theorie ist aber gehörig ins Wanken geraten.

Wenn wir nun zur eingangs gestellten Behauptung zurückkehren, nämlich dass sich Menschen nicht verstehen können, so ist unschwer zu erkennen, dass diese Behauptung nur teilweise stimmt. Wir haben im Wesentlichen zwei Kommunikationssysteme: Einerseits die Sprache und andererseits die durch Spiegelneuronen verursachten Verhaltensweisen. Für die Sprache trifft die Eingangsbehauptung eher zu, für die Spiegelneuronen eher nicht.

Das größte Problem in der Kommunikation ist, dass wir oft nicht zuhören, um den anderen zu verstehen, sondern um zu antworten. Möglicherweise verschlimmern sich diese Verständigungsprobleme in naher Zukunft

162

noch, denn heute acht- bis zehnjährige Kinder verbringen dreimal so viel Zeit in sozialen Netzwerken wie sie mit realen Personen interagieren. Die Spiegelneuronen werden dadurch nicht in der richtigen Weise stimuliert. Einige Sozialwissenschaftler behaupten sogar, dass unsere Fähigkeiten, als soziale Wesen zu agieren, abnehmen werden. Zusammengefasst bleibt die Kommunikation eine fragile Angelegenheit, die in einigen Interaktionen Beeinflussung und Manipulation geradezu heraufbeschwört.

**IHR DESTILLAT:**
Menschen können nur schlecht miteinander kommunizieren. Sie verstehen einander nicht, weil jeder seine eignen individuellen Wahrnehmungsfilter hat. Trotzdem sind Zugänge zu anderen Menschen über die Spiegelneuronen wahrhaftig und unverfälscht möglich.

## 4.3 DAS SCHLECHTE GEWISSEN

*»Wer sich aber zum Wurm macht,*
*kann nachher nicht klagen,*
*dass er mit Füßen getreten wird.«*
Immanuel Kant

Bei einer Generalaudienz am Petersplatz in Rom am 10. Oktober 2018 verglich Papst Franziskus die Abtreibung mit einem Auftragsmord. Er stellte vor den versammelten Gläubigen die Frage »Ist es richtig, ein menschliches Leben zu beseitigen, um ein Problem zu lösen?« und weiter »Ist es richtig, einen Auftragsmörder anzuheuern, um ein Problem zu lösen?« Dann zog er folgende Schlussfolgerung: »Einen Menschen zu beseitigen ist wie die Inanspruchnahme eines Auftragsmörders, um ein Problem zu lösen.« Des Weiteren führte er aus, dass dies auch gelte, wenn die Eltern die Diagnose bekämen, ihr Kind werde mit einer schweren Behinderung geboren werden. Die Predigt, anlässlich derer der Papst diese Aussagen tätigte, hatte vor allem das fünfte Gebot »Du sollst nicht töten« zum Inhalt.

Wie fühlen sich nun alle jene Frauen, die bereits abgetrieben haben und diese Botschaft lesen? Und wie fühlen sich nun alle ungewollt schwangeren Frauen, die gerade eine Abtreibung erwägen? Sie werden von einer weltweit anerkannten moralischen Instanz öffentlich der Anstiftung zum Mord beschuldigt. Immerhin wird im deutschen Strafrecht nach § 25, § 26 und § 211 des Strafgesetzbuches der Auftrag zum Mord genauso bestraft wie der Mord an sich, welcher das schwerste Delikt im Strafgesetz darstellt. Und jeder Mensch weiß obendrein auch schon rein gefühlsmäßig, dass ein Mord das schwerste Verbrechen ist, das ein Mensch begehen kann.

Mir geht es in dieser Abhandlung weder um die moralischen oder ethischen Aspekte der Abtreibung noch um die vielen Pro- und Contra-Argumente, sondern um den Mechanismus der Einflussnahme durch die Bemühung des schlechten Gewissens. Unsere Wertehierarchien hängen, wie wir bereits gesehen haben, zu einem nicht unbeträchtlichen Teil davon ab, in welchem Umfeld wir aufgewachsen sind. Im »Du sollst nicht töten«-Dogma der katholischen Kirche ist die Argumentation gegen die Abtreibung einerseits von banaler Schlichtheit und andererseits von diffiziler psychischer Grausamkeit. Beginnend mit der Anmaßung, definieren zu können, was menschliches Leben sei, berührt diese Aussage von einer moralischen Instanz kommend die Betroffenen mit einer furchtbaren Intensität. Die stark negative Bewertung des Verhaltens – in den gegenständlichen Ausführungen eben die Abtreibung – führt zu Schuldgefühlen sich selbst gegenüber. Da die Ursache für diese eingeredeten Schuldgefühle nicht mehr rückgängig gemacht werden kann, beginnen die Betroffenen in einem scheinbaren Dilemma an einem schlechten Gewissen zu leiden bis hin zu dem möglichen fatalen Resultat einer Selbsttötung.

Gerade anhand der Abtreibung kann man die Auswirkungen des schlechten Gewissens erschreckend eindrucksvoll darstellen. In der finnischen Bevölkerung wurde eine 13 Jahre dauernde Studie durchgeführt, in der Frauen, die nicht schwanger waren, mit Frauen verglichen wurden, die abgetrieben hatten. Die Todesrate durch Selbsttötung, Unfälle und Mord war bei diesen Frauen um 248 Prozent höher als bei den Nichtschwangeren. Hauptsächlich war dieser große Unterschied auf Suizid zurückzuführen. Die Rate diesbezüglich ist bei Frauen, die abgetrieben haben, sechsmal höher als bei Frauen, die ein Kind zur Welt gebracht haben – und immerhin doppelt so hoch wie bei Frauen, die eine Fehlgeburt hatten. Diese Daten wurden im »European Journal of Public Health« publiziert, und zwar von Finnlands »National Research and Development Center for Welfare and Health«. In dieser Erhebung wurden alle Todesfälle von 1987 bis 2000 in Finnland bei Frauen im gebärfähigen Alter von 15 bis 49 Jahren ausgewertet. Unabhängig von diesen Daten gibt es noch die Fälle von PAS, dem sogenannten »Post Abortion Syndrom«, unter welchem gut 80 Prozent der Frauen, die abgetrieben haben, leiden. Die Symptome sind Depressionen, Angstzustände, Essstörungen, Migräne, Schlafstörungen, selbstzerstörerische Tendenzen, Alkohol- und Drogenmissbrauch, Unterleibsbeschwerden, Störungen im Sexualleben, Magen-Darm-Probleme. All das sind Folgen des schlechten Gewissens, was den ungeheuren Einfluss bestätigt, den ein solches auf uns hat. Zweifellos sind es aber nicht nur diese tragischen körperlichen und seelischen Folgen, sondern es ist auch eine Form der Machtausübung und Beeinflussung durch eine anerkannte moralische Instanz, welche die Wirkung noch steigert. Da wir immer bestrebt sind, unser schlechtes Gewissen loszuwerden, ist es so außerordentlich einflussreich auf uns. In den Ursprüngen der Menschheit war es überlebenswichtig, zu einer Gruppe dazuzugehören. Damit verbunden war ein Verhalten, das der Gruppe konform war, also etwas, das damals eine Gruppe zusammenschweißte. Auch heute gilt das noch, denn Hygiene, Regeln, gutes Benehmen, Höflichkeit und dergleichen Normen führen dazu, dass unsere Mitmenschen uns und wir unseren Mitmenschen genießbarer und erträglicher werden. Mängel, die ein funktionierendes Miteinander erschweren, werden vermieden, beseitigt oder abgeschwächt. Sich nicht an diese Normen zu halten und dafür zumindest getadelt, bestraft oder gar ausgestoßen zu werden, war und ist unangenehm bis lebensgefährlich. Deshalb versuchen wir es zu vermeiden. Dieser Ursprung des schlechten Gewissens hat somit durchaus eine notwendige und wichtige Funktion im sozialen Miteinander, und diese ist bis heute gültig.

Ein schlechtes Gewissen zu haben ist auch nichts Besonderes oder gar Abnormales, sondern ein ständiger Wegbegleiter in unserem Leben. Ein Glas Wein zu viel, das eine oder andere zusätzliche Kilo an der Hüfte nach den Weihnachtsfeiertagen, die kaum vermeidbare Notlüge, um sich einen Vorteil zu verschaffen – wir haben alle unsere kleinen Fehler, begehen diese winzigen oder auch größeren Sünden. Unzulänglichkeiten zu haben ist ein Teil des Menschseins. Was soll's, möchte man meinen. Aber so sind wir eben nicht gestrickt. Die Dissonanz, die durch das schlechte Gewissen in uns ausgelöst wird, mögen wir nicht. Unser ideales Selbstbild wird durcheinandergerüttelt – und das wollen wir wieder geraderücken. Der Konflikt zwischen unserem idealen Selbstbild und unserem tatsächlichen Verhalten muss beigelegt werden. Wir haben dazu verschiedene Möglichkeiten, indem wir unsere Fehler verdrängen, leugnen, schönreden, oder auch indem wir andere Menschen mit ihren Fehlern umso strenger beurteilen oder gar verurteilen. Gerade weil wir mit schlechtem Gewissen nicht leben wollen, hat es eben diese Macht über uns. Wer von uns hatte nicht schon irgendeinen guten Neujahrsvorsatz, etwa mit dem Rauchen aufzuhören, fünf Kilo abzunehmen, mehr Zeit mit der Familie zu verbringen und dergleichen mehr? Diese Vorsätze sind alle dem schlechten Gewissen geschuldet. Die Werbung nutzt das reichlich aus, um uns in unserem Konsumverhalten zu beeinflussen. Das kann sich positiv auswirken, indem wir zu gesünderen Lebensmitteln greifen, mehr Sport betreiben, nachdem wir uns die neuen Laufschuhe gekauft haben, uns für den Schutz der Schildkröten engagieren oder die Verwendung von Plastik vermeiden. Aber wir kennen auch alle die schwindende Macht des schlechten Gewissens, wenn es uns gelungen ist, etwas schönzureden und der neue Hometrainer verstaubt in einer Ecke und irgendwann als günstiges Angebot auf *Ebay* landet. Die Schattenseite des schlechten Gewissens sind beispielsweise Magersucht und Bulimie. Die photoshopbearbeiteten überschlanken Schönheiten in der Werbung haben das schlechte Gewissen chronisch und damit zur Krankheit werden lassen. Wer das schlechte Gewissen in anderen Menschen zu kitzeln versteht, der hat eine ungeheure Macht zur Beeinflussung in Händen.

Für uns alle ist immens schwer, diesen Fallen, welche uns das schlechte Gewissen stellen kann, zu entkommen. Möglich ist es, aber dazu müssen wir begreifen, dass wir alle unsere Unzulänglichkeiten sowie kleinere und größere Schwächen haben. Wenn wir anerkennen, dass dieses »nobody's perfect« auf uns alle zutrifft, schwindet der Einfluss des schlechten Gewissens. Mit diesen Annahmen schaffen wir es sogar, eine positive Wendung herbeizuführen, indem wir erkennen, dass das schlechte Gewissen auch ein Wegweiser sein kann. Und wenn wir uns nicht beeinflussen lassen wollen, dann betrachten wir das schlechte Gewissen als unseren inneren Richter, der ausschließlich milde Urteile und manchmal auch Freisprüche fällt.

**IHR DESTILLAT:**

Das schlechte Gewissen ist eine für ein funktionierendes Miteinander notwendige Instanz. Da wir uns aber unbehaglich damit fühlen, wollen wir es nicht. Das macht uns beeinflussbar und kann bisweilen gefährdende Dimensionen annehmen. Eine Überwindung ist allerdings möglich, wenn wir darin einen positiven Wegweiser sehen.

## 4.4 SPIEGLEIN, SPIEGLEIN AN DER WAND ...

*»Man kann leicht am Leid des Freundes*
*teilnehmen. Viel schwerer fällt es,*
*an seinen Erfolgen Freude zu haben.«*
Oscar Wilde

Wenn sich Frauen zwischen Brustmuskel und Fettgewebe ein mehr oder weniger voluminöses, mit Kochsalz oder Gel gefülltes Pölsterchen aus Silikon einpflanzen lassen, dann ist bei den Betroffenen häufig der Neid vorstellig geworden. 15.000 bis 20.000 solcher Operationen pro Jahr in Deutschland haben bei weitem nicht nur medizinische Gründe. Gleich der bösen Königin, die sich ständig mit dem jüngeren Schneewittchen vergleicht, diesem Vergleich vornehmlich altersbedingt nicht standhält und somit dem tausendmal schöneren Schneewittchen nach dem Leben trachtet, wird heute der plastische Chirurg anstatt des Spiegleins zu Rate gezogen. Neid hat als ein unangenehm bis schmerzhaft erlebter Mangel eine beträchtliche Dimension. Zumeist entsteht Neid dadurch, dass wir uns vergleichen, also auf eine gewählte Perspektive hin agieren. Dieses Vergleichen ist nichts Ungewöhnliches, daher haben wir wahrscheinlich alle bereits Neid empfunden. Vergleichen wir uns allerdings mit ausufernder Häufigkeit, leben wir dadurch in einem permanenten Mangelzustand und werden durch diesen Mangelzustand heftig beeinflusst oder gar krank, denn Neid kann zu Selbsthass und Selbstverachtung führen. Der Neider ist nie völlig bei sich selbst, sondern immer auf den anderen gerichtet, und dort sieht er, was er selbst gerne haben möchte oder wie er gerne wäre.

Andere wiederum spornt das Vergleichen mit anderen zu Höchstleistungen an: Der Neid ist ein starker innerer Antrieb, der Ehrgeiz entstehen lässt, um den Beneideten zu überholen, zu überbieten, zu übertreffen. Aber auch wenn Neid auf diese eher positive Route abbiegt, so hat er dennoch großen Einfluss auf die betreffende Person.

Speziell die Wirtschaft freut sich, dass es das Gefühl des Beneidens gibt, denn es kurbelt den Konsum an. Das größere Auto vor der Tür, das neueste Smartphone-Modell, die makellose Figur, der Traumurlaub in der Karibik – alle diese Begehrlichkeiten, ausgelöst durch Vergleiche, füllen die Kaufhäuser, Reisebüros, Fitnessstudios und Wartesäle der Schönheitschirurgen. Man möchte haben, was der andere hat oder noch mehr, und die Kreditkarten glühen in den Schlitzen der elektronischen Bezahlkonsolen. Die Werbung spielt auch mit dem Vergleich: Slogans wie »Ihre Freundin wird sie beneiden« zielen eindeutig auf das Verursachen von Neid ab. Die permanente Vergegenwärtigung von Illusionen in den sozialen Netzwerken stacheln das Beneiden ebenfalls an. Influencer haben ganze Heerschaaren an Neidern, nur werden sie da »Follower« genannt, und diese konsumieren, was die Influencer subtil vermitteln.

In der katholischen Kirche gehört der Neid sogar zu den sogenannten sieben Todsünden, dereinst vor 1.500 Jahren von Papst Gregor I., auch »Gregor der Große« genannt, eingeführt. Der amerikanische Kurzgeschichtenautor Joseph Epstein schrieb 2003 in seinem Essay »Neid. Die böseste Todsünde« folgenden treffenden Kommentar: »Neid ist die einzige Todsünde, die keinen Spaß macht.« Alle anderen Todsünden haben ihre Ursache in irgendeinem menschlichen Bedürfnis oder einem Genuss, speziell die Wollust und die Völlerei. Der Neid hat keine positiven Beigeräusche oder biologischen Ursprünge, er ist ein mehr oder weniger heftig erlebter Mangelzustand.

Dr. Rolf Haubl, Professor für Soziologie und Sozialpsychologie an der Goethe-Universität Frankfurt, hat in einer Befragung von 2 500 Männern und Frauen herausgefunden, dass Neid eine geschlechtsspezifische Komponente hat. Während Frauen eher traurig sind, wenn sie etwas, das sie haben wollen, in den Händen anderer sehen, reagieren Männer darauf eher mit Ärger oder Wut. Damit hat der Neid bei Männern ein höheres Vernichtungspotential gegen andere, bei Frauen richtet sich das Gefühl häufiger gegen sich selbst. Ein Blick auf den Teller des Gastes am Nachbartisch lässt uns daran zweifeln, ob wir wirklich mit unserem Menü die beste Wahl getroffen haben – die Frau schaut enttäuscht auf ihren nun als kümmerlich wahrgenommenen Spargel, der Mann kaut mit wenig entspannter Miene zorneskräftig an seinem nun etwas zäher schmeckenden Zwiebelrostbraten.

Friedrich Nietzsche bezeichnete den Neid als »Schamteile der menschlichen Seele«, wobei sich diese Schamteile kaum abgrenzen lassen von dem Neid recht verwandten Gefühlen, die uns in ähnlicher Weise beeinflussen. Das Gefühl der Ungerechtigkeit etwa kommt dem Neid besonders nahe, speziell wenn jemand etwas bekommt, von dem wir glauben, dass es uns zusteht, etwa eine Beförderung. Wir gönnen sie dem Beförderten nicht, wir wollen die Beförderung selber bekommen. Rivalität ist dem ebenfalls ähnlich und kann überdies zerstörerisch wirken, wenn wir jemanden schlechtmachen, weil er als Konkurrent auftritt oder uns gegenüber bereits einen Vorsprung hat. Ganz nahe steht dem Neid auch das Minderwertigkeitsgefühl – beiden liegt das Vergleichen zugrunde, aber beim Minderwertigkeitsgefühl ist die Akzeptanz der stattgehabten Unterlegenheit höher. Eifersucht unterscheidet sich von Neid nur darin, dass sich dieses Gefühl auf etwas bezieht, was wir schon haben, das wir aber zu verlieren fürchten. Beim Neid hingegen richten sich die Gefühle auf etwas, das wir noch nicht haben. Wie wir vielen Medienberichten fast täglich entnehmen können, kann Eifersucht zudem in Besessenheit ausarten und ungeheure zerstörerische Impulse hervorrufen. Mord aus Eifersucht ist nicht nur ein klassisches Romanmotiv, sondern bittere Realität. Neid und dessen nahe Verwandte können neben Mord aus Eifersucht viele negative Reaktionen hervorrufen, welche vermeintlich dazu beitragen, diese Gefühle erträglicher erscheinen zu lassen. Wenn dem Beneideten etwas Negatives widerfährt, meldet sich die Schadenfreude. Widerfährt ihm nichts Böses, dann sinnen wir auf Rache oder bestrafen ihn mit Verachtung. Steigern sich diese negativen Gefühle noch weiter, dann wird aus Neid irgendwann Hass. All diese negativen Gefühle werden in uns umso stärker hervorgerufen, je ähnlicher wir uns dem Beneideten einschätzen.

Eine häufige Reaktion, um mit Neidgefühlen fertigzuwerden, zeigt sich darin, dass wir genau das, worum wir den anderen beneiden, übertrieben stark ablehnen, indem wir etwa sagen oder denken: »Ich möchte niemals so reich sein wie der, denn da müsste ich ständig Angst haben, dass meine Kinder entführt werden.« Obwohl Neid als unerwünschtes Verhalten selten bis gar nie offen eingestanden oder zugegeben wird, suchen sich Neider gerne Verbündete. Um nicht als Neider entlarvt zu werden, versuchen sie mit möglichst subtilen Methoden bei den potenziellen Verbündeten zu punkten. Eine beim Chef besonders geschätzte Mitarbeiterin wird dann schnell bei der zufällig an der Kaffeemaschine vorbeikommenden Kollegin als eine, die sich »einschleimt« beschrieben. Die mutmaßlich effizienteste Methode, Neid loszuwerden, wäre die Tötung des Beneideten. Doch das geschieht beruhigenderweise recht selten. Häufiger sehen wir da schon die Versuche, den Ruf des Betreffenden zu vernichten – Mobbing kann seine Ursachen durchaus im Neid haben.

Die konstruktive Überwindung des Neides kann eine große Bereicherung für unser Leben sein, denn sie geht einher mit der Bewusstmachung der eigenen Qualitäten und diese Bewusstmachung stärkt das Selbstwertgefühl. Damit müssen wir nicht Weltmeister im Slalom werden, können uns aber trotzdem daran erfreuen, dass wir Skilaufen erlernt haben. Die Perspektive muss verschoben werden, indem wir den Blick mehr auf uns selbst als auf das Außenherum richten. Damit kehren wir wieder mehr zu uns selber zurück und lernen allmählich, uns nicht nur auszuhalten, sondern uns selbst zu genießen. Dafür müssen wir zwar Energie aufwenden und uns anstrengen, aber im Zustand des Neides zu verharren raubt uns bei weitem mehr Energie. Ebenso kann eine Überwindung des Neides gelingen, wenn wir den Neid in Bewunderung umwandeln und einfach akzeptieren, dass es Unterschiede gibt, oder uns mit dem Beneideten mitfreuen. So können wir Neidgefühle durch diese Form der Wertschätzung verblassen lassen oder sogar in Gegenteil kehren. Wir können also der Beeinflussung durch Neid eine positive Wendung geben, auch wenn dies ob der Stärke dieses Impulses nicht immer gelingen wird – aber womöglich immer öfter.

**IHR DESTILLAT:**

Neid ist ein sozial unerwünschtes Verhalten, welches dadurch entsteht, dass wir uns mit jemandem vergleichen. Wenn wir unsere Perspektive auf das Außen richten, werden wir durch das, was wir nicht haben, beeinflussbar. Daher müssen wir diese Perspektive verschieben – auf uns selber hin und darauf, was wir haben und können, um Neid zu überwinden.

## 4.4 SPIEGLEIN, SPIEGLEIN AN DER WAND ...

*»Wer Dornen säht, darf nicht erwarten,*
*Rosen zu ernten.«*
Aus Bolivien

Der römische Dichter Ovid, ein reichlich sprachbegabter Bursche, der mich immerhin noch 2.000 Jahre nach seinem Tod im Lateinunterricht auf das Heftigste herausgefordert hat, schrieb die Geschichte vom Bildhauer Pygmalion. Dieser erschuf eine Elfenbeinstatue, welche ohne dass er es beabsichtigt hätte, wie eine wunderschöne Frau aus Fleisch und Blut aussah. Vor Einsamkeit zerfließend verliebte er sich in diese Statue und wünschte sich sehnlichst, es möge ihm eine Frau fürs Leben begegnen, die so aussähe wie seine Statue. Sogar Venus, die Göttin der Liebe, flehte er an. Bei diversen Liebkosungen, welche Pygmalion an seiner Statue vollzog, wurde diese plötzlich lebendig. Die intensiv fortgeführten Zärtlichkeiten kumulierten schließlich sogar in der Geburt des gemeinsamen Kindes Paphos. Diese Geschichte inspirierte George Bernard Shaw zu seinem Theaterstück »Pygmalion«, welches 1913 in Wien uraufgeführt wurde. Selbiges wiederum diente als Grundlage für das 1956 erstmals am Broadway aufgeführte Musical »My Fair Lady« von Alan Jay Lerner, einem US-amerikanischen, oscargekrönten Liedtexter. Beide, das Theaterstück und das Musical, zeigen eindrücklich, was Erwartungen aus Menschen machen können.

Für unsere Betrachtungen sind die Psychologen Robert Rosenthal und Lenore F. Jacobson wegen des nach ihnen benannten Pygmalion-Effekts allerdings noch relevanter. Dieser bezieht sich auch mehr auf das Theaterstück »Pygmalion« als auf Ovids Bildhauer. Im Stück wird

Ovids Elfenbeinstatue durch das Blumenmädchen Eliza Doolittle ersetzt, der Bildhauer erscheint als der Sprachwissenschaftler Professor Henry Higgins auf der Bühne. Dieser wettet, dass er aus dem armen Blumenmädchen eine Herzogin machen könne, indem er es darin unterrichtet, zu sprechen wie jemand aus der feinen englischen Gesellschaft. Und siehe da, es gelingt: Eliza Doolittle erfüllt die Erwartungen, weil Professor Higgins davon überzeugt ist, dass sie es schaffen wird.

Die US-amerikanischen Psychologen Robert Rosenthal und Lenore F. Jacobson machten 1965 ein Experiment mit Schülern, in dem sie ebenfalls mit Erwartungshaltungen operierten. Sie täuschten Grundschullehrern vor, IQTests hätten ergeben, dass 20 Prozent der Schüler kurz vor einem enormen Leistungsschub stünden. Sie nannten den Lehrern völlig nach Zufall ausgewählt Namen von Schulkindern. Bei einer neuerlichen Testung des IQs acht Monate später konnten Rosenthal und Jacobson feststellen, dass fast die Hälfte der zufällig nominierten Schulkinder ihren IQ tatsächlich um 20 Punkte, ein Fünftel sogar um 30 Punkte gesteigert hatte. Der Grund für diese Steigerung wird darin gesehen, dass sich die Erwartungen der Lehrer gegenüber den betreffenden Schülern geändert hatten: Sie hatten sich mehr um diese Schüler bemüht, ihnen öfter positives Feedback gegeben und waren geduldiger mit ihnen gewesen. Weitere Studien konnten diese Ergebnisse bestätigen. Die wesentliche Aussage lautet, dass das, was wir von anderen oder von uns selbst erwarten, sich allmählich bewahrheitet, weil wir unser Verhalten danach ausrichten.

Dieser Pygmalion-Effekt fällt in die Kategorie der sich selbst erfüllenden Prophezeiungen, welche den Zusammenhang zwischen Einstellungen, Erwartungen und dem daraus resultierenden Verhalten beschreiben. Der amerikanische Soziologe Robert K. Merton beschrieb diesen Effekt 1948 ausführlich, nachdem der österreichische Nationalökonom und Austromarxist Otto Neurath schon 1911 diesen Begriff für wirtschaftlichen Zusammenhänge verwendet hatte. Merton bezieht sich in seinen Ausführungen vor allem auf das Thomas-Theorem der amerikanischen Soziologen Dorothy Swaine Thomas und William Isaac Thomas, welches wie folgt lautet: »Wenn die Menschen Situationen als wirklich definieren, sind sie in ihren Konsequenzen wirklich.« In ihrem 1928 erschienen Buch »The Methodology of Behavior Study« beschreiben sie dieses Phänomen anhand von paranoidem Verhalten. Diese Einschätzungen und Prognosen über die Zukunft, welche zu Erwartungen verdichtet werden, können mitunter starke Effekte hervorrufen. Forscher der Universität Rochester im US-Bundesstaat New York haben einen signifikanten Zusammenhang zwischen Erwartungen und Herzinfarkten entdeckt: Männer, die glaubten, ein geringes Risiko für Herzinfarkte zu haben, hatten dreimal weniger häufig Herzinfarkte als die durchschnittliche Quote an Herzinfarkten – und das unabhängig von den Risikofaktoren.

Erwartungen haben einen starken Einfluss auf das, was wir bekommen, weil sie zu einmal mehr und einmal weniger präzisen Zielvorstellungen heranreifen. Diese Vorwegnahme von Ereignissen in der Zukunft beeinflusst unser Denken und Handeln. Als zweite Seite derselben Münze in Bezug auf selbsterfüllende Prophezeiungen gibt es mit demselben Mechanismus naturgemäß die sich selbstzerstörenden Prophezeiungen, die zu Handlungen führen, durch welche Prophezeiungen erst recht nicht erfüllt werden. Die Prophezeiung killt sich in diesen Fällen sozusagen selbst. Ein typisches paradoxes Beispiel sind Vorhersagen, die dann gerade deswegen nicht erfüllt werden, weil ihr Inhalt oder Ergebnis vorweggenommen wurde: Wenn zum Beispiel eine Partei ihren Wahlsieg schon vor der Wahl lautstark bejubelt, kann es sein, dass die Wähler fernbleiben, da der Sieg auch ohne ihre Stimme sicher scheint – und die Wahl wird dann eben nicht gewonnen. Die Erwartung wird genau deshalb nicht erfüllt, weil sie vorhergesagt wurde.

Horoskope sind eine recht beliebte Spielwiese für die Kenner der sich selbst erfüllenden Prophezeiungen. Vor vielen Jahren habe ich diese hochgeistigen Weissagungen immer am Morgen beim Frühstück in einer populären Tageszeitung gelesen. Nach dem Frühstück und der überstandenen Logistik der Körperpflege, des Anziehens und des Jausenbroteschmierens ist es mir eine Freude gewesen, unsere drei Kinder mit dem Auto zumeist mit unübersehbarer Hast in die nahegelegene Volksschule zu bringen. Eines Morgens hat die Polizei in korrekter uniformierter Aufmachung vor der Volksschule Aufstellung genommen und sinnbildenderweise kontrolliert, ob alle Kinder vorschriftsmäßig dem Sicherheitsgurt anvertraut worden waren. Meine Kinder waren einer unverzeihlichen Nachlässigkeit zufolge nicht dergestalt fixiert, und das hat eine erhebliche Summe an Strafgeld zur Folge gehabt – neben der demütigenden Peinlichkeit, vor den Kindern abgestraft zu werden. Tatsächlich hätte ich dieses Ereignis voraussehen können, denn in meinem Horoskop war zu lesen gewesen, dass ich mit Schwierigkeiten im Straßenverkehr zu rechnen habe. Der leichtgläubige Charakter würde bei so einem Geschehnis nun für alle Zeit schlussfolgern, dass Horoskope eine unbestreitbare Realität ankündigen. Mir ist damals allerdings umgehend und unmittelbar klar geworden, dass diese Polizisten ihren Dienst dort mit und ohne Horoskop verrichtet hätten. Aber ich habe ab diesem Tag aufgehört, Horoskope zu lesen und achte seither sorgsam darauf, dass meine Kinder angegurtet sind. Hätte ich diesen zufällig auftretenden Zusammenhang als eine Realität interpretiert, dann hätte sich der Einfluss der Horoskope auf meine täglichen Erwartungen schnell chronifiziert: Jeden Morgen, wenn ich gelesen hätte, dass unerwartetes Liebesglück vor der Tür stünde, hätte meine Frau sich Sorgen machen müssen. Und umgekehrt ebenso, denn meine Frau hat dasselbe Sternzeichen wie ich (sie hatte übrigens an diesem geschilderten Tag keine Probleme im Straßenverkehr, und es wurden auch andere Eltern mit anderen Sternzeichen abgestraft).

Was ich mit der horoskopischen Bemerkung anfangen soll, dass es um meine Gesundheit bestens bestellt wäre, während ich ob der hinterfotzigen Attacken eines Darmvirus beinahe den gesamten Tag auf der Toilette zubringe, weiß ich nicht. Vielleicht würde ein solches Horoskop so zu deuten sein, dass dies eine von den diversen Sternenkonstellationen vorgesehen Entschlackungskur sei. Einerlei, durch die sich selbst erfüllenden Prophezeiungen scheinen bei vielen Menschen die Horoskope zu stimmen, denn sie verursachen Erwartungen, welche deren Verhalten so beeinflussen, dass die Prophezeiungen aus den Horoskopen wahr werden. Und damit werden wiederum die Horoskope wahrer. Tatsächlich ist das ein perfider Kreislauf, der diesen sich selbst erfüllenden Prophezeiungen geschuldet ist. Hinzugefügt sei noch, dass es einen eigenen Berufstand gibt, die sogenannten Content Writer, welche einfach irgendwelche Texte schreiben – und wenn eine Zeitung diese Ergüsse abdruckt, bekommen sie ein Zeilenhonorar. Häufig sind diese Schreiber Studenten, die mit Astrologie überhaupt nichts am Hut haben, aber damit ihr Budget aufbessern. Sie arbeiten mit den »Barnum-Aussagen«, benannt nach dem US-amerikanischen Zirkusdirektor und Politiker Phineas Taylor Barnum, der im 19. Jahrhundert vor allem mit seinem Kuriositätenzirkus recht erfolgreich war. In diesen Aussagen werden vor allem Eigenschaften hervorgehoben, welche alle Menschen gerne haben würden, und diese werden dann passend für einen selbst interpretiert. So werden etwa die wenigsten den Satz »Sie wollen Erfolg haben« verneinen – egal wie viel sie bereit sind, dafür zu tun.

In enger Blutsverwandtschaft mit den Horoskopen stehen die allermeisten Persönlichkeitstests. Im Laufe meines Berufslebens habe ich einige davon über mich ergehen lassen, und ich war immer wieder verwundert darüber, wie ernst die Ergebnisse in den diversen Unternehmen genommen wurden. Der letzte Test, den ich absolvierte, hieß »Insight Discovery«. Im Unternehmen war dieser Test allgemeines Kulturgut, denn man sprach über die Mitarbeiterinnen in den vier Testkategorien. Da diese Testkategorien in Farben ausgedrückt wurden, waren die Mitarbeiter in einem bunten Charakterkaleidoskop schubladisiert. Der Parteienlandschaft nicht unähnlich sprach man von Grünen, Roten, Blauen und Gelben. Mein Profil zeigte bezogen auf die jeweilige Farbe 11 Prozent Ausprägung bei Blau, 40 Prozent bei Grün, 92 Prozent bei Gelb und 83 Prozent bei Rot in meiner aktiven Selbstwahrnehmung; mein weniger bewusstes Verhalten hatte die Ausprägungen 8 Prozent Blau, 17 Prozent Grün, 89 Prozent Gelb, 60 Prozent Rot. Damit war ich ein sogenannter motivierender Inspirator. Die Bedeutung der Farben lauten für Blau »Koordinator, Beobachter, Analytiker «, für Rot »Reformer, Initiator, Antreiber«, für Gelb »Motivator, Inspirator, Kreativer« und für Grün »Berater, Unterstützer, Seelsorger«. Abgesehen davon, dass dieses Ergebnis in einigen Bereichen falsch ist und sich kurioserweise sogar in dem 22-seitigen Gutachten mehrmals selbst widerspricht, hatte dieser Test in meinem Berufsalltag skurrile Auswirkungen. Die Schublade an Erwartungen von mir an mich selber und von anderen an mich war geöffnet. Hatte ich einmal kein Interesse an bestimmten Daten, dann hörte ich recht schnell, dass dies ohnehin logisch sei − meine Blau-Ausprägung sei eben auffallend niedrig: Man erwartet von Menschen mit einem geringen Blau-Anteil, dass sie sich dafür nicht interessieren. Hatte ich neue, durchaus ungewöhnliche Ideen für ein Projekt, dann konnte dies leicht hinterfragt werden, indem ein Vorgesetzter sagte, ich sei »viel zu gelb«. Jede dieser durch den Persönlichkeitstest erzeugten Schubladen führte genau in diese Schubladen, durch den Test erzeugte Erwartungen verursachten hartnäckige Abstempeleien bei allen Mitarbeitern. Obendrein ist es doch etwas fragwürdig, dass genau dieser Test auf einem völlig veralteten, 90-jährigen Typenmodell von Carl Gustav Jung beruht, welches nach modernem Wissen so nicht mehr gültig ist. Zusätzlich basiert »Insights« auf der Typologie des amerikanischen Psychologen William Moulton Marston, der als Comicautor die Figur »Wonder Woman« erschuf. Der leidenschaftliche Anhänger von Bondage-Fantasien war übrigens auch der Erfinder des Lügendetektors in den 20er Jahren des vorigen Jahrhunderts. Die von ihm beschriebenen, immer wieder beobachtbaren Verhaltensmuster fasste er 1928 unter DISC zusammen (Dominance/Dominanz, Inducement/ Veranlassung, Submission/Unterwerfung und Compliance/Befolgung/Einhaltung). Dieses Modell weist erhebliche Fehler auf, hat keinerlei empirische Grundlagen und ist schlichtweg veraltet. Aus der Kombination beider Modelle entstand »Insights«. Der Schweizer Psychologieprofessor Francois Stoll kam bereits 1998 in einem Gutachten zu dem Schluss: »Unbrauchbares Instrument, dessen schwache theoretische Fundierung durch eine fehlerhafte Operationalisierung verschlimmert wurde und keine partielle Verbesserung zulässt.« Einige weitere Experten kamen zu ähnlichen vernichtenden Ergebnissen. Der Berufsverband der Deutschen Psychologen rät dringend davon ab, diesen Test zu verwenden. Es fehlen ihm die erforderlichen modernen psychologischen Grundlagen, Antworten der Teilnehmer werden bei der Auswertung falsch interpretiert, die Inhalte sind substanzlos und daher für Personalentwicklung, Coaching oder Mitarbeitereinschätzung völlig ungeeignet. Ich erwähne es hier nur deshalb, weil ich damit Erfahrung habe und bestätigen kann, wie hochgradig irreführend dieser Test sein kann. Selbstverständlich sind einige andere Tests ebenso wenig geeignet. Aber auch geeignete moderne Tests tragen das Risiko in sich, das Verhalten im Nachhinein zu manipulieren − ganz ähnlich den sich selbsterfüllenden Prophezeiungen und Horoskopen, weil Erwartungen aufgebaut werden, und zwar durch einen selbst genauso wie durch andere. Die Empfehlung zu einem erhöhten kritischen Umgang mit diesen Persönlichkeitstests ist deshalb durchaus angebracht, will man sich nicht von astrologieähnlichen Instrumenten beeinflussen und beirren lassen.

Aber es sind bei weitem nicht die Horoskope und Persönlichkeitstests alleine − wir erwarten ständig etwas, sei es auch nur, dass unser Partner den Müll hinausbringt. Die im Kapitel 3.5 bereits beschriebenen Placebos beruhen ebenfalls auf den sich selbsterfüllenden Prophezeiungen, und spiegelbildlich bei den im Beipacktext stehenden Nebenwirkungen die Nocebos. Werden Placebos mit dem Hinweis, dass es sich dabei um eine hochwirksame Arznei handle, an Patienten verabreicht, kommt es laut Deutscher Bundesärztekammer bei bis zu 35 Prozent der Betroffenen zu einer Besserung oder Heilung. Dasselbe gilt auch für das Handauflegen oder die Homöopathie. Bei den Nebenwirkungen zeigt sich ein ähnliches Bild: Speziell wenn

Patienten den Beipacktext ihrer Medikamente und vor allem das dortige Kapitel über mögliche Nebenwirkungen lesen oder vom Arzt darüber aufgeklärt werden, haben sie mehr Nebenwirkungen.

Freilich erschöpft sich das Thema »Erwartungen« nicht nur in den sich selbsterfüllenden oder selbstzerstörenden Prophezeiungen, sondern hat viele weitere Aspekte. Wir erwarten ja ständig etwas. Erwartungen werden zu mehr oder weniger diffusen Vorstellungen von Zukünftigem, aber sie werden nicht immer erfüllt. Und auch das beeinflusst uns. Werden Erwartungen übertroffen, dann kann sich das in großer Freude und Überraschung äußern. Die Nichterfüllungen ergehen sich oft in Enttäuschungen. Der erwartete Blumenstrauß zum Hochzeitstag befindet sich immer noch in der Blumenhandlung, wenn der Göttergatte heimkommt, und schon wird es etwas holprig mit der Romantik. Wenn die erwartende Ehefrau ihre Antizipation eines Blumenstraußes umdreht und die Erwartung in ein »Er wird vermutlich vergessen!« verwandelt, ist die Enttäuschung freilich nicht so groß. Kommt der Gatte dann aber doch überraschend mit dem Rosenstrauß, ist die Freude umso größer. Dieses beinahe lächerliche, aber zumindest banale Beispiel zeigt uns einen Weg, um Enttäuschungen zu vermeiden, indem wir unsere Erwartungen im Zaum halten. Das heißt nicht, dass wir völlig ohne Erwartungen leben sollen, denn das käme einer seelischen Selbsttötung nahe, aber wir können nach dem Motto »choose your battles«, also »Such dir deine Kriege aus!«, ein wenig Einfluss darauf nehmen, worüber wir uns später freuen oder wovon wir uns enttäuscht fühlen werden. Das ist eine heilsame Erkenntnis, obwohl deren Anwendung nicht immer funktionieren wird, weil wir uns nicht alle Erwartungen immer bewusst aussuchen werden. Wo wir unsere Erwartungen allerdings äußerst bewusst gestalten können und bei realistischer Einschätzung auch die angemessenen Zielvorstellungen kreieren werden, das sind jene an uns selbst. Bei sportlichen Großereignissen wie Olympiaden oder Weltmeisterschaften sehen wir immer wieder Sieger, die uns alle überraschen, weil sie nicht zum Favoritenkreis gezählt wurden. Erinnern wir uns nur an die tschechische Außenseiterin Ester Ledecka, die als Superstar, Favoritin, Weltmeisterin und spätere Goldmedaillengewinnerin in ihrer Stammdisziplin »Snowboard« auch den alpinen Super-G bei den Spielen in Südkorea vor der Titelverteidigerin Anna Veith gewonnen hat! Ledecka feierte zuvor 14 Weltcupsiege im Snowboard, aber keinen einzigen im alpinen Skiweltcup. Da es keinen Erwartungsdruck für sie gab, konnte sie unbefangen in den Super-G starten und alle Favoritinnen besiegen. Unrealistische oder übertriebene Erwartungen an sich selbst können hingegen den Druck so steigern, dass das Ergebnis stressbedingt holprig ausfällt.

Ein bemerkenswertes Ergebnis im Zusammenhang zwischen Erwartungen und damit verbundenen Stress zeigte 2006 eine Studie von amerikanischen Forschern der renommierten Harvard Medical School an 1.800 Patienten mit einer Bypass-Operation. Die Patienten wurden in drei Gruppen eingeteilt, wobei eine Gruppe wusste, dass für sie gebetet wurde, für eine zweite Gruppe wurde gebetet, ohne dass sie es konkret wusste, und eine dritte Gruppe diente als Kontrollgruppe, für die nicht gebetet wurde. Die Gebete mussten den Wunsch einer raschen Genesung zum Inhalt haben, wobei in den beiden ersten Gruppen auch die Patienten selbst betendurften. Nach einem Monat stellte sich heraus, dass sich kein Unterschied im Heilungsverlauf zeigte, egal ob gebetet worden war oder nicht. In jener Gruppe allerdings, die gewusst hatte, dass für sie gebetet wurde, traten mehr Komplikationen wie etwa Herz-Rhythmus-Störungen auf als in der gebetslosen Kontrollgruppe. Die Harvard-Forscher interpretierten das Ergebnis so, dass die höhere Erwartungshaltung bei jenen Teilnehmern, die von den Gebeten wussten, den Stresspegel erhöht hatte und es so zu vermehrten Komplikationen gekommen war. Beten Sie also nicht für Kranke, denn wenn dadurch die Erwartungen an eine Genesung erhöht werden, tritt durch den verursachten Stress eventuell das Gegenteil ein – da kann nicht einmal der Placeboeffekt helfen.

Besonders bizarr ist der Zusammenhang zwischen Erwartungen und dem Beten für die Gesundheit in den diversen Wallfahrtsorten wie etwa Fatima oder Lourdes. Dorthin pilgern jährlich Millionen von Menschen. Lourdes etwa hat mit seinen 12.000 Gästebetten nach Paris die meisten Gästenächtigungen in Frankreich und liegt damit deutlich vor den Tourismusorten an der Côte d'Azur. Allerdings beinhaltet die Geschichte um die Entstehung dieses Wallfahrtsortes nüchtern betrachtet einige erklärungsbedürftige Ungereimtheiten. Der 14-jährigen Bernadette Soubrious soll im Jahre 1858 mehrmals die Jungfrau Maria an einer Quelle erschienen sein. In einem Polizeiprotokoll aus demselben Jahr ist zu lesen, dass das nach dem Luxemburger Historiker und Theologen Patrik Dondelinger geistig ein wenig zurückgeblieben Mädchen angab, nicht konkret die Jungfrau Maria gesehen zu haben, sondern etwas in Weiß in Gestalt eines Mädchens. Zudem war ihr Erziehungsberechtigter ein fanatischer Marienverehrer, welcher Bernadette suggeriert hatte, solche Erscheinungen zu bekunden. Die Kirche fing diesen Ball in Gestalt von Papst Pius IX. dankbar auf und bestätigte Bernadettes Halluzinationen fortan als Marienerscheinungen. 1933 wurde Bernadette schließlich heiliggesprochen. Bis heute gibt es an diesem Wallfahrtsort keine einzige wirklich medizinisch korrekt dokumentierte Wunderheilung. Die katholische Kirche spricht ihren eigenen Untersuchungen folgend von 70 Wunderheilungen. Das würde gemessen an den Besucherzahlen seit 1858 deutlich unter der Spontanheilungsrate liegen.

In Fatima verhält es sich ähnlich: Auch hier gibt es keine medizinisch einwandfrei dokumentierten Wunderheilungen − der gesamte Wallfahrtsort beruht auf irgendwelchen halluzinatorischen Sonnenerscheinungen, bekundet erstmals durch drei Hirtenkinder. Was es dort allerdings gibt, ist eine fast an Wunder grenzende Geldvermehrung. Bei einer Rundreise durch Portugal musste ich einen Besuch in Fatima über mich ergehen lassen, der mich einen unbezwingbaren Ekel empfinden ließ ob der kommerziellen Verhöhnung von kranken Menschen. An den unzähligen Souvenirständen gibt es Kerzen in allen Größen in einer einheitlichen gelbgrauen Farbe zu kaufen. Ebenso sind alle, wirklich alle Körperteile aus Wachs geformt käuflich zu erwerben, wobei die etwas intimeren Partien in Schubladen verwahrt werden. Die Pilger werfen diese Kerzen und Körperteile aus Wachs auf Heilung hoffend in unbeschreiblich großen Menge in eine metallene Feuerstelle, an deren Boden das Wachs in einem Rinnsal wieder herausrinnt − möglicherweise um neue Kerzen daraus herzustellen. Wenige Meter daneben robben andere Pilger auf Knien betend über den Platz, allesamt in der Erwartung von irgendetwas Übernatürlichem. Dabei können Pilger hier wie dort höchstens auf einen Placeboeffekt hoffen, wenn dieser auch viel Geld kostet.

Was Pygmalion angerichtet hat, indem er dereinst die erwähnte Elfenbeinstatue geschnitzt hat, ist überwältigend. Nicht einmal mehr beten sollte man für jemand anderen! Erwartungen haben ihre Tücken, denn die Welt ist nicht immer so, wie wir sie gerne hätten − sie richtet sich wie das Wetter nicht immer nach unseren Erwartungen. Enttäuschungen sind unvermeidbar, aber manchmal ist das Ausmaß beeinflussbar, wenn wir uns bewusst machen, dass es auf das realistische Ausmaß der Erwartungen ankommt.

**IHR DESTILLAT:**

Erwartungen beeinflussen stark, was aus einem einzelnen Menschen oder sogar aus ganzen Gruppen wird. Sich selbst erfüllende Prophezeiungen zeigen einen klaren Zusammenhang zwischen Erwartungen, Einstellungen und Verhalten. In Horoskopen, Persönlichkeitstests und Wallfahrten wird dieser Zusammenhang oft in skurriler Weise deutlich. Heilsam für eine Reduktion der Beeinflussung ist ein realistisches Maß an Erwartungen.

# 5 MENSCHLICHES, ALLZU MENSCHLICHES

## 5.1 FÜHRUNG UND WAS SIE LEISTEN KANN

*»Viele muß fürchten, den viele fürchten.«*
Decimus Laberius

Als berufstätige Jugendliche oder Erwachsene sind wir alle vom Thema »Führung« betroffen, und das zumeist jahrzehntelang. Dass diese lange Zeitspanne einen großen Einfluss auf unser Wohlbefinden hat, zeigt sich in vielen Untersuchungen und Studien. Im Februar 2018 publizierte die Arbeiterkammer Oberösterreich den Arbeitsklima- Index mit dem Ergebnis, dass das Führungsverhalten der Vorgesetzten einen erheblichen Anteil an der psychischen Gesundheit der Beschäftigten hat. Gelungene, gute Führung wirkt sich popsitiv auf die Gesundheit der Beschäftigten aus: Deren Krankenstände sinken. Umgekehrt verhält es sich genauso: Laut der Arbeiterkammer gab es in Oberösterreich 2016 unglaubliche 739.162 Krankenstandstage aufgrund von psychischen Diagnosen, wobei sich die Anzahl der diesbezüglichen Krankenstände seit 2007 oberdrein verdoppelt hat. Als Hauptursache dafür wird das Verhalten von Führungskräften genannt. Hier sei die Schlussfolgerung gestattet, dass dies keine nur auf das Oberösterreichische zutreffende Erscheinung ist. Deutschland geht es nicht besser. Laut einer Gallup-Umfrage fühlten sich 2014 gut 37 Prozent der Beschäftigten ausgebrannt und nur 15 Prozent hatten eine hohe emotionale Bindung an ihren Arbeitgeber. Nach dieser Umfrage wird Arbeit häufiger als Quelle der Frustration als eine der Freude und Erfüllung wahrgenommen. In der Regel werden Defizite in der Personalführung angegeben. 75 Prozent nennen als Hauptgrund für eine Kündigung das Führungsverhalten ihres direkten Vorgesetzten. 14,3 Milliarden Euro an Kosten für die deutsche Wirtschaft enstehen alleine durch jene Fehlzeiten, welche ihre Ursachen in fehlender emotionaler Bindung haben. Rasmus Hougaard, der Gründer und Managing Director des *Potential Projects*, welches 35.000 Führungskräfte analysierte, berichtete beim 10. Global-Drucker-Forum im November 2018 in Wien, dass nach seinen Untersuchungen 65 Prozent aller Beschäftigen den Wunsch haben, ihre Chefs mögen gefeuert werden. Des Weiteren führte er aus, dass sich 82 Prozent der Beschäftigten durch ihre Führungskraft nicht movitiert fühlen. Dagegen meinen allerdings 77 Prozent dieser Führungskräfte, sie würden ihre Mitarbeiter sehr wohl motivieren. Die Beschäftigten bringen also ihre Körper in die Betriebe, aber sie lassen ihre Herzen zu Hause, und das als Folge des Verhaltens ihrer Führungskräfte. Daher ist es hinsichtlich der Beeinflussung erforderlich, dass wir uns kritisch mit dem Thema der Führung auseinandersetzen. Dem sei als kleines Gedankenspiel hinzugefügt, dass im Begriff »Verführung« das Wort »Führung« enthalten ist. Sehen wir uns im Folgenden einmal an, wie diese beiden Begrifflichkeiten unser Befinden beeinflussen.

Körperliche Züchtigung am Arbeitplatz ist in Österreich seit 1982 verboten. Das Züchtigungsrecht des Lehrherren gegenüber Lehrlingen in Deutschland wurde am 27. Dezember 1951 abgeschafft. Bereits 1867 war die körperliche Züchtigung im österreichischen Heer verboten worden. Da erstaunt es umso mehr, dass es ob der Zahlen aus Oberösterreich keinen größeren Aufschrei gibt. Offensichtlich werden psychische Beeinflussungen durch schlechte Führung, welche zu Krankenständen führen, anders wahrgenommen als die »g'sunde Watschn«. Was alleine eine unbedachte Kränkung oder in verschärfter Form die Demütigung eines Beschäftigten anrichten kann, ist für Betriebe nicht unerheblich: Gekränkte oder gedemütigte Mitarbeiter verweigern der Führungskraft die Gefolgschaft immer mehr, es wird nur mehr Dienst nach Vorschrift gemacht, und das mit zersetzenden und sogar zerstörerischen Tendenzen. Denn gekränkte Mitarbeiter suchen sich Verbündete und zahlen ihre Kränkungen mehr oder wenig heimlich zurück. Noch schlimmer wird es bei systematischer Kränkung, welche unter dem Begriff »Mobbing« zusammengefasst werden kann und heute an erster Stelle der negativen Aspekte für mangelnde Arbeitsmotivation steht. Der österreichische Psychiater, Gerichtgutachter und Buchautor Reinhard Haller beziffert in seinem Buch »Die Macht der Kränkung« die Folgekosten vom Mobbing mit rund 70.000 Euro pro Fall und Jahr. Diese Kosten muss die Allgemeinheit bezahlen – verursacht werden sie durch schlechtes Führungsverhalten. Wenn Führungskräfte nicht imstande sind, Mobbing zu verhindern oder selbiges aufgrund von erheblichen Persönlichkeitsdefiziten sogar begünstigen, wenn nicht gar initiieren, dann ist das ein erhebliches Versagen in einer grundlegenden Aufgabenstellung.

Ohne jeden Zweifel hat Führungsverhalten immer und bei jeder Führungskraft ein manchmal erhebliches Verbesserungspotenzial. Da in den allermeisten Organisationen eher die älteren Beschäftigten Führungspositionen innehaben, wird häufig mit veralteten Methoden des 20. Jahrhundert geführt. Diese sind aber kaum mehr geeignet, die Komplexität des 21. Jahrhunderts zu bewältigen. Sind Chefparkplätze, Bonussystme, Mitarbeiterbewertungen, Individualziele, Stellenbeschreibungen, Überstunden oder Organigramme noch zeitgemäß oder gehören sie durch neuere Ansätze ersetzt? Die immer stärker zunehmende Innovationsgeschwindigkeit, Bürokratie,

Digitalisierung, Globalisierung und Vergleichbarkeit hat die Komplexität von Arbeit drastisch erhöht und verlangt nach neuen Konzepten mit erhöhter Felxibilität, Agilität und Bewältigung des Nichtlinearen. Dies müssen nicht notgedrungen solche sein, welche einer Revolution gleich alles auf den Kopf stellen, aber frei und schon wieder nach Charles Darwin gilt die mehr als 100 Jahre alte Evolutionstheorie auch für Führung: »Es ist nicht die stärkste Spezies, die überlebt und auch nicht die intelligenteste, sondern eher diejenige, die am ehesten bereit ist, sich zu verändern.« Für Führung kann das ebenso heißen, dass es für den Erfolg eines Unternehmens am zuträglichsten ist, sich am besten und schnellsten an neue Herausforderungen anzupassen. Der konservative Patriarch, der alles besser weiß, mit höchster Feedbackresistenz einsam und beinahe narzistisch in seinem Führungsolymp sitzend autoritär die Agenden steuert, hat ausgedient und ist unbrauchbar geworden. Es ist zwar möglich, dass er scheinbare Erfolge erzielt, aber er wird von seinen Geführten niemals die beste Leistung bekommen, weil er deren selbstbestimmtes Menschsein nicht beachtet und damit die Potenziale hinsichtlich Kreativität, Engagement, Bindung und Leistungsfreude hochgradig verspielt. Die eingangs erwähnten Daten und Fakten zeigen dies doch recht augenscheinlich. Überdies verhält es sich mit autoritären Führungskräften wie mit Regeln, Normen und Vorschriften: In dem Moment, in dem zweitere aufgestellt werden, erschaffen sie im Unterbewusstsein gleichzeitig immer ihr Gegenteil mit, nämlich deren Umgehung und anarchische Umdeutung. Genauso ist es bei autoritären Fühhrungspersönlichkeiten, welche Gehorsam, Disziplin und Leistung fordern: Sie erschaffen damit gleichzeitig ihre eigene Lächerlichkeit.

Damit kommen wir zur Frage, was es denn nun ist, das im Fokus von Verbesserungen und Anpassungen stehen muss, um die Beeinflussung der Beschäftigten erbaulich zu gestalten. Da stehen Führungsverhalten, Führungsstil und Führungskonzept zur Auswahl, alles eingebettet in das gelebte und nicht nur in Slogans lippenbekannte Menschenbild in einem Unternehmen. Es kommen also auch die Bereiche »Führungsethik«, »Führungsmoral« und »Führungskultur« hinzu. Alle diese Bereiche müssen vereint werden vor dem legitimen Anspruch eines Unternehmens, von jedem Beschäftigten die beste Leistung zu fordern, um einen optimalen Unternehmenserfolg sicherzustellen. Dass da die Grenzen zwischen diesen Ansprüchen und deren Gegenteil schnell verschwimmen können, ist unschwer zu erkennen. Führen bedeutet natürlich, Menschen wirksam zu beeinflussen, also zu führen, um Ergebnisse zu erzielen. Und genau da liegt die gefährliche Verlockung, der so manche strebsame Führungskraft erliegen kann. Beschäftigte werden nicht mehr beeinflusst, um eine größtmögiche Balance zwischen Unternehmenserfolg und Mitarbeiterwohlergehen zu erzielen. Der Fokus geht auf die Beeinflussung, um die eigene Karriere voranzutreiben, um den größmöglichen Bonus für sich selber zu sichern, um den ständigen Eintagsfliegenruhm einzuheimsen. Diesen karrierebesessenen Managertypen, die nach unten treten und nach oben schleimen und die unterstellten Beschäftigen nur zum eigenen Wohle beeinflussen, ist deren Wohlbefinden aber egal. Sich selbst, deren Vorgesetzte und die Mitarbeiter zu täuschen, ist eines ihrer Werkzeuge, mit dem sie zu beeindrucken glauben. Da es leider immer wieder geschieht, dass solche egomanischen Charaktere damit durchkommen, werden sie in ihrem Verhalten sogar noch bestärkt. Mit einem deutlich spürbaren Unbehagen habe ich solche Führungskräfte vor versammelter Belegschaft stehen sehen, selbige auffordernd, bei der jährlichen konzernweiten Mitarbei-

191

terbefragung alles möglichst positiv zu bewerten, damit bei diesem Intrument der Mitsprache ihr egomanisches Fehlverhalten nicht auffliegt. Aber gerade durch dieses egoistisch-manipulative Verhalten wurde ihre Unzulänglichkeiten geradezu bestätigt, wie auch durch eine hohe Fluktuationsrate in der Folge.

Doch es geht auch anders, und der Anspruch, Unternehmenserfolg und Mitarbeiterwohlergehen vor den Ansprüchen des 21. Jahrhunderts zu vereinen, ist zumeist vielmehr eine Frage des Wollens als des Könnens. Organisationen befinden sich immer auf einer von vier Ebenen, der Flucht- und Kampfebene, der Wettbewerbsebene, der kreativen Ebene und der Flow-Ebene. Alle Bereiche von Führung und Unternehmenskultur sind wichtige Aspekte, um von einer Ebene in die nächste zu gelangen, und auf der Flow-Ebene angelangt diese dann auch zu halten. Eine oder mehrere Ebenen hinunterzufallen ist erheblich einfacher, als eine Ebene hinaufzuklettern.

Bevor wir uns diese Ebenen genauer ansehen, sei vorausgeschickt, dass eine Organisation, die sich auf der Flow-Ebene befindet, genau diese Balance zwischen Erfolg und Mitarbeiterwohlergehen geschafft hat. Damit hat eine Beeinflussung durch Führung stattgefunden, die zum Wohle aller auschlaggebend ist. Die von mir erstellten vier Ebenen bieten eine einfache Richtschnur dafür, wie es funktionieren kann.

Die Kampf- und Fluchtebene ist jener Zustand einer Organisation, in welchem diese am unproduktivsten ist. Man findet diese Ebene recht häufig bei Umstrukturierungen, Mitarbeiterabbau, wenn neue Führungskräfte das Ruder übernehmen oder eben bei unpassender Führungsarbeit. Typische Symptome sind häufige Streiereien, das Verharren in Abteilungssilos, die Verweigerung von Zusammenarbeit, Sticheleien, Kaffeemaschinengerüchte, hohe Fluktuation gerade unter den besten Mitarbeitern, agressive Kämpfe um Positionen und persönliche Positionierungen, Cliquenbildungen, Ins-offene-Messer -laufen-Lassen, Krankenstände und unproduktives Teamwork. Eine Fußballmannschaft würde mit diesem Verhalten kein einziges Match gewinnen, ein Orchester würde klingen wie beim Einspielen vor dem Konzert. Das alles ist naheliegenderweise nicht dazu angetan, ein erfolgreiches Unternehmen zu gestalten.

Das Rezept, um diese Ebene zu überwinden, sind der Aufbau von Vertrauen und die Etablierung einer konstruktiven, offenen und wertschätzenden Konfliktkultur. Das gemeinsame Floßbauen oder dergleichen Schabernack ist hier nicht geeignet, um diese Grundlagen zu erarbeiten. Am Allerwenigsten geeignet sind alle Aktivitäten mit Wettbewerbscharakter, etwa eine Schnitzeljagd in verschiedenen Gruppen oder dergleichen. Das sei hier deshalb erwähnt, weil es genügend Beratungsunternehmen gibt, die solche unpassenden und daher am Ende ergebnislosen Teambuildings anbieten. Zumeist werden höchst primitive, eher Kindergartenkindern gerecht werdende Spielchen ausgearbeitet – eben diese gemeinsamen Floßbauten oder Rätselrallyes bis hin zu Raftingnachmittagen. Doch auf dieser Ebene bilden viel eher miteinander zu reden, gemeinsam zu lachen und sich auf einer vertiefenden Ebene besser kennenzulernen das geeignete Rezept, denn Vertrauen heißt auch, das Verhalten des Gegenübers vorhersagen zu können. Auch diese übliche, geradezu als Definition für Phantasielosigkeit dienende Methode des Sich-in-Gruppen-Aufteilens, ein Flipchart vollzuschreiben und es dann allen zu präsentieren, ist zur Überwindung der Kampf- und Fluchtebene ungeeignet. Diese Seminarmethoden und Workshops dienen eher als Lückenfüller für inhaltsleere Seminaranbieter. Nur reden,

reden und nochmals reden hilft weiter und verbessert die Situation, schafft Vertrauen und Kooperation, ganz einfach weil man sich besser kennenlernt und dadurch besser darauf verlassen kann, dass die eigenen Schwächen nicht ausgenutzt werden. Grundlage für dieses Konzept ist die höchst simple Tatsache, dass jemanden besser zu kennen der beste Zugang zu diesem ist. Miteinander zu reden sollte allerdings von professionellen Moderatoren unterstützt werden. Von einer gewissen Beliebigkeit ferngehalten haben strukturierte Redeworkshops ein ungeahntes Potenzial – solche, die gezielt jene störenden, zersetzenden Themen zum Inhalt haben, sind hier unter Einbeziehung der eigenen Persönlichkeitsbeschreibungen gegenüber Kollegen die Methode der Wahl. Hinweise auf das Wesen von Kultur und Klima eines Unternehmens sind sinnvoll, denn diese beiden Prämissen werden oft verwechselt: Die Kultur wird von der Zentrale bestimmt, das Klima ist eine lokale Angelegenheit. Damit ist aber auch nur das Klima durch die agierenden Beschäftigten beeinflussbar. Die Bewusstmachung dieser Tatsache mit dem Hinweis auf die Vorteile eines erbaulichen Klimas ist eine solide Basis für eine positive Entwicklung. Das Klima in einer Organisation ist der Nährboden für Engagement, Motivation, Verbundenheit, Kreativität, Eigeninitiative, Kooperation und Engagement. Führungskräfte müssen als Vorbilder auf dieser Ebene auch ihre eigenen Schwächen offen zugeben, und es muss ehrlich sein. Wer hier als Schauspieler glänzen will und durchschaut wird, riskiert eine Niederlage, denn dadurch verliert man erst recht Vertrauen. Alle weiteren Entwicklungen, die eine Organisation durchmachen kann, beruhen auf Vertrauen, vor allem auch auf Vertrauen in die Führungskräfte. Dazu ist nichts besser geeignet als ehrliches, menschenzentriertes Führungsverhalten, indem die Führungskraft nicht jedem ständig beweist, wie klug sie ist, sondern jedem ständig zeigt, wie menschlich sie ist. Dazu müssen Führungskräfte gerade auf dieser Ebene ihr Büro verlassen, um bei den Mitarbeitern zu sein, und ihnen dort zuhören. Eine besonders wichtige Fähigkeit von Führungskräften ist im Austausch mit Mitarbeitern unabdinglich, nämlich die richtigen Fragen stellen zu können. »Wer nicht die richtigen Fragen stellt, der wird auch nicht die richtigen Antworten bekommen«, betont Hal Gregerson, der Executive Director des *MIT Leadership Centers* immer wieder. Ohne Antworten auf die richtigen Fragen wird eine Führungskraft nicht die richtigen Entscheidungen treffen können. Optimale Entscheidungsgrundlagen können allerdings nicht erkannt werden, wenn die Führungskraft nur einsam im Elfenbeinturm sitzt. Dies demonstriert überdies auch überdeutlich Desinteresse an den Mitarbeitern. Gerade auf der Flucht- und Kampfebene ist das das falscheste Verhalten.

In der heutigen aktuellsten Führungsliteratur gilt Menschlichkeit als die Quintessenz, wenn Führung gelingen soll. Die Grundlage für die wahrgenommene Menschlichkeit ist menschliches Vorbildverhalten. Dafür müssen sich die Führungskräfte wirklich Zeit nehmen. Die größte Gefahr für Führungskräfte ist es, zu glauben, dafür keine Zeit zu haben. Gerade das Gegenteil ist der Fall, denn wenn Führungskräfte Zeit in den Ausbau von Menschlichkeit investieren, dann werden sie nachhaltig Erfolg haben. Ist das Vertauen einmal hergestellt oder zumindest verbessert, dann ist die Etablierung einer Konfliktkultur der nächste zwingende Schritt. Dies kann nur durch die Erarbeitung gemeinsamer Werte und Prinzipien der Zusammenarbeit sinn- und wirkungsvoll geschehen. Gibt es keine gemeinsamen Wertvorstellungen, dann hat ein Konflikt – und sei er auch noch so konstruktiv gemeint – keine Richtung, und somit kann es auch kaum ein sinvolles Ergebnis geben. Von der Organisation selbst erarbeitete Werte und Prinzipien helfen, den Umgang miteinander zu bewältigen. Da in Unternehmen so gut wie immer kontroversielle Themen wie etwa die Budgetaufteilung, die strategische Ausrichtung oder Taktiken auf der Tagesordnung stehen, sind alleine schon aus arbeitstechnischer Sicht konfliktträchtige Inhalte vorgegeben. Konflikte sind in allen Bereichen unseres Lebens ständige Begleiter – entscheidend ist die konstruktive Lösung. Werte und Prinzipien im Umgang miteinander sorgen dafür, dass konstruktive, beste Lösungen wahrscheinlicher werden. Das Gewinnen von Rethorikduellen und Rechthaberei tritt in den Hintergrund, es wird gemeinsam an einer für den Erfolg optimalen Lösung gearbeitet. Ebenso wichtig ist, dass Konflikte überhaupt ausgetragen und nicht verdrängt oder totgeschwiegen werden. Werden sie nicht gelöst, dann schwelen sie im Untergrund und lähmen die Organsiation, weil sie immer wieder vor allem an unpassender Stelle an die Oberfläche kommen und zu energieraubenden Diskussionen führen. Ein typisches Symptom für schädliche Konfliktvermeidung sind fade Meetings und langweilige Besprechungen. Dafür sind Lösungen schnell gefunden, aber es sind selten die besten, weil nicht alle Meinungen, Ansichten und Vorschläge – auch wenn sie kontroversiell sind – auf den Tisch gekommen sind. Ein Abwägen des Optimums ist damit unmöglich. Die Erstellung gemeinsamer Werte und Prinzipien bietet zudem eine hervorragende Grundlage, um ein Leitbild für die Organisation zu entwickeln, welches aufrichtig alle Beteiligten in wohlwollend menschengerechter Form und mit Fokus auf den Unternehmenserfolg miteinbezieht. Von diesem Leitbild ist es dann nicht mehr weit zur Entwicklung einer Vision und einer Mission, welche zur Aufgabe hat, diese Inhalte auf einen oder wenige Sätze knackig und inspirierend zu verdichten.

Die nächste Ebene, also die Wettbewerbsebene, zeichnet sich dadurch aus, dass die Konkurrenz und der Wettbewerb stärker in den Fokus rücken, allerdings betrifft der Wettbewerb auch noch immer die Kollegen. Wird beispielsweise eine neue Struktur etabliert, so bedingt das auch Neubesetzungen verschiedener Positionen. Der Kollege wird rausgedrängt, heruntergemacht, die Tuscheleien am Kaffeeautomaten haben immer noch ein beträchtliches Ausmaß. Der Unterschied zur Kampf und Fluchtebene liegt aber jetzt darin, dass es nicht mehr intensiv die gesamte Organisation betrifft, sondern dass häufig einzelne Personen diese zersetzenden Aktivitäten weiterführen. Basierend auf den Werten und Prinzipien müssen diese Personen schnell und deutlich darauf hingewiesen werden, dass dieses Verhalten unerwünscht ist. Hier haben zu allererst die Führungskräfte im Interesse aller Beschäftigten Einfluss darauf zu nehmen, dass das schädigende Verhalten beendet wird. Wenn diesbezügliche Gespräche zu dem unerwünschten, schädigenden Verhalten nicht rasch, innerhalb weniger Tage, fruchten, dann ist die Trennung von solchen Mitarbeitern unumgänglich, denn diese beeinflussen nun sowohl den Erfolg als auch das Wohlergehen aller negativ. Das mag auf den ersten Blick hart klingen, aber hier geht es um das größere Ganze. Gerade in dieser Situation ist Gutmütigkeit auf diese eine Person bezogen falsch, weil alle anderen darunter leiden.

Die geeigneten Rezepte zur prinzipiellen Überwindung der Wettbewerbsebene sind etwas diffiziler. Neben der Reduktion von individuellem schädigenden Verhalten gibt es auf dieser Ebene auch das durchschnittliche Gesamtverhalten der Organisation, welches teilweise noch auf dieser Ebene feststeckt. Daher müssen Methoden der Sinnfindung und Strukturgebung angewendet werden. Führungfähigkeiten und soziale Intelligenz sind hier besonders gefragt. Das ist der Wendepunkt, an dem eine Führungkraft situativ im Sinne von Erkennen und Reagieren agieren muss, wann Management und wann Leadership erforderlich ist. Im besten Sinne des französichen Schriftstellers und Piloten Antoine Marie Jean-Baptiste Roger Vicomte de Saint-Exupéry, der 1943 mit seinem »Der kleine Prinz« eines der erfolgreichsten Bücher überhaupt geschrieben hat, heißt »Management« am Beispiel des Schiffsbaus, Männer zusammenzutrommeln, sie anzuleiten, Holz zu beschaffen, Aufgaben zu verteilen und den Fortgang zu kontrollieren. »Leadership « hingegen bedeutet, die Männer die Sehnsucht nach dem endlosen, weiten Meer zu lehren. Nachdem es unzählig viele Fachdiskussionen gibt, was denn besser sei: ein Manager oder ein Leader zu sein, sei hier nur erwähnt, dass sich diese Frage meiner Ansicht nach nicht stellt, wenn man dies vor dem Hintergrund der zu bewältigenden Aufgabe und Situation sieht. Wo es um Planung, Organisation und Sicherstellung von effizienten Abläufen geht, da ist Management die Methode der Wahl. Geht es um Inspiration, Engagement, Gefolgschaft und Begeisterung, dann ist Leadership gefragt. Eine Risikoinvestition in ein neues Geschäftsfeld wird einiges an Mangementfähigkeiten verlangen, deren erfolgsversprechende Umsetzung benötigt Leadership. Auf der Wettbewerbsebene heißt dies konkret, dass Management dort wichtig und richtig ist, wo es um Ressourcen- und Aufgabenverteilung geht, um die Bewältigung von Bürokratie und Analyse. Leadership ist auf dieser Ebene gefragt, wenn es darum geht, eine Aufbruchstimmung zu erzeugen, Begeisterung hervorzurufen, Kreativität zu wecken, und bei den anderen dafür zu sorgen, dass sie die gemeinsame Zukunft aktiv mitgestalten wollen. Gelingt diese situative Aufschlüsselung, dann stellt sich der richtige Fokus auf Erfolg und Wohlergehen ein. Beschuldigungen hören auf, an deren Stelle tritt Verantwortung für übernommene Aufgaben, aber auch die akzeptierte Einforderung von Verantwortung. Die Mitarbeiter beginnen dann vermehrt, sich den Verantwortungen und Erwartungen verpflichtet zu fühlen. Das gewachsene Verantwortungsgefühl führt wiederum dazu, dass weniger Fehler passieren, dass der Anspruch an Leistung in Bezug auf sich selbst, aber auch der Anspruch an andere steigt. Kollektive Belohnungen anstatt inidividueller Prämien unterstützen den Anspruch an Leistung an alle und an sich selber, denn niemand möchte der Sündenbock für ein Nichterreichen sein. Die veraltete Vorstellung, dass nur individuelle Boni dazu führen, dass jemand seine beste Leistung erbringt, hat ausgedient. Der individuelle Bonus widerspricht einer konstruktiven Zusammenarbeit im Team, aber nur durch diese Zusammenarbeit ist ein Unternehmen fähig, die Herausforderungen des 21. Jahrhunderts zu meistern. Wichtig dabei ist, dass ausnahmslos alle Mitarbeiter am Erfolg der Organisation beteiligt werden.

Diese Erfordernisse zu bewältigen erhöht die Chance, dass die Organisation in der kreativen Ebene ankommt. Hier beginnt die konstruktive Zusammenarbeit im Interesse der Organisation und zum Wohlergehen der Mitarbeiter: Kollegen bieten einander aktiv Unterstützung an, Ideen werden ausgetauscht, Meetings sind lebendig, kräftig und ertragreich. Jeder kommt gerne und fühlt sich wohl, es wird viel gelacht bei gleichzeitigem Fokus auf Ergebnisse. Die Fluktuation und Krankenstände sinken auf ein natürliches Maß. Das Erfreulichste für alle ist aber das Kreativitätsniveau, weil sich jeder einbringt, seine Ideen mitteilt, sich jeder gerne und leidenschaftlich mit den Ideen anderer auseinandersetzt. Auch wenn das idealisiert, pathetisch und sozialromantisch klingt − solche Unternehmen mit dieser Atmosphäre gibt es und sie sind höchst erfolgreich, aber nur selten und vor allem in der IT-Branche zu finden, weil gerade dort ein außergewöhnliches Maß an Kreativität gefragt ist, Hierarchien blockierend wirken und es kaum möglich ist, alleine etwas Wesentliches zustande zu bringen. Die Realität in vielen anderen erfolgreichen Organisationen kommt dieser idealtypischen Darstellung aber immerhin recht nahe. Typische Führungsaufgaben auf dieser Ebene sind das Ermöglichen von Kreativleistungen, die Schaffung von Freiräumen, aber gleichzeitig auch die Aufrechterhaltung einer gewissen, die Leistung fördernden Spannung durch ein entsprechendes Anspruchsniveau. Ziele werden auf dieser Ebene prinzipiell gemeinsam erarbeitet, aber die Aufgabe der Führung ist es, darauf zu achten, dass es eine ideale Balance zwischen Über- und Unterforderung gibt, denn genau an diesem Punkt können die Menschen ihre beste Leistung erbringen. Diese Ziele müssen von den Führungkräften nach oben hin verteidigt werden, auch wenn die dort angesiedelten Begehrlichkeiten anders aussehen. Einen besonderen Stellenwert bekommt hier die Königsdisziplin von Führung, nämlich die Klarheit. Gerade wenn Freiräume geschaffen werden, besteht ein erhöhtes Risiko, dass der Fokus auf Ergebnisse verschwimmt. Daher müssen die Erwartungen und Ziele immer wieder und mit größter Klarheit kommuniziert werden. Das befreit die Organisation von Irrläufen und vermeidet somit unnötige Energieverluste.

Die oberste aller Ebenen, die sogenannte Flow-Ebene, ist jene der Hochleistungsteams. Diese zeichnen sich durch besondere Eigenschaften aus: Solche Teams haben ihre gemeinsam erarbeitete Vision verinnerlicht, sie leben eine gemeinsame Teamphilosophie. Die Kommunikation untereinander funktioniert reibungslos, jeder hat begriffen, wann Kommunikation eine Holund wann sie eine Bringschuld ist. Der Anspruch an die eigene Leistung und an die Leistung der anderen ist höher als bei ihren Mitbewerbern.

Energieverluste durch politisches Agieren gibt es nicht, es geht jedem um die Sache an sich. Alle Mitglieder von solchen Organisationen sind maximal auf Erfolg fokussiert. Das erhöht die Lernbereischaft, um sich für den maximalen Erfolg immer weiterzuentwickeln. Führungskräfte fördern und unterstützen dies ausgiebig. In allen Teams arbeiten ausnahmslos die für die jeweilige Aufgabe am besten Geeignetsten. Strukturen sind klar und eindeutig, aber auch so flach wie möglich. Hochleistungsorganisationen schaffen das, was den Erfolg am nachhaltigsten garantiert, sie können ihre inneren Abläufe am schnellsten an sich verändernde äußere Bedingungen anpassen, weil sie agile Strukturen und Prozesse etabliert haben. Jedes Mitglied einer Hochleistungsorganisation handelt als Vorbild für alle anderen, insbesonders Führungskräfte zeichnen sich dadurch aus. Integrität ist ein gelebtes Verhaltensmerkmal, dadurch reduziert sich Kontrollbürokratie. Jeder wird als Individuum anerkannt, geachtet und respektiert, es herrscht vordringlich ein stärkenorientierter Umgang mit Mitarbeitern. Ein herausragendes Kennzeichen aller Mitarbeiter sind die Erfolgsorientierung und der unbedingte Erfolgswille. Der Name dieser Ebene leitet sich ab von einem Erfolgsflow, weil ein Erfolg ursächlich für den nächsten ist: In einem sich selbst verstärkenden Fluss erzeugt der Erfolg den Erfolg. Herausragend ist die Begeisterung, mit der alle Mitarbeiter zu Werke gehen. Diese Begeisterung wird wie selbstverständlich nach außen getragen und schafft so auch im Mikrokosmos jedes Mitarbeiters ein unvergleichliches Erfolgsimage. Organisationen auf diesem Niveau gewinnen den »War of Talents« mühelos.

Nach diesen Betrachtungen drängt sich die Frage auf, was denn ein richtiger Führungsstil ist, wie denn eine optimale Führungspersönlichkeit aussieht und was ideales Führungsverhalten bedeutet, um nicht nur auf diese

Flow-Ebene zu gelangen, sondern diese auch langfristig zu halten. Vorausgeschickt sei, dass es den richtigen Führungstil nicht gibt. Alle in der Literatur beschriebenen Stile von autoritär, direktiv, kooperativ, demokratisch, charismatisch, bürokratisch, patriarchalisch und dergleichen wurden in eher akademischen Diskursen auf ihre Tauglichkeit hin untersucht, und klare Erkenntnisse kamen dabei nicht heraus. In der jüngeren Vergangenheit hat sich allerdings mehr und mehr durchgesetzt, dass autoritäre, direktive, patriarchalische, also wenig kooperative Führungsstile zunehmend als überholt angesehen werden, weil sie nicht ausreichend sinnstiftend sind. Das Zitat des dänischen Theologen und Begründer der Existenzphilosophie Søren Kierkegaard »Das Evangelium weiß: das Verstehen kommt erst nach dem Gehorsam, nicht vorher« gilt ausdrücklich nicht für Führung, auch wenn das manche gerne glauben würden. Beschäftigte wollen einen Sinn in ihrer Arbeit sehen, sie benötigen eine verheißungsvolle Perspektive. Sie identifizieren sich mit der Organisation nur, wenn ihre Arbeit ausreichend gewürdigt wird, aber dann bringen sie ihre Höchstleistungen. Wer nur möchte, dass Anordnungen ohne jede Hinterfragung befolgt werden, der muss Idioten einstellen, aber diese sind in der heutigen Arbeitswelt extrem selten geworden.

Viel wesentlicher als der Führungsstil ist allerdings das Führungsverhalten. Dieser Bereich lässt sich auch erheblich besser differenzieren in brauchbare und unbrauchbare Kategorien. Vorweg sei die Einstellung der Führungskraft zu ihrem Team und jedem einzelnen Teammitglied erwähnt. Wie wir in Kapitel 4.5 bei der Beschreibung des Pygmalion-Effektes gesehen haben, bestimmt die Einstellung, wie sich das Team und dessen Protagonisten entwickeln. Was die Führungskraft einem Team nicht zutraut, das wird es auch nicht erreichen. Was die Führungskraft einem einzelnen Mitarbeiter nicht zutraut, das wird er ebenso wenig erreichen. Und die erfreulichste Botschaft ist selbstverständlich die, dass es umgekehrt genauso ist: Die eigenen Erwartungen zu managen – im Grunde genommen die Fähigkeit zur Selbstreflexion – wird allergrößten Einfluss auf den Erfolg und das Wohlergehen der Mitarbeiter haben. Sie bewirkt im Sinne des Glaubens an das Team und die Mitarbeiter ein Führungsverhalten, das wertschätzend die Stärken eines jeden Einzelnen weiterentwickelt, eine fruchtbare Feedbackkultur erzeugt und Unterstützung angedeihen lässt, wann immer es erforderlich ist.

Die Fähigkeit, loslassen zu können, ist ein Verhalten, welches Führungskräfte zu gedeihlichen Führungskräften macht. Freiheit und Entscheidungskompetenz sind für Mitarbeiter große Motivatoren. Das Gegenteil, nämlich sich in alles einzumischen – manche nennen es »Mikromanagement« –, führt rasch zu einem Vertauensverlust, und das ist ein Auschließungsgrund für die Flow-Ebene und dazu angetan, rasch wieder in die Kampf- und Fluchtebenen hinunterzugleiten. Es ist menschlich, dass man nur vertraut, wenn Vertrauen gegeben wird. Wenn Fehler passieren, vermeintlich weil eine Führungskraft zu viel Freiheit gewährt hat, dann gilt es, darauf nicht mit größerer Einmischung zu reagieren, sondern mit dem Mitarbeiter das Lernpotenzial des Fehlers auszuschöpfen. Einmischung erzeugt Stress und wird dadurch zu mehr Fehlern führen, somit einen nachvollziehbaren Teufelskreis auslösen.

Ernest Hemingway, der US-amerikanische depressive Alkoholiker, Literaturnobelpreisträger und Abenteurer, sagte einmal: »Man braucht zwei Jahre, um sprechen zu lernen, und fünfzig, um schweigen zu lernen.« Ersetzen wir nun in diesem Zitat »schweigen« durch »zuhören«, dann sind wir bei einem weiteren wichtigen Verhalten für Führungskräfte angelangt: Die Grundlage fürs Zuhören ist Empathie, die Fähigkeit, sich in den anderen hineinzuversetzen, ihn zu verstehen. Damit erreichen die Führungkräfte ihre Mitarbeiter wirklich und verstehen besser, worum es in der Organsistion geht. Auf dieser Ebene ist auch die soziale Kompetenz ein wesentlicher Grundbaustein, denn damit schaffen Führungskräfte Beziehungen und Bindungen. Erst wenn diese oft abschätzig »weiche Faktoren« genannten Verhaltensmerkmale vorhanden sind, wird der größte Faktor für Arbeitszufriedenheit, nämlich Lob, tatsächlich wirksam. Nebenbei erwähnt sind auch andere weiche Faktoren wie etwa Humor, Gelassenheit, Intuition und Selbstbeherrschung fruchtbare Attribute. Alle diese Fähigkeiten sind null und nichtig, wenn es der Führungskraft an Glaubwürdigkeit fehlt. Das ist eine unabdingbare Notwendigkeit, wenn Führung bis zur Flow-Ebene gelingen soll, denn man folgt niemandem, dem man nicht glaubt. Solche Führungskräfte, die ständig in einer verschleiernden Lügensprache sprechen und diese einfordern, also wenn etwa Probleme immer »Herausforderungen« genannt werden müssen, bedienen sich einer Art der Manipulation, die kluge Mitarbeiter längst durchschaut haben, und sie sind damit wirkungslos. Genau diese Führungskräfte verlieren rasch ihre Glaubwürdigkeit und damit die Gefolgschaft.

Besonders glaubwürdig sind Führungskräfte dann, wenn sie ihre Arbeit hingebungsvoll erledigen sowie Gründe für die Eigenmotivation erkennen lassen, welche über Geld und Status hinausgehen. Dieses legendäre Weinpredigen und Wassertrinken ist hier völlig fehl am Platz. Wer nicht mit gutem Beispiel vorangeht, der führt im Grunde überhaupt nicht, sondern übt lediglich Macht aus.

Wohlwissend, wie viel Einfluss unsere Arbeit auf unser Wohlbefinden und in härterer Konsequenz auch auf unsere Gesundheit hat, müssen wir nun einige Schlüsse daraus ziehen. Wenn Sie mit schlechten Führungskräften im Sinne von negativer Einflussnahme auf Ihr Wohlbefinden konfrontiert werden, dann machen Sie sich klar, ob Sie das Verhalten dieser Führungskraft ändern können. Entscheidend ist dabei die Motivation des Führenden – dem liegt alles zugrunde. Geht es der Führung um das Wohl des Unternehmens, geht es der Führung um das Wohl und das Gedeihen der Mitarbeiter – oder geht es der Führung um die eigene Karriere? Es wäre ausgesprochen naiv, zu behaupten, dass es immer nur eines von diesen drei Motiven ist. Tatsächlich sind bei jeder Führungskraft immer alle drei Motive vorhanden. Die Gewichtung ist jedoch bei jeder Führungskraft eine andere, und immer ist ein Motiv dominanter. Dieses dominante Motiv ist entscheidend für die Art der Beeinflussung, mit welcher Mitarbeiter geführt werden.

Wenn Sie, was wahrscheinlich ist, das Verhältnis der Motive nicht zugunsten des Mitarbeiterwohls ändern können, drehen Sie sich einfach um! Warum? Weil Sie dem Betreffenden dann Ihr Rückgrat zeigen. Denn Sie wissen nun, dass es anders und besser auch geht, dass sich der Einfluss, den Ihre Arbeit auf Sie hat, auch positiv gestalten lässt. In keinerlei Weise ist es für unsere Arbeitswelt akzeptabel, dass Führungskräfte psychische Erkrankungen auslösen, Magengeschwüre verursachen oder auch nur Mitarbeiter andauernd in mieser Stimmung halten. Und damit gilt insgesamt, dass ein erbaulicher Arbeitsplatz die ganze Welt erbaulicher macht, weil die Menschen fröhlich, zufrieden und inspiriert nach Hause gehen – und das ist ansteckend.

**IHR DESTILLAT:**

Führung beeinflusst uns über Jahrzehnte hinweg ganz wesentlich und kann sich sowohl ungemein positiv als auch negativ auf unser Wohlbefinden auswirken. Leider weisen viele Daten darauf hin, dass noch zu häufig mit unbrauchbaren Konzepten geführt wird. Aber es gibt Konzepte und Methoden, die Organisationserfolg und Mitarbeiterwohlergehen symbiotisch vereinen. Wenn Sie nicht bereits dort sind, dann wechseln Sie in solche Organisationen. Überlassen Sie Ihr Befinden nicht einem unzulänglichen Vorgesetzten, sondern nehmen Sie selbstverantwortlich die Handlungshoheit an sich!

## 5.2 CHARMANTES LEICHENGIFT

*»Es gibt kein grausameres Tier*
*als einen Menschen ohne Mitleid.«*
August von Kotzebue

Als nachbetrachtet erschreckende Beziehung zum vorhergehenden Kapitel sei angemerkt, dass Psychopathen oder zumindest Männer mit psychopatischen Wesenszügen nachweislich in den Führungsetagen von Konzernen, bei den hohen Würdenträgern der Kirchen, in den Führungskadern des Militärs und den Führern von politischen Parteien bis zu viermal so häufig vorkommen als in der Durchschnittsbevölkerung. Dort wird die Anzahl der

Psychopathen mit ein bis zwei Prozent angegeben. Warum Frauen in Führungsetagen nicht so häufig anzutreffen sind, werde ich später noch klären. Das ändert aber nichts an folgender eher beklemmenden, einfachen Schlussrechnung: Wenn Sie sich in einem Fußballstadion oder bei einem Konzert mit 40.000 Besuchern befinden, sind Sie in Gesellschaft von immerhin 400 bis 800 Psychopathen.

Ein besonders wichtiges Detail in der Beschreibung von Psychopathen haben wir bereits in Kapitel 2.3 gestreift, nämlich die Amygdala. Der Psychologe James Fallon hat festgestellt, dass diese bei Psychopathen um zirka 18 Prozent kleiner und obendrein weniger aktiv ist als beim Durchschnitt. Der sogenannte präfrontale Cortex, welcher Gefühle wie Reue, Schuld, schlechtes Gewissen, aber auch Freude produziert, zeigt ebenfalls eine verminderte Aktivität. Und das trifft auf ein bis zwei Prozent der Menschen zu. Jedoch werden glücklicherweise nicht alle Menschen mit diesen Merkmalen zu Kriminellen oder gar Mördern, denn spezielle genetische Merkmale – also angeborene Komponenten – führen erst kombiniert mit erworbenen, wie etwa eigenen Gewalterfahrungen, sexuellem Missbrauch, Vernachlässigung oder belastenden Familienumständen dazu, dass im Garten des netten, charmanten und hilfsbereiten Nachbarn zwölf Leichen gefunden werden. Es gibt folglich Umstände und Veranlagungen, welche den Schritt in die Kriminalität begünstigen oder aber verhindern. James Fallon hat sich übrigens selbst als Psychopathen diagnostiziert, indem er seine Gehirnscans mit denen von psychopathischen Mördern verglichen und dabei festgestellt hat, dass auch seine emotionalen Regionen reduziert waren.

Eine recht eindrückliche Beschreibung von Psychopathen liefert der kanadische Kriminalpsychologe und emeritierte Professor der University of British Columbia

Robert D. Hare: »Charmant wie George Clooney, selbstherrlich wie Josef Stalin, verlogen wie Pinocchio, betrügerisch wie Bernhard Madoff, aufbrausend wie Adolf Hitler, sexuell untreu wie Giacomo Casanova« – all diese Eigenschaften vereint ein Psychopath in sich. Ebenfalls von Robert D. Hare stammt die Feststellung: »Serienmörder zerstören Familien. Psychopathen in Wirtschaft, Politik und Religion zerstören Wirtschaftssysteme, ja ganze Gesellschaftssysteme.« Und gerade die vergangene Wirtschaftskrise hat uns deutlich vor Augen geführt, wie gefühlskalt und berechnend manche Top-Manager sein können. Sie verzocken das Vermögen der Anleger, vernichten tausende Arbeitsplätze mit einem Federstrich und liefern den Geprellten redegewandt mit einer gehörigen Portion Charme Erklärungen dafür. Gleichzeitig kassieren sie ohne Skrupel horrende Boni. Wie einleitend bereits angedeutet ist in diesem Zusammenhang das Geschlecht recht interessant, denn in die Führungsetagen von Konzernen gelangen eher Männer mit psychopathischen Zügen, weniger jedoch Frauen. Eine Metaanalyse von 92 Studien zu psychopathischen Tendenzen von Führungskräften – durchgeführt von der Managementforschungsassistentin Karen Landay von der University of Alabama – hat gezeigt, dass es tatsächlich so eine Korrelation gibt: Männer gelangen leichter in die Chefsessel, weil skrupelloses Verhalten, aggressive Verhandlungstaktiken, geschickt eingesetztes Lügen, geringes Mitgefühl oder das berühmte »Gehen über Leichen« in vielen Konzernen immer noch zielführend sein kann. Zeigen jedoch Frauen ein solches Verhalten, werden sie dafür abgestraft, weil sie die weiblichen Rollenerwartungen nicht erfüllen. Von Frauen erwartet man keine Nachahmung eines männlichen Führungsstils.

Unsere Betrachtungen vom Verzaubern und Verführen betreffend zeigt sich, dass gerade der Psychopath ein besonderes Sahneschnittchen darstellt, indem er beides vereint und die Grenzen verschwimmen lässt – nicht für ihn selbst, sondern für den, der ihm ausgesetzt ist. Wenn man die einschlägige Literatur über Psychopathen durchforstet, fällt in allen Beschreibungen und Definitionen immer die hochausgeprägte Manipulationsfähigkeit auf. Ausgerechnet den Psychopathen gelang es laut einer Publikation der Dalhousie-Universität im kanadischen Halifiax im Fachblatt »Legal and Crimilogical Psychology« dreimal so häufig, frühzeitig aus dem Gefängnis entlassen zu werden, indem sie die Gutachter von ihrer Harmlosigkeit überzeugen konnten. So waren selbst erfahrene Gerichtgutachter nicht davor gefeit, der Überzeugungskraft und Manipulationsfähigkeit von Psychopathen auf den Leim zu gehen, sich von ihnen also beeinflussen und verführen zu lassen. Beruhigenderweise ist das heute für Psychopathen nicht mehr so leicht, denn die Diagnosekriterien haben sich vor allem durch die Arbeiten von Hare weiterentwickelt. So gibt es mittlerweile eine eigene, von ihm erstmals 1991 publizierte, heute weltweit allgemein in Fachkreisen anerkannte Psychopathie-Checkliste. Aber die Beantwortung der Frage, wie der Psychopath diese Verzauberungen und Verführungen anstellt, bleibt spannend.

Ein recht eindrückliches Beispiel für echte, nicht nur im Volksmund sogenannte Psychopathie ist das Verhalten in Beziehungen: Als Partner verführt und verzaubert er seine Partnerinnen mühelos. Diese hören alle Komplimente, die sie gerne hören, sind überrascht, wie groß die Übereinstimmung beim Denken und Fühlen mit ihrem Liebsten ist, der über sie hereinbrechende Charme ist berauschend, sie sind überw.ltigt von der atemberaubenden Qualität und oft auch Quantität beim Sex, bis sie über beide Ohren verliebt sind. Geschickt spinnen die Psychopathen in weiterer Folge ein Netzwerk aus Abhängigkeiten und beginnen mit den Gefühlen des anderen zu spielen. Die Partnerinnen sind schnell völlig verzaubert von den Psychopathen und glauben, den Partner fürs Leben gefunden zu haben. Und damit hat das grausame Spiel mit der Abhängigkeit bereits voll eingesetzt. Der Psychopath ist kalt und berechnend, ihn zeichnet eine ausgeprägte Gefühlskälte aus: Was andere Menschen empfinden, ist ihm egal. Er lässt Menschen neben sich zugrunde gehen, ohne dass es ihn im Geringsten berührt. Er strebt nach Macht, und hat er die einmal erlangt, sucht er neue Abenteuer. Aber er hört dennoch nicht auf, sein grausames Spiel zu spielen – er wertet ab und bettelt dann um Verzeihung, aber niemals empfindet er Liebe oder wenigstens Zuneigung dabei. Der Psychopath unternimmt alles, was ihm guttut. Solche Verhaltensweisen in Beziehungen werden strafrechtlich zumeist nicht verfolgt, weil es keine Ankläger gibt, aber die psychischen Folgen können verheerend sein.

Warum gerade die Psychopathen solche Meister der Beeinflussung sind, das hängt mit ihren speziellen Begabungen zusammen. Die Mittel und Methoden, die Psychopathen anwenden, klingen einfach und sind dennoch schwer anzuwenden. Psychopathen sind häufig gekonnte Köpersprachleser, sie deuten die Mimik und Gestik ihres Gegenübers rasch und zuverlässig. Damit entschlüsseln sie dessen Gefühlszustände und stellen sich darauf ein. Schnell und präzise täuschen sie eine gleiche Gefühlsebene vor und stellen ganz bewusst eine vom Opfer stark empfundene gemeinsame Wellenlänge her. Obwohl sie kein Mitgefühl haben, können Psychopathen starke Empathie vorspielen. Gnadenlos erkennen sie die tieferen, wahren Bedürfnisse ihres Opfers und gehen subtil in die Rolle des Lenkens von Gefühlen. Durch ihren Charme und ihre häufig vorhandene sprachliche Gewandtheit gelingt es ihnen leicht, ihren Einfluss auf das auserkorene Opfer ständig auszubauen. Die bisher beschriebenen Techniken der Einflussnahme scheinen bei Psychopathen zum natürlichen Handlungsrepertoire zu gehören. Für uns alle ist es darum ungemein schwierig bis unmöglich, Psychopathen zumindest in der gebotenen Eile zu erkennen – einerlei ob in der Partner- oder Personalsuche oder einfach nur im täglichen Leben. Aber einige Anzeichen gibt es, und sollten mehrere von ihnen in Kombination auftreten, lohnt sich ein genaueres Hinsehen, um nicht in ihre Fänge zu geraten. Ihr Charme und eventuell auch ihr bewusst vorgespieltes Charisma wird sie uns zuerst als angenehme und positive Gesprächspartner erscheinen lassen, die durchaus verzaubern können. Wir glauben, einfühlsame Menschen getroffen zu haben, die besonders gut zuhören können und uns verstehen. Sie fallen weder durch Gefühlsausbrüche noch durch besondere Impulsivität auf, drängen sich nicht in den Vordergrund und sind hilfsbereit. Gleichzeitig können sie durch besondere Furchtlosigkeit imponieren, sie suchen ständig nach neuen Stimulierungen. Psychopathen können aber auch Arroganz und Gefühlskälte offen zeigen, wenn sie von Menschen umgeben sind, die ihnen nicht nützen können, weil sie etwa einen niedrigeren sozialen Status haben. Etwas schwerer zu erkennen ist ihre häufige Lügerei, und auch viele andere ihrer Eigenschaften erkennt man erst, wenn es bereits zu spät ist. Zusätzlich zu den bereits erwähnten haben sie auch einige andere kleine, feine Verhaltensauffälligkeiten, die einen nur vordergründig humorigen Beitrag zu deren Beschreibung liefern. Diese Kleinigkeiten sind durchaus dazu angetan, dass Sie bei der Beobachtung von Ihren Mitmenschen paranoide Züge entwickeln und öfter den Psychopathen in ihren Mitmenschen vermuten, als es ihn tatsächlich gibt.

Forscher der Universität Innsbruck haben herausgefunden, dass Psychopathen gustatorisch Bitteres bevorzugen. Seien Sie also vorsichtig, wenn Ihr Gegenüber Bitterschokolade und Gin Tonic besonders schätzt. Ebenso trinken sie ihren Kaffee lieber schwarz – zumindest tun sie das häufiger als die Durchschnittsbevölkerung. Es gibt auch deutliche Hinweise darauf, dass Psychopathen einen veränderten Geruchsinn haben. Forscher der Universität Macquarie in Sydney haben publiziert, dass Psychopathen bei Geruchstests umso schlechter abschnitten, je höher ihre Bewertung bei einem Standard- Psychopathentest war. Auch ihre Sprache zeigt leichte Auffälligkeiten. Ein Team der Cornell-Universität hat in Analysen von Sprachmustern entdeckt, dass sie übertrieben häufig Ursache-Wirkungs-Aussagen verwenden, also mit »weil«, »damit« und »sodass« ihre Aussagen begründen (wir haben passend dazu anhand des Kopierexperiments gesehen, dass Begründungen schwer manipulativ wirken können). Auch das sonst so ansteckende Gähnen gilt für Psychopathen nicht. Wenn Sie also spätabends in einer geselligen Runde sitzen und einer beginnt zu gähnen, dann achten Sie auf den, der nicht mitgähnt.

Jedem, der merkt, dass er es mit einem Psychopathen zu tun hat, sei dringend empfohlen, schleunigst die Flucht zu ergreifen. Aber das ist oft leichter gesagt als getan, denn durch ihre manipulativen Fähigkeiten haben sie vielleicht schon ein Spinnennetz gewoben, aus dem man nur mit Mühe herauskommt.

**IHR DESTILLAT:**

Psychopathen haben ganz besondere Fähigkeiten, mit denen sie verzaubern und verführen, weshalb sie für unsere Betrachtungen interessant sind. Sie setzen aber ihre speziellen Fähigkeiten ausschließlich für ihren eigenen Vorteil ein, während ihnen die Bedürfnisse anderer Menschen völlig egal sind. Also flüchten Sie, wenn sie einen Psychopathen erkennen, denn er wird Ihnen mit hoher Wahrscheinlichkeit schaden!

## 5.3 DIE, NACH DENEN WIR UNS UMDREHEN

*»Es muss von Herzen kommen,*
*was auf Herzen wirken soll.«*
Johann Wolfgang von Goethe

Eine weitere Eigenschaft mancher Menschen, die sich hervorragend zum Verzaubern und Verführen eignet, verdient an dieser Stelle eine nähere Betrachtung: das Charisma. Diese Eigenschaft kann nicht nur den manipulativen Zügen des Psychopathen hilfreich zur Seite stehen, sondern ganz allgemein Menschen dabei unterstützen, Einfluss auf andere zu nehmen. Charisma an sich ist weder eine positive noch eine negative Eigenschaft, sondern es kommt darauf an, wer es wie und wozu einsetzt. Zu diesem Begriff geistern viele Vorstellungen herum, doch was ist Charisma wirklich und wie verzaubert und beeinflusst es uns? Das Wort »Charisma« kommt aus dem Griechischen. Dort gab es die drei Untergöttinnen und Dienerinnen der Hauptgötter, genannt die Chariten: Euphrosyne, die Frohsinnige, Thalia, die Blühende, und Aglaia, die Strahlende. Eine von ihnen nennt man »Charis«, das auch schon einen Hinweis auf den Begriff »Charisma« gibt. In der römischen Mythologie fanden sie eine Entsprechung in den drei Grazien, welche einem berühmten Gemälde des italienischen Malers und Architekten Raffael ebenso ihren Namen gaben wie dem des Renaissancemalers Lucas Cranach des Älteren und etlichen berühmten bildhauerischen Ausformungen. Diese Darstellungen zeigen alle die vollkommene Schönheit, Anmut und daraus entspringende Erquickung für die Menschen und Götter durch eben diese drei Grazien und bringen uns ein kleines Stück weit näher, aber immer noch nicht nahe genug heran an das Verständnis für Charisma.

Das Christentum nahm den Begriff auf und meinte damit »etwas von Gott dem Menschen Geschenktes«. Paulus von Tarsus, ein eifriger Missionar des frühen Christentums, beschrieb mit »Charisma« die geistlichen Fähigkeiten als sogenannte Gnadengabe, die einem Menschen von Gott geschenkt wurden, um dessen Herrlichkeit zu verbreiten. In die deutsche Sprache wanderte das Wort »Charisma« ungefähr im 18. Jahrhundert ein, wiederum als ein Ausdruck für die Begabungen eines Christen. Viel später, erst im 20. Jahrhundert nähert sich der Ausdruck »Charisma« allmählich einer weltlichen Bedeutung im Sinne einer Ausstrahlung, die ein Mensch hat. Erhalten geblieben ist inhaltlich über die Jahrtausende in jedem Fall der Grundcharakter des Außergewöhnlichen, des Sich-von-anderen-Abhebens. Eine einheitliche Definition gibt es nicht, aber einige Parameter, die um das Charisma herumschweben, wie etwa Attraktivität, Präsenz, Schönheit, Reiz und auch Verzauberung.

Von diesen mythologischen und religiösen Herkünften ist das Gerücht geblieben, bei Charisma handle es sich um eine angeborene, also im übertragenen Sinne eine von (einem) Gott geschenkte Fähigkeit. Die Charisma-Expertin Martina Gleissenebner-Teskey widerspricht dem. In ihrem Buch »Charisma« beschreibt sie diese Eigenschaft als in einem empfehlenswerten Neun-Wochen-Programm entwickelbar. Die ihren Trainings und Coachings zugrunde liegende Leitidee lautet: »Charisma entsteht aus Beziehung.« Das ist eine beeindruckende Erkenntnis, die uns dem Verständnis für Charisma einen beträchtlichen Schritt näherbringt. Mit dieser Feststellung erspüren wir nämlich sofort, was Charisma nicht ist, nämlich Verhalten, das Ablehnung hervorruft, und zwar Ablehnung durch andere genauso wie Ablehnung durch sich selbst. Damit kommen wir nicht umhin, ganz salopp zu behaupten, dass wir charismatisch wirken, wenn Menschen uns mögen, obwohl sie uns kaum kennen. Dies geschieht auf vielerlei Ebenen, beginnend bei einer nonverbalen, die einfach zeigt, wie wir uns geben – ob mit aufrechtem Gang, offener Gestik, freundlichem Gesichtsausdruck –, aber auch der Art, wie wir optisch erscheinen – sichtbar an allen Äußerlichkeiten wie etwa einer gepflegten Erscheinung. Wie wir bereits im Kapitel »Fallensteller« gesehen haben, ist ein angenehmes Äußeres ein Quickstepp, der dem Gehirn schmeckt.

Wir mögen an anderen Menschen nicht, wenn sie uns nicht richtig zuhören, immer Recht behalten müssen, zudem nur Negatives erzählen und ständig über andere lästern. All das macht Charisma unmöglich. Charismatische Menschen sind außergewöhnlich präsent, ob als Präsentatoren auf der Bühne, in einer Gesellschaft oder auch in kleinen Gesprächsrunden. Sie hören aufmerksam zu, spenden freundliche Worte, machen ehrliche Komplimente und sind inspirierend präsent, wenn sie selber sprechen. Dabei sind sie aber nicht nur freundliche Ja-Sager und Mainstream-Nachplapperer, sie haben sehr wohl eine eigene starke Meinung, wissen genau, wovon sie reden – und das verleiht ihnen auf angenehme Weise auch eine gewisse Autorität. Das gesamte Auftreten einer charismatischen Persönlichkeit hat eine beträchtliche Überzeugungskraft. Charismatiker kennen oder erfragen taktvoll die aktuellen Bedürfnisse und Erwartungen der Zuhörer oder Gesprächspartner. Dieses Herstellen einer gemeinsamen Wellenlänge macht sie sympathisch. Dabei sind sie in der Lage, Gefühle authentisch, ehrlich und unverkrampft zu vermitteln – vor allem positive. Damit können sie auch Visionen oder Lösungen anbieten, die begeistern oder mitreißen, in ihren Reden verwenden sie häufig Metaphern oder bauen kleine Geschichten ein. Wie wir allerdings bereits wissen, können Psychopathen dies alles zumindest vortäuschen und sind dem Wesen des Charismatikers damit recht nahe.

Interessant ist die Tatsache, dass wir uns zumeist schnell einig sind, ob jemand eine charismatische Persönlichkeit ist oder nicht. Bei Marilyn Monroe, Nelson Mandela, Julia Roberts, Martin Luther King, Prinzessin Diana, Mahatma Gandhi, Romy Schneider oder dem Dalai Lama wird es hinsichtlich des Charismas nicht viele Diskussionspunkte geben. Schon schwerer tun wir uns, wenn wir nun präzise sagen sollen, was das Charisma dieser Menschen ausmacht. Sogar Psychologen finden eine Beschreibung dieser manchmal fast magischen Anziehungskraft schwierig. Charisma ist und bleibt eine diffizile Sache, manchmal ist sie auch eine Illusion, der wir erliegen. Viele Menschen wissen beispielsweise nicht, dass Martin Luther King ein notorischer Fremdgänger war:

Obwohl seine Frau schwer darunter litt, war ihm außer-
ehelicher Sex oft wichtiger als ihr Befinden, wie in Abhör-
protokollen des FBI ebenso zu lesen ist wie in Interviews
mit ehemals engen Mitarbeitern. Verfilmungen seines
Lebens scheitern immer wieder daran, dass seine Familie
die Drehbücher regelmäßig nicht freigibt und King als
einen Heiligen dargestellt haben will.

Freilich war der große Erfolg von *Apple* unter der
Führung von Steve Jobs auch dem Charisma des außergewöhnlichen Firmengründers geschuldet, aber etliche
Menschen, die mit ihm in näherem Kontakt standen,
sagen auch wenig Freundliches über ihn. Auch Mutter
Teresa gilt als eine charismatische Persönlichkeit, dabei
häufen sich in den vergangenen Jahren Beweise dafür,
dass sie auch eine äußerst grausame, verblendete Frau
war, die todkranke Menschen unter größten Qualen sterben ließ – mit dem Argument, dass diese durch ihr Leiden
Christus am Kreuz am nächsten seien. Trotzdem bekam
sie 1979 den Friedensnobelpreis und wurde 2016 von Papst
Franziskus heiliggesprochen, was immer das heißen mag.
Obendrein war dieses Leiden als bestmögliche Nähe zu
Christus am Kreuz wohl für sie selbst nicht gültig, denn
sie ließ sich am Ende ihres Lebens in den USA bestens
palliativmedizinisch versorgen und damit ihr Leiden lin-
dern. Offensichtlich sind die Kategorien »gut« und »böse«
auch bei charismatischen Menschen vorhanden, aber
deren Charisma verführt uns leicht dazu, nur das Gute in
ihnen zu sehen.

Der deutsche Soziologe und Nationalökonom Max
Weber prägte zu Beginn des 20. Jahrhunderts den Begriff
der »charismatischen Herrschaft«, welche die Beziehung
zwischen einem charismatischen Herrscher und einem
vom Charisma verblendeten Volk beschreibt. Die Herrschaft des charismatischen Führers wird durch das Volk

legitimiert, solange sich das Charisma des Herrschers bewährt. Die Gefolgschaft speist sich aus den persönlichen Qualitäten des Anführers, welche sich in einer charismatischen Erscheinung verdichtet, die beinahe magnetisch wirkt. Dass Max Weber dieses Merkmal von politischer Führung gerade zu einer Zeit beschrieb, als die Zukunft unsicher schien, wird wohl mehr als ein Zufall sein. Und gerade in der Zwischenkriegszeit begann der Aufstieg der charismatischen Führer wie Hitler, Lenin oder Stalin. Da die bisherigen Politikkonzepte, die Monarchien, zusehends versagten und von den vormals Untergebenen hinweggefegt wurden, wurden die Völker in Europa immer offener für neue Herangehensweisen. Das Charisma der Anbieter neuer Konzepte verführte die Menschen zu massenhafter Gefolgschaft. Das deutsche Volk war durch den Verlust des Krieges zutiefst gekränkt, und plötzlich trat da eine Persönlichkeit hervor, die es überzeugend als die Herrenrasse darstellte und ihm ein tausendjähriges Reich versprach. Die Orientierung an der Wirklichkeit schwand zusehends und verdichtete sich immer mehr zu den Wahnvorstellungen des kleinen Braunauers hin (von dem aber die bekömmliche Kaffeevariante »Kleiner Brauner« nicht seinen Namen abbekommen hat). Seine neuen Visionen, Gebote, Verbote und Regeln, die schließlich Millionen von Menschen vernichteten, wurden teilweise bedingungslos durch seine charismatische Erscheinung als die endgültige Wahrheit anerkannt. Wir tun uns allerdings schwer, Charisma als Eigenschaft für solche Monster zu akzeptieren, denn diese Bezeichnung ist grundsätzlich mit positiven Assoziationen belegt. Dennoch, in Max Webers Werk, in dem er sich auf die Politik fokussiert hat, erscheint diese charismatische Führung als eine immer noch bestehende Möglichkeit, ganze Nationen zu beeinflussen und zu verführen.

Diesem Konzept von Max Weber recht ähnlich ist die sogenannte »transformationale Führung« in Unternehmen, welche seit der Mitte der 1990er Jahre immer mehr Beachtung findet. Dabei geht es um die Transformation der Mitarbeiter hin zu einer von äußeren Anreizen unabhängigen Begeisterung für das Unternehmen. Diese finden wir außerhalb von Betrieben recht häufig, wenn wir an die begeisterte, hingebungsvolle Freiwilligenarbeit in Vereinen oder sozialen Einrichtungen denken. Die Beschäftigen sollen in eine solche Richtung geführt werden, in der die Arbeitseinstellung in ein überdurchschnittliches Engagement, in eine hohe Loyalität und eine starke Bindung mündet und nicht mehr abhängig von Bonuszahlungen und dergleichen Anreizen ist. Dazu werden Führungspersönlichkeiten benötigt, welche die Beschäftigten extrem begeistern und mitreißen können, und hier spricht man von »charismatischer Führung«. Die Protagonisten dieser Führungsmethode benötigen starke kommunikative Fähigkeiten, visionäres Denken, sie müssen die Gefühle der Beschäftigten ansprechen können und mit großem Selbstvertrauen eine bessere Zukunft erwarten – eben mit Charisma führen. Dass uns solche Führungskräfte massiv beeinflussen können, liegt auf der Hand. Ihr Charisma bewirkt, dass sie ihre Überzeugungen auf die Beschäftigten übertragen, und dies kann zu einer Veränderung im Erleben von Arbeit führen.

Charisma hat zweifellos das Potenzial, eine positive Fähigkeit zu sein, welche Menschen zu deren Wohl zu beeinflussen vermag. Aber auch das Gegenteil ist möglich. Da Charisma an sich wertneutral ist, kommt es darauf an, wer es zu welchem Zweck verwendet.

**IHR DESTILLAT:**

Charisma hat ein hohes Verführungs- und Verzauberungspotenzial. Es entsteht aus einem Verhalten, das wir an Menschen anziehend finden. Obwohl Charisma schwer zu beschreiben ist, sind wir uns bei charismatischen Menschen schnell einig, dass sie es haben. Doch wir sollten auch ein wenig skeptisch bleiben, denn der Einfluss von Charisma hat eine starke Anziehungskraft in alle Richtungen.

# 6 EHERINGE, HORMONE UND HODEN

## 6.1 VERBLENDUNG

*»Möbelgemeinschaft ist keine Ehe.«*
Hermann Oeser

Wir haben wohl alle unsere individuellen Vorstellungen von idealen, romantischen, lebenslang vor Glück triefenden Beziehungen. Und da wir diese Wünsche und Vorstellungen ohnedies alle haben, werfen wir doch einmal einen Blick auf die dunkle Rückseite jenes Mondes, der da so leuchtend hell den Liebenden das abendliche Stelldichein konfiguriert. Abseits von Rosamunde-Pilcher-Filmen, Arztromanen, »Shades of Grey«-Fortsetzungen oder der fast unendlichen Menge an Liebesliedern und -gedichten gibt es eine zweite, unappetitlichere Welt der Zwischenmenschlichkeit. Mit einem Blick in diese können wir vielleicht vermeiden, dass wir in eine Falle tappen, indem wir uns durch unsere Vorstellungen und Wünsche bereits vorab selber verzaubern und verführen.

Mit meinen Betrachtungen möchte ich freilich niemandem seinen vermeintlich größten Sinn des Lebens rauben. All dieses zwischenmenschliche Aufeinanderprallen ist wahrscheinlich das, was uns in unserem Leben am allermeisten bereichern kann und wonach wir streben. Aber ein klein wenig Realität kann nicht schaden, denn vielleicht hilft das, um einige gebrochene Herzen zu vermeiden. Und aus gesundheitlichen Gründen lohnt sich das allemal, denn die Herzspezialisten kennen das Broken-Heart-Syndrom schon länger. Trennungen können neben anderen emotional belastenden Ereignissen zu einem gebrochenen Herzen führen, vermutlich ausgelöst durch Stresshormone, infolge derer sich die Muskeln im Herzen verkrampfen, wodurch das so lebenswichtige Organ nicht mehr richtig pumpen kann. In etwa 90 Prozent der Fälle sind Frauen nach der Menopause davon betroffen, und gerade in dieser Zeit finden auch die meisten Trennungen statt. Die Betroffenen müssen intensivmedizinisch überwacht werden, denn so ein Broken-Heart-Syndrom kann tödlich enden. Viele Beziehungen entpuppen sich nämlich als sogenannte Vorhersagefehler, die nach Abnahme der rosaroten Brille allmählich offensichtlich werden. Eine Analyse der Psychologen und Wirtschaftswissenschaftler Andrew Clark, Ed Diener und Yannis Georgellis beschäftigte sich mit der Lebenszufriedenheit. Die 2003 durchgeführten Untersuchungen für das Berliner Institute of Economic Research zeigen eindeutig, dass die Lebenszufriedenheit zum Zeitpunkt der Heirat am höchsten, jedoch fünf Jahre danach niedriger als vorher ist. Nüchtern betrachtet ist laut dieser Statistik eine Heirat häufig ein massiver Vorhersagefehler, der auf einer Erwartungshaltung beruht, die sich nicht bestätigt. Aber wir lassen uns von den in unserer Gesellschaft immer und überall gegenwärtigen romantischen Schilderungen einer Ehe verführen, und manchmal stimmen sie ja auch. Die aktuellen Scheidungsraten von über 40 Prozent blenden wir als eine ungewünschte Realität aus. Wir wollen die Welt so vorhersehen, wie sie uns am liebsten wäre, aber das spielt es halt nicht immer.

Laut einer Umfrage des Markt- und Meinungsforschungsinstituts *Marketagent.com*, durchgeführt an 908 österreichischen Frauen und Männern zwischen 18 und 69 Jahren, sind nur die Hälfte aller in einer fixen Beziehung lebenden Menschen mit dieser zufrieden. Auch wenn die Stichprobe eher klein ist, so wird der Trend, der damit aufgezeigt wird, durchaus abgebildet. Paradoxerweise wollen dennoch 73 Prozent der Befragten zusammen mit dem Partner alt werden. Sie scheinen in ihrer Vorhersageillusion zu verharren, denn hier gilt offensichtlich das »Prinzip Hoffnung« oder auch der bei Wahlen immer passende Spruch »Die dümmsten Kälber suchen sich ihre Metzger selber«. Denn es geht auch noch schlimmer: Laut der polizeilichen Kriminalstatistik des österreichischen Bundeskriminalamtes waren 2017 zwei von drei Gewaltdelikten Beziehungstaten. Das sind nahezu 23.000 Fälle, in denen eine Beziehung zwischen Täter und Opfer bestand. Laut der »Der Standard«-Ausgabe vom 24. November 2018 gab es bis zum Erscheinungszeitpunkt der Zeitung in Österreich 32 Morde an Frauen durch ihre Partner, Ex-Partner oder Familienmitglieder. In Deutschland waren es 2017 laut diesem Artikel 114.000 Frauen, welche Opfer von Gewalt durch ihren derzeitigen oder früheren Partner wurden – 147 Frauen wurden dabei getötet. Auch wenn die Genauigkeit der Begrifflichkeiten in diesen Statistiken bemängelt wird, so wird doch klar, dass nicht alles einer Mondscheinromanze gleicht, sondern eben diese dunkle Rückseite des Mondes genauso existiert.

Wir kommen damit nicht umhin, uns der spannenden Frage zu widmen, welche Beeinflussungen, Umstände und Bedingungen für das gemeinsame Glück eher günstig und welche eher ungünstig sind. Der griechische Philosoph Platon bemerkte bereits ungefähr 400 Jahre vor unserer Zeitrechnung: »Liebe ist eine schwere Geisteskrankheit.« Dem kann mit Inbrunst zugestimmt werden, wenn wir an die vielen Verrücktheiten denken, welche Frischverliebte vollbringen. Der Rausch der Hormone verzaubert unsere Sinne, riesige Schmetterlingsschwärme durchfliegen unsere Eingeweide, mindestens zweimal am Tag und noch öfter in der Nacht liegen wir eng umschlungen nach ekstatischem Sex erschöpft und noch glückseliger im

Bett, auf dem Rücksitz des Autos oder wo sonsthin es uns gerade fortgetragen hat. Wir könnten jeden Tag hunderte Liebesgedichte verfassen, mühelos fließen sie vom Herzen in die Feder. Alles im Leben dreht sich plötzlich und ausschließlich um die eine uns vollständig verzaubernde Person, mühelos gelingt jedes gemeinsame Lachen. Jede gemeinsame Vorstellung von der Zukunft, jede ersehnte Seelenverwandtschaft wird eine höchst lebendige, inspirierende Quelle des gesamten Daseins.

Setzen wir uns in eine Zeitmaschine und springen 20 Jahre weiter, dann werden wir bei vielen Paaren – so sie überhaupt noch zusammen sind – die etwas schlafferen, um die Leibesmitte ansatzweise adipösen Körper am Samstagabend mit entzaubernder Trägheit auf der Couch liegen sehen, in Erwartung des aufregendsten Geschehnisses der Woche, nämlich der fernsehtauglich aufbereiteten Späßchen, die mit der versteckten Kamera gedreht wurden. Er schläft dann ein, weil ihn die zwei, drei Bierchen narkotisiert haben. Sie lässt ihn auf der Wohnzimmercouch liegen, weil sie im Ehebett ohnedies nichts Aufregendes zu erwarten hat. Die Wahrscheinlichkeit, dass er ihr in den vergangenen 20 Jahren zumindest einmal untreu war, liegt bei 49 Prozent – umgekehrt wird sie ihm sogar zu 55 Prozent untreu gewesen sein. Das belegte jedenfalls eine Veröffentlichung der Göttinger Georg-August-Universität im Jahr 2008. Männer waren dabei arme Opfer ihrer Triebe, denn da es zu Hause immer weniger Sex gab, haben sie ihn sich woanders geholt. Zudem suchte der männliche Seitenspringer Selbstbestätigung, weil er sich von seiner Frau nicht mehr ausreichend begehrt fühlte. Und da sich auf einer Geschäftsreise die Gelegenheit geboten hat, griff er zu. Der weibliche Seitenspringer fühlte sich ungeliebt, war unzufrieden mit dem ehelichen Sex, vermisste das Kuscheln und den liebevollen Umgang miteinander. Selbstbestätigung suchen untreue Frauen auch, denn die Gatten sind unaufmerksam geworden, die Komplimente haben mit den Jahren stark nachgelassen – verzaubert sind sie immer weniger und immer weniger originell geworden.

Was ist geschehen in den 20 Jahren, wie konnte sich das alles dermaßen entwickeln, welche Einflüsse und Umstände haben zu dieser trostlosen Situation geführt? Der größte Rausch der Gefühle geht nach ungefähr einem Jahr vorüber, manchmal früher, in Ausnahmefällen dauert er zwei bis drei Jahre. Ursache dafür ist das Gehirn, es schaltet allmählich einige Gänge zurück, indem es die Ausschüttung der Liebeshormone verringert. Die Zellen, die im Belohnungszentrum auf Dopamin reagieren, gewöhnen sich allmählich an die regelmäßige Dosis und die euphorisierende Wirkung lässt nach. Der Serotoninspiegel normalisiert sich ebenfalls spätestens nach einem Jahr. Damit drehen sich die Gedanken nicht mehr nur um den Partner. Noradrenalin, ein Botenstoff im Gehirn, der gemeinsam mit dem Kuschelhormon Oxytocin und Vasopressin für die gesteigerte Lust im ersten Jahr verantwortlich war, ebbt ab wie alle anderen Hormone auch. All das ist auch ein Schutz für den Körper, denn dieser einem Drogenrausch nicht unähnliche Zustand würde auf Dauer schaden. Und damit kehrt der Alltag ein nach diesem anfänglichen Trommelwirbel der hormonvernebelten Sinne. Durch die Normalisierung des Oxytocin-Spiegels sieht man den Partner plötzlich nicht mehr idealisiert, sondern bemerkt allmählich auch seine kleinen Fehler und Unzulänglichkeiten. Erste Nörgeleien können einsetzen. Der eintönige Alltag verbunden mit Berufsstress, abzuzahlenden Schulden für das errichtete Eigenheim und umsorgungsbegehrende Kinder führen zu einem Abklingen eines liebevollen Umgangs miteinander. Alle diese aufgeführten, oft als Klischees abgetanen Alltäglichkeiten

und Banalitäten sind bestens dafür geeignet, ein Ausein-
anderdriften zu unterstützen. Hinzu kommen dann noch
Vergleiche mit filmisch aufbereiteten Illusionen, die das
vollendete Liebesglück übertrieben darstellen und damit
Frustrationen geradezu heraufbeschwören.

Aber es gibt Hoffnung! Diese Phase des Abklingens der
ersten Verliebtheit ist zwar kritisch, aber entscheidend für
das Gelingen einer dauerhaften Beziehung. Wenn er und
sie es schaffen, nun in Vertrautheit und Nähe miteinander
zu leben, dann sorgen wieder Hormone – diesmal sind es
die mit dem Opium verwandten Endorphine – dafür, dass
sie in eine Phase des Wohlfühlens gleiten (selbstverständlich gilt das alles immer auch für homosexuelle Beziehungen). Aufrechterhaltene Zuneigung und Fürsorge erhalten
die Endorphinausschüttung oder regen sie sogar an. Die
Endorphine sorgen dafür, dass die Partner sich gegenseitig vermissen, wenn sie sich länger nicht sehen, und
das kann individuell variieren von Stunden bis Tagen.
Endorphine sind der Grundbaustein dafür, dass Beziehungen ein Leben lang halten und auch als glücksbringend
empfunden werden. Den entscheidenden Einfluss darauf
hat das Verhalten der beiden Liebespartner, bezeichnen
wir es als endorphinförderndes oder endorphinvernich-
tendes Verhalten. Es gibt also Anlass zum Optimismus,
dass Beziehungen in glücklicher Verbundenheit gelingen
können. Unbedingt muss aber an dieser Stelle angemerkt
werden, dass es nicht die Hormone alleine sein können,
welche unsere Beziehungen bestimmen, denn sonst würde
man jede nicht funktionierende Beziehung einfach mit
einem Hormoncocktail therapieren können. Das geht aber
nicht einmal ansatzweise, weshalb wir wieder beim dem
weiter oben ohne wirklich schlüssige Lösung abgehandel-
ten Thema des freien Willens und der Selbstbestimmtheit
angelangt sind. Hormone sind Botenstoffe, sie übertra-

gen Botschaften, woher aber diese Botschaften kommen, das wird noch zu klären sein. Doch verweilen wir noch ein wenig beim Hormonkonzept und vertiefen uns in das Nichthormonelle erst im nächsten Kapitel.

Wie sollen wir uns nun verhalten, damit wir die Endorphinausschüttung günstig beeinflussen? In etlichen Beobachtungen von Paaren, die schon viele Jahrzehnte glücklich verheiratet sind, konnte ich immer wieder einige gemeinsame Verhaltensweisen erkennen, die sich auch mit der diesbezüglichen Literatur decken. Eine davon ist, den Partner im Laufe der Jahre nicht verändern zu wollen. Wie wir schon mehrere Male festgestellt haben, mögen wir diese Art der Beeinflussung nicht und werden uns dagegen wehren, wir werden zum Gegner des eigenen Partners. Wenn wir irgendeine Eigenart unseres Partners als Mangel erkennen, dann sollten wir dem Wunsch widerstehen, diesen beseitigen zu wollen. Es wäre eine Illusion, zu glauben, dass es bei diesem einen Mangel bleibt. Ist erst der eine beseitigt, taucht sofort der nächste auf und so weiter und so fort. Wenn wir es schaffen, alle Mängel ununterbrochen zu beseitigen, dann haben wir plötzlich einen ganz anderen Menschen als den vor uns, in den wir uns verliebt haben. Wenn uns die Beseitigung nicht gelingt, wird der Partner zu einer immer größeren Gegnerschaft herausgefordert und sich erst recht irgendwelchen Änderungen verschließen. In beiden Fällen gibt es nichts zu gewinnen, aber alles zu verlieren, denn die Beziehung wird in Konflikten erstarren. Zudem sind diese Mängel eine rein subjektive Betrachtung – andere können diese Eigenheiten sogar schätzen. Daher ist eine Mangeltoleranz unbedingt förderlich und einzig zielführend. Es muss etwas beim anderen fehlen dürfen, ohne dass dies negative Schwingungen verursacht. Das soll nicht gleichzeitig bedeuten, dass Partner sich nie und überhaupt nicht ändern sollen, aber es muss von ihnen selbst gewollt sein. Die sich ändernden Lebensumstände verlangen immer wieder nach Anpassung – das Verharren in alten Mustern kann da keine Lösung sein. Und auch das ist Toleranz und vielmehr noch Respekt, nämlich das gewünschte Verhalten des anderen anzuerkennen und von sich heraus gewollt Bemühungen zu unternehmen, diesen Wünschen zumindest zeitweise zu entsprechen, aber eben ohne Zwang und ohne »müssen«.

Erwartungen und Wünsche an den Partner sind berechtigt, dass er sie aber immer errät, das ist eine weitere unangenehme Illusion, die zu Enttäuschungen führen wird. Ohne Zweifel sind wir begeistert oder sogar verzaubert, wenn unser Partner uns unsere Wünsche von den Augen abliest oder diese bereits vorausahnt, aber das ist nicht die Regel, die erwartet werden darf, sondern eine naiv-romantische Vorstellung. In einer Partnerschaft verletzen wir uns letztendlich immer selber, wenn wir unsere Wünsche und Erwartungen nicht aussprechen. Fatalerweise projizieren wir das Unerfüllte dann aber auf den anderen. In einer reifen Partnerschaft haben beide gelernt, ihre Wünsche und Erwartungen mitzuteilen und freuen sich umso mehr, wenn diese dann auch einmal unausgesprochen erkannt und erfüllt werden. Der erwartete gemeinsame Kinobesuch, das Abendessen im neuen Steakhouse, die vielen kleinen zu verrichtenden Dinge des täglichen Lebens – die Bandbreite an möglichen Wünschen und Erwartungen scheint endlos; diese alle zu erraten, ist unmöglich. Geschieht dies doch das eine oder andere Mal, dann ist die Freude umso größer. Wenn sie allerdings ausgesprochen werden, dann gibt es keine Enttäuschungen. Dies führt uns zu einem emotional recht ähnlichen Verhalten, nämlich der Achtsamkeit und Aufmerksamkeit. Es ist durchaus förderlich, wenn er ihr auch nach 30 Jahren Ehe noch die Türe aufhält, ihr die Einkaufstasche abnimmt oder sie ihn bemitleidet, wenn er Schnupfen hat. All diese kleinen Dinge bemerkt man in langjährigen glücklichen Beziehungen. Solche Paare haben es geschafft, sich gegenseitig zu sehen und wahrzunehmen. Sie haben dem Alltagstrott keinen Raum gelassen für Gleichgültigkeit und Unaufmerksamkeit: Er hat nie dem vielleicht manchmal vorhandenen Drang nachgegeben, nicht von der Zeitung aufzusehen, wenn sie etwas zu ihm sagt. Sie hören einander interessiert zu, lassen den anderen aussprechen, sind nicht darauf aus, gegen den Partner Rhetorikduelle zu gewinnen.

Eine glückliche Beziehung zu leben heißt auch verzichten zu können, also Kompromisse einzugehen. Jeder Kompromiss ist immer auch ein Verzicht, denn der Verzichtende hat seine Wünsche und Vorstellungen durch seine Kompromissbereitschaft nicht vollständig verwirklichen können. Wer sich in einer Beziehung immer durchsetzt, der zwingt den anderen zum ständig größeren Verzicht und macht ihn damit zu jemandem, der durch die Beziehung zu einem Verlierer wird. Das kann auf Dauer weder Harmonie noch Wohlbefinden fördern. Wenn er am Sonntag immer lieber Fahrrad fahren möchte und sie aber lieber wandert, weil er ihr ohnedies ständig davonfährt, und es wird immer Fahrrad gefahren, dann wird sie irgendwann eine tiefe Abneigung zuerst gegen Sonntage, dann gegen das Fahrrad und bald auch gegen ihn entwickeln. Gerade die Banalität dieses Beispiels zeigt besonders deutlich den darin enthaltenen Mechanismus einer sich entwickelnden Abneigung, wenn es keine Kompromisse gibt. Ein Stück zu radeln, um dann einer gemütlichen Jausenhütte entgegenzuwandern macht das Beziehungsleben um einiges harmonischer – die erbaulichen Sonntage werden häufiger und angenehmer ausklingen. Zusätzlich ist es in einer Beziehung von Vorteil, wenn es gemeinsame Interessen gibt, ob dies nun Radeln und Wandern oder ein anderer Sport ist, oder eine Vorliebe für erlesene Weine, Opernaufführungen oder die Schafzucht, spielt keine Rolle. Gemeinsame Interessen stärken das Wir-Gefühl in einer Beziehung, sorgen für anregende Gesprächsinhalte und erzeugen gemeinsame Erfolgserlebnisse. Dennoch muss auch Eigenständigkeit erhalten werden und möglich sein. Partner dürfen nicht zu Klammeraffen werden und den anderen ersticken. Das aus der spanischen Hoftracht des 16. Jahrhunderts stammende Korsett, welches heute eher nur noch in der Sado-Maso-Szene verwendet wird, hatte oft beträchtliche negative Auswirkungen auf die Gesundheit der Trägerinnen. Die inneren Organe wurden gequetscht, die Wirbelsäule deformierte sich, Rippen brachen und Ohnmachtsanfälle waren üblich. In unglücklichen, schwer oder nicht gelingenden Beziehungen findet man solche Korsette recht häufig, allerdings sind sie da von seelischer Beschaffenheit und nicht mehr aus Fischgräten gefertigt. Gemeint ist die Abschaffung von persönlichen Freiräumen und Freiheiten durch eine Beziehung. Diese sind nämlich notwendig für die persönliche Entwicklung und Entfaltung. Wahrscheinlich kennen wir alle diese Zeitgenossen, die nach dem Eingehen einer Beziehung sämtliche Kontakte abbrechen oder stark einschränken, an den üblichen Vereinsaktivitäten nicht mehr teilnehmen und nur mehr in Begleitung des Partners gesichtet werden. Nach einigen Jahren tanzen sie plötzlich wieder an, einige seelenöffnenden Drinks an der Bar später erklären sie dann, sie würden überhaupt nicht verstehen, warum die Beziehung auseinandergegangen sei, warum es nicht mehr funktioniert habe, wo man doch alles geteilt habe. Dabei ist die Erklärung einfach: Das seelische Korsett führt zur Ohnmacht. Wer seine eigene Persönlichkeit in einer Beziehung völlig auflöst, der existiert nicht mehr vollständig als Ich, und wer als Ich verblasst, der kann auch nicht geliebt werden. Die ausreichende Balance zwischen dem Ich und dem Wir, zwischen Selbstverwirklichung und Gemeinsamkeit zu schaffen, verhindert diese unsägliche Ohnmacht durch die seelischen Korsette.

Eine wesentliche Grundlage für das Zulassen dieser Freiräume ist Vertrauen. Das wiederum ist unabdinglich mit Treue verbunden, und diese beiden Schwergewichte des Zwischenmenschlichen werde ich ob ihres Umfanges im folgenden Kapitel gesondert abhandeln. Zuvor sei aber noch zusammenfassend erwähnt, dass diese teilweise idealisierten Darstellungen, die wir immer wieder bei glücklichen Paaren antreffen, bei einer intensiven Auseinandersetzung mit unserem Lebensglück hilfreich sein können. Und genau diesem Lebensglück sollen keine Grenzen gesetzt sein im verzaubernden und verführenden Aufeinanderzugehen, denn das in einer Partnerschaft lebenslänglich zu praktizieren, hat eine ungeheure Glücksdynamik.

**IHR DESTILLAT:**

Da viele Menschen eine glückliche Beziehung als einen wesentlichen Lebenssinn betrachten, werden sie alleine von der Vorstellung davon massiv beeinflusst. Aber nahezu die Hälfte aller Beziehungen sind Vorhersageillusionen und gelingen nicht. Entscheidend für das langfristige Gelingen einer Partnerschaft nach dem Abklingen des anfänglichen Hormonrausches ist das Etablieren eines festigenden Verhaltens.

## 6.2 KUCKUCKSKINDER

*»Mit den Jahren wird Sex*
*größtenteils eine externe Angelegenheit.«*
Unbekannt

Das Thema »Treue« erreicht zumindest jeden in einer Beziehung lebenden Menschen auf eine gemütserwärmende Art – da können auch Siedepunkte leicht einmal überschritten werden. Nur kalt lässt es diesbezüglich niemanden. Unzählige Studien, biologische, psychologische und soziologische Forschungen haben einmal mehr, einmal weniger Erhellendes dazu beigetragen, dieses Thema in einer ausgewogenen Gesamtheit darzustellen, zumal auch religiöse, philosophische, juristische und andere weltanschauliche Beiträge die Untersuchungen durcheinanderwirbeln. Alleine die Frage, ob nur die gedankliche Vorstellung allein, mit jemand anderem als dem aktuellen Partner sexuell zu verkehren, bereits eine Untreue darstellt oder nicht, scheidet die Geister massiv. Ein Ehebruch in juristischer Hinsicht ist das bei Verheirateten selbstverständlich nicht, wohl aber gibt es Religionen, welche das so sehen. Im Matthäusevangelium 5, 27–32 steht:»Ihr habt gehört, dass gesagt worden ist: Du sollst nicht die Ehe brechen. Ich aber sage euch: Wer eine Frau auch nur lüstern ansieht, hat in seinem Herzen schon Ehebruch mit ihr begangen.«

Im antiken Athen wiederum hatte die eheliche Pflicht zur Treue eher erbrechtliche Hintergründe, denn es sollten vor allem Kuckuckskinder vermieden wurden. Die untreue und dabei ertappte Ehefrau wurde deshalb aus dem Familienverband verstoßen. Wenn ein verheirateter Mann außerehelich mit einer unverheirateten Frau verkehrte, hatte das hingegen keinerlei Folgen – das war gesellschaftlich ebenso akzeptiert wie die Knabenliebe, weil es keine erbrechtlichen Folgen gab.

Heutzutage gibt es genauere Untersuchungen zu den sogenannten Kuckuckskindern, also Kindern, deren biologischer Vater nicht der aktuelle Partner der Mutter ist, wobei dieser aber glaubt, es zu sein. Die Bezeichnung wurde deshalb vom Kuckuck ausgeliehen, weil dieser bekanntlich seine Eier in fremde Nester legt und die Küken von den nestbesitzenden Vögeln großziehen lässt. In durch DNA-Tests gesicherten Untersuchungen schwanken die Ergebnisse von 0,8 bis 8,3 Prozent – beim Menschen, nicht beim Kuckuck. Durch die reichlich verfügbaren Methoden der Empfängnisverhütung, die gerade in solchen Situationen mit größerer Sorgfalt angewendet werden, lassen diese Zahlen aber keinerlei Rückschlüsse auf das tatsächliche Ausmaß an Untreue zu.

Wir könnten nun die Geschichte und alle Kulturen durchwandern – eine Lobpreisung der Untreue würden wir nirgendwo finden, außer bei irgendwelchen sonderbaren Sekten. Das nötigt uns aber keine größere Verwunderung ab. Deshalb werden wir die historische Rückschau und kulturelle Durchleuchtung bereits an diesem Punkt hinter uns lassen und uns der Gegenwart zuwenden, Ursachen beschreiben und die Auswirkungen darstellen, denn dem Zweck dieses Buches folgend geht es um Beeinflussung. Erwähnenswert sind hier vorab nur noch zwei Dinge: einmal, dass Österreich 1997 der letzte Staat in Europa war, der Ehebruch aus dem Strafgesetzbuch gestrichen hat. Und zum anderen, dass ich keine Zahlen über Untreue in jenen Ländern finden konnte, in denen auf Ehebruch die Todesstrafe steht. Im Iran, in Saudi-Arabien, in Pakistan, dem Sudan, im Jemen und in Mauretanien etwa gibt es als Strafe für Ehebruch immer noch die Steinigung, und sie wird auch praktiziert. Interessant wäre die

Klärung der Frage, ob diese drastischen Konsequenzen auch tatsächlich von Untreue abhalten, oder ob es zumindest in Österreich bis 1997 europaweit am wenigsten Untreue gab, was ich stark bezweifle.

Der im Buchtitel enthaltene Begriff »verführt« wird gerade hier im Sinne von Verführung eine weit weniger wichtige Rolle spielen als gedacht, obwohl speziell im Zusammenhang mit Zwischenmenschlichem die Verführung von vielen Menschen in seiner ureigenen Bedeutung gesehen wird. Keinesfalls aber möchte ich mir hier irgendwelche moralischen oder ethischen Bewertungen anmaßen oder gar Vorschläge darbieten. Dazu ist das Thema viel zu persönlich.

Untreue genauso wie Treue passiert nicht einfach so als eine Beiläufigkeit des Lebens, sie ist vielmehr eine aktive, bewusste Handlung. Damit sind wir aber auch genau auf den Punkt gekommen, denn wenn sie eine bewusste Handlung ist, dann ist die Verführung ein zu betrachtender Bestandteil derselben, wenn sie auch zumeist überschätzt wird und äußere Umstände eine viel wichtigere Rolle spielen. Die Untreue – auch »Seitensprung«, »Fremdgehen«, »Affäre«, »Eskapade« oder »den Partner betrügen« genannt – ist tatsächlich ein recht häufiges Vorkommnis, auch wenn mit diesen Begriffen nicht immer genau dasselbe gemeint ist. Die Erwartung, dass ein Partner treu ist, liegt je nach Umfrage und Land bei 60 bis 100 Prozent, weil partnerschaftliche Treue den meisten extrem wichtig ist. Die Fakten sprechen allerdings eine andere Sprache, denn wie wir im vorherigen Kapitel gesehen haben, liegen die Quoten – zumindest einen einmaligen außerehelichen Sexualverkehr betreffend – bei rund 50 Prozent sowohl bei Männern als auch bei Frauen. Die bereits zitierte Studie der Göttinger Georg-August-Universität besagt zudem, dass 20 Prozent der

Frauen und 17 Prozent der Männer öfter als einmal untreu waren, wobei die klassischen Ausrutscher – auch One-Night-Stands genannt – mit 12 und 15 Prozent sogar eher die Ausnahme sind. Andere Statistiken zeigen etwas niedrigere Zahlen, jedoch auch immer wieder, dass Frauen entgegen der landläufigen Meinung häufiger untreu sind. Laut einer Umfrage eines Online-Partnerinstituts leben die untreuesten deutschen Frauen in München – bei den Männern sind es die Berliner. Auch beim Alter gibt es Unterschiede, denn während Männer um den 50. Geburtstag herum am untreuesten sind, kommt es bei Frauen rund um den 45. Geburtstag am ehesten zu außerpartnerschaftlichen Betätigungen. In der Göttinger Studie gaben 85 Prozent der Frauen und 79 Prozent der Männer als Hauptgrund für einen Seitensprung an, dass sie mit dem Partner sexuell unzufrieden waren, wobei aber nur 31 Prozent der Frauen und 25 Prozent der Männer mit ihren Partnern jemals darüber geredet hatten. »Nicht lange reden, sondern einfach tun« scheint hier eher üblich.

In Anbetracht dieser hohen Zahlen wird noch einmal klarer, dass Untreue nicht einfach nur so geschieht, sondern dass da ein aktives Betreiben dahintersteht. Schon aus rein biologischen Gründen verwundert das nicht, denn aus Sicht der Evolution ist Monogamie ein Unfug. Die Natur hat das Konzept der Treue nicht vorgesehen, es gibt auch kaum Tierarten, die nach diesem Konzept leben, nicht einmal die, von denen wir es bisher annahmen, wie etwa Schwäne. Das haben DNA-Tests an Nachkommen bewiesen. Monogamie widerspricht dem zur Evolution und Arterhaltung notwendigen genetischen Austausch, also einem Prinzip höchster Ordnung. Unsere nächsten Verwandten, die Affen, sind da besondere Sahnehäubchen, sie treiben es ausgesprochen bunt und häufig untereinander. Die Bonobos, vielleicht besser bekannt als

»Zwergschimpansen«, lösen damit sogar ihre Konflikte und Sex dient ihnen zur Entspannung, egal ob Männchen mit Weibchen oder Männchen mit Männchen. Übrigens sind Affen die einzigen Tiere, welche den Sexualakt nicht nur in einer Bauch-zu-Rücken-Stellung ausüben, sondern auch in einer Bauch-zu-Bauch-Stellung, unter den Menschen gut bekannt als »Missionarsstellung« – aber dieser Ausdruck ist bei Affen gänzlich unangebracht.

Das nun ausbrechende »Hurra«-Geschrei, weil man aufgrund einer evolutionsbiologischen Notwendigkeit nichts für seine Seitensprünge kann, ist aber völlig fehl am Platz. Es gibt Konventionen im menschlichen Zusammenleben, welche über Jahrtausende entwickelt wurden und ein friedvolles, funktionierendes Miteinander erleichtern sollen. Und auch diese Konventionen sind es, die uns ganz wesentlich von den Tieren unterscheiden, und genau zu diesen gehört auch das Konzept der Treue. Sexualität ist ja für uns Menschen nicht nur ein Akt der Triebbefriedigung oder eine Fortpflanzungsmaßnahme, sondern Sexualität ist die wohl intimste Form der Kommunikation zwischen zwei Menschen, es gab sie auch schon lange vor der Sprache und wir benötigen die Sprache dazu nicht. Sexualität ist die intensivste Form des Begreifens von Liebe. Nicht umsonst gehört Sexualität zu den Wachstumsbedürfnissen: Sie ermöglicht uns größtmögliche Nähe zum anderen, wir spüren Geborgenheit, Begehrtheit, Sicherheit, fühlen uns durch sie aufgehoben. Diese zugelassene intime Nähe gibt uns auch das Gefühl, zumindest für einen Menschen etwas Besonderes und Exklusives zu sein, was wiederum Lust bereitet und zu ekstatischen Höhepunkten im Gefühlsleben führen kann – und da können auch Orgasmen dabei sein.

Völlig unverständlich ist gerade in diesem Zusammenhang die sexual- und vor allem lustfeindliche Einstellung der katholischen Kirche, für die Sexualität traditionell nur zur Fortpflanzung dient, wobei da großzügigerweise auch ein wenig Erregung erlaubt ist – Gott zur Ehre und uns zur Freude, die Zeugung gleichsam als Zwei-Personen- Gotteslobpreisung. Es ist mehr als diskussionswürdig, wenn eine Institution sich aufschwingt, um den Menschen ihr Menschsein zu stehlen, indem sie Sexualität degradiert, außerehelich praktiziert sogar als etwas Unreines bezeichnet. Der erste Geschlechtsverkehr wird »die Unschuld verlieren« genannt, was auch immer das heißen mag, denn wessen sollte man schuldig werden? Gerade in der katholischen Kirche begann das zwanghafte Reden über Sex, denn in der Beichte musste in allen erdenklichen Einzelheiten geschildert werden, was denn so geschehen war in trauter Zweisamkeit, aber auch vor Träumen wurde da nicht Halt gemacht. Selbstbefriedigung wird »Selbstbefleckung « genannt, laut der Internetinformationsseite *www.stjosef.at* der österreichischen Gemeinschaft vom Heiligen Josef ist sie als »Fehlform sexuellen Verhaltens zu erachten und sittlich unrichtig«. Die nun seit 2.000 Jahren andauernde Geiselhaft, in welche die Sexualität genommen wurde, hat in unserer Kultur dazu geführt, dass Sexualität als die intimste Form der partnerschaftlichen Kommunikation und Sex als ein Akt der körperlichen, auf Lustbefriedigung bezogenen Aktivität nur wenig Unterscheidung finden, dass Sexualität auf das Niveau von etwas Anrüchigem, Schmutzigem und Verbotenem gebracht wurde. Aber wie wir bereits wissen, ist gerade das Verbotene besonders reizvoll, wie eben die Kirschen in Nachbars Garten oder die Ehefrau in Nachbars Schlafzimmer. Jede Norm, Vorschrift und Regel schafft immer auch ihre Umgehung mit, und aus diesem Blickwinkel wundert vieles nicht. Nun wäre es aber viel zu weit hergeholt und auch kindisch, zu behaupten, dass die strengen, menschenfeindlichen Regeln der katholischen Kirche die Ursache für alle Verführungen seien, obwohl gerade deren Würdenträger den Teufel als den Verführer schlechthin erfunden haben. Dennoch hat die katholische Kirche einen wesentlichen Beitrag dazu geleistet, wie unsere Kultur der Sexualität aussieht, nämlich zweckgebunden auf die Zeugung von weiteren Kirchenbeitragszahlern und ansonsten nicht erlaubt, also folglich sündhaft. Wie der französische Philosoph und Psychologe Michel Foucault gerade in den Zeiten der sexuellen Revolution der 60er Jahre in seinem Werk »Der Wille zum Wissen« in Band 1 »Sexualität und Wahrheit« schreibt, hat sich in unserer abendländischen Kultur keine erotische Kunst, keine »ars erotica«, entwickelt wie etwa in der chinesischen, indischen oder arabisch-islamischen Gesellschaft, denn da betonen die Schriften überall den Lustgewinn. Im Buch »Zad al-Ma'ad« des Gelehrten Ibn al-Qayyim aus dem 14. Jahrhundert steht dezidiert über Sexualität zu lesen: »Was den Geschlechtsverkehr betrifft, so hat der Prophet das vollkommenste Ideal gebracht, womit man die Gesundheit bewahrt und die Menschen ihr vollkommenes Vergnügen und Genuss finden können.« Sex wurde in der abendländischen Kultur stattdessen zu einem Untersuchungsgegenstand und bei Abweichungen zu einem wissenschaftlichen Diskurs, der gerade durch die öffentlichen Diskussionen dazu manipuliert, was als Norm angesehen werden könne. Vor diesem Hintergrund ist Sexualität bei vielen Menschen eben nicht zu jener wundervollen einzigartigen Kommunikation geworden, sondern wird als kollektiver Bestandteil unserer Kultur häufig missverstanden als etwas Beiläufiges, welches zur Befriedigung und zur Zeugung von Nachwuchs dient. Damit öffnet sich aber auch die Tür zur Untreue einen Spaltbreit, wenn man Sexualität nur in dieser Banalität versteht. Und genau jene strengen Regeln, Vorschriften und Normen haben uns ein klein wenig verführbarer gemacht. Das Verbotene reizt, gerade wenn die Lebensumstände danach sind. Speziell die 68er-Revolution versuchte auch, die Sexualität von ihren Zwängen zu befreien, aber ob der Leitspruch »Wer zweimal mit derselben pennt, der gehört schon zum Establishment « wirklich dazu angetan ist, mag bezweifelt werden. Dieser Spruch und diese Bewegung bestätigen eher die Aussage, dass jede Erstellung von Regeln, Normen und Vorschriften immer ihre Umgehung miterschafft.

Untreue wird häufig dazu benutzt, eine innere Leere zu füllen, ähnlich dem übermäßigen Genuss von Alkohol oder dem Konsum von Drogen. In einer eintönigen, langweiligen Ehe stellt sich ein Partner immer mehr die Frage »War's das, soll es das für mich gewesen sein?« Und eines Tages kommt da dieser neue Mitarbeiter von der Finanzabteilung und macht Komplimente, lädt zu einem Feierabenddrink ein. Eines Abends – der Ehemann ist auf einer dreitägigen Dienstreise – werden aus dem einen Drink mehrere, die Gespräche werden persönlicher, wie zufällig berührt der neue Kollege ihren Unterarm, zuerst nur ganz kurz, dann verweilt seine Hand dort etwas länger. Die beiden stellen fest, dass sie viele gemeinsame Interessen haben, können über dieselben Dinge lachen, es wird später, die Drinks machen lockerer. Dann beginnt zuerst ganz unmerklich, aber mit jeder Berührung immer mehr dieses seltsam angenehme und lange nicht mehr verspürte Herzklopfen, die Gesichtsausdrücke werden plötzlich ernst und vielsagend, sogar vielversprechend. Die beiden blicken sich lange in die Augen und küssen sich schließlich. Immer mehr Dämme von gegebenen Treueschwüren brechen ein, sie geht zu ihm und die innere Leere verschwindet, zumindest für diese eine Nacht oder einige Nächte mehr, wenn der Ehemann wieder auf Dienstreise ist.

Diese sicher recht klischeehafte Darstellung spielt sich tatsächlich häufig so ab, wobei die Gründe für das Fremdgehen bei einer Frau nicht nur in innerer Leere zu finden sind. Es kann auch passieren, weil sie sich in ihrer Beziehung langweilt oder vernachlässigt fühlt, aus Rache, weil er sie betrogen hat, weil sie neue Erfahrungen machen will, weil sie gerade ihren Eisprung hat und daher besonders empfänglich ist oder weil sie Selbsterfahrung sucht. Alle diese Gründe kommen vor. Bei Männern sind die Gründe geringfügig anders: Er braucht mehr Sex, er sucht Selbstbestätigung, er nutzt die sich bietende Gelegenheit, weil er einfach Spaß am Sex hat, er ist sowieso ein notorischer Fremdgeher, ihn reizt das Neue und Unbekannte. Der gemeinsame Nenner aus diesen Motiven ist klar, die Verführbarkeit ist vorhanden. Dass dabei die Männer das Gehirn eher in den Hoden tragen, ist auch klar ersichtlich. Männer brauchen Sex, um sich geliebt zu fühlen. Sie muss sich geliebt oder zumindest begehrt fühlen, um Sex zu wollen. Wie schon erwähnt ist aber gerade die aktive Verführung durch andere kein wesentlicher Aspekt, denn unter den vorgestellten Umständen ist bereits – wenn auch häufig unbewusst – eine gewisse innere Bereitschaft für Untreue entstanden.

Dem Fremdgehen kann aber vorgebeugt werden, und das sollte eigentlich nicht schwer fallen, denn Vorbeugung sind wir durchaus in vielen Bereichen gewohnt: Wir putzen uns täglich die Zähne oder gehen regelmäßig zur Gesundenuntersuchung. Mehr Sexualität und intime, kuschelige Nähe in der Beziehung sind hilfreich, wenn es darum geht, Untreue zu vermeiden, ebenso das Bewusstmachen, dass Männer wie Frauen von ihren Partnern bewundert werden wollen und ihre Vorzüge nicht selbstverständlich sind. Daher tut mehr Lob gut, dauerndes Nörgeln schadet hingegen. Dem Partner das Gefühl zu geben, großartig, attraktiv, begehrenswert, einzigartig zu sein, gibt der Versuchung weniger Chancen. Ein liebevoller, wertschätzender Umgang festigt, manchmal gemeinsam verrückte Dinge zu tun erhält die Spannung. Damit lässt sich Untreue zwar niemals völlig ausschließen, aber dergestalt versuchen sich die Partner zumindest in einem vielversprechenden Risikomanagement.

Auch wenn es manchmal schwerfällt und die biologischen wie auch die gesellschaftlichen Konzepte Treue nicht immer einfach machen – der Gewinn kann atemberaubend sein und heißt »Vertrauen«. Und das ist eine der entscheidendsten Quintessenzen eines glücklichen, gelungenen Lebens, weil Vertrauen uns in einer seelischen Balance hält. Die Wechselwirkung von Treue und Vertrauen führt zu einer sich selbst erfüllenden Glücksspirale. Untreue ist manchmal jene Illusion, in der man Glück und Vergnügen miteinander verwechselt, ähnlich wie beim Lottospielen, wo man auch irrtümlich meint, dass ein hoher Gewinn glücklich macht.

Untreue wird umso unwahrscheinlicher, je mehr es einem Paar gelungen ist, die eingangs beschriebene Form und den eigentlichen Sinn der Sexualität gefunden zu haben im Sinne einer intimen, berauschenden und zutiefst beglückenden Form der Kommunikation. Dann bleibt die Verführung, ob in Form eines laut Kirche als Inbegriff von Verführung geltenden Teufels, eines neuen Finanzmitarbeiters oder einer die innere Leere zu füllen Suchenden ein bescheidenes, harmloses Lüftchen, welches nach einem vielleicht wohltuenden kleinen Flirt erlahmt.

**IHR DESTILLAT:**

Treue ist rein evolutionsbiologisch gesehen Unfug, Untreue daher ein recht häufiges Phänomen. Durch diverse kulturelle Entwicklungen hat sich bei uns keine Kunst des Liebens nachhaltig etabliert, welche auch durch Sexualität ausgedrückt wird. Dennoch können wir der Untreue wirkungsvoll vorbeugen, indem wir unsere Partner entsprechend behandeln und eine Intimität entwickeln, welche außenstehenden Personen und Verführung die Türen nicht zu weit aufmacht.

## 6.3 TECHNISCHE MEISTERLEISTUNGEN

*»Je unschuldiger ein Mädchen ist, desto weniger weiß sie von den Methoden der Verführung. Bevor sie Zeit hat nachzudenken, zieht Begehren sie an, Neugier noch mehr und Gelegenheit macht den Rest.«*
Giacomo Casanova

Wenn wir dem vorhergehenden Kapitel folgend die sexuelle Verführung dann als wahrscheinlicher ansehen, wenn es in einer Beziehung kleinere und größere Risse gibt, dann werden die sogenannten Pick-up-Artists möglicherweise Einspruch erheben. Von diesen selbsternannten Verführern – oder noch besser ausgedrückt: Aufreiß-technikern – gibt es eine Unmenge an Literaturergüssen,

Videos und Seminaren mit verheißungsvollen Titeln wie
»So kriegst Du jede rum« oder »Perfekte Strategien, wie
Sie jede Frau verführen«, und somit sehen diese Burschen sich nicht abhängig von Beziehungsrissen. Und das
Geschäft mit dem Verführen boomt ohnedies, denn ein
erheblicher Teil der Bevölkerung lebt immerhin gar nicht
in einer Beziehung. In Deutschland gibt es etwa 16,8 Millionen Menschen im Alter von 18 bis 65 Jahren, die ohne
Partner leben, wobei diese im Schnitt fünf bis sechs Jahre
lang Single sind. Zufrieden mit dieser Situation sind aber
nur 19 Prozent, der Rest möchte einen Partner haben und
begibt sich daher aktiv auf die Suche. Die Balz- und Paa-
rungsrituallernangebote haben Hochkonjunktur. Diese
Pick-up-Artists bieten allesamt Lösungen an, die an Bau-
anleitungen für *Ikea*-Möbel erinnern, allerdings ein wenig
aufgehübscht mit einer Portion Trivialpsychologie, verhal-
tensbiologischen Momentaufnahmen, einigen Techniken
der Überredungskunst, Körperspracheanleitungen und
NLP-Techniken. Wenn diese Methoden angewendet werden, soll es auch schnell mit der Paarung funktionieren,
weil man gelernt hat, wie man eine Frau anspricht, wie
man mit optimiertem Äußeren und antrainierter Körpersprache auffällt, dann eine positive Wellenlänge herstellt
und schließlich mit raffinierten Psychotricks die Frau zum
willenlosen, vom Aufreißer besessenen Objekt macht. Obwohl es einige wenige weibliche Pick-up-Artists gibt, wird
diese Szene bei weitem von Männern dominiert.
Bei Durchsicht der diversen Internetforen, Bücher und
*YouTube*-Videos bekommt man schnell den Eindruck, es
ginge im Grunde genommen um eine systematische Ho-
denvergrößerung, denn es heißt, man brauche »big balls«,
wie die sonst zumindest offiziell prüden US-Amerikaner
sagen. Diese Pick-up-Artists bieten Kurse, in denen ein
Jagdschein dieser besonderen Art gelöst werden kann.

Ein gemeinsamer Nenner dieser Ausbildungen ist der Kunde: der etwas weniger selbstbewusste Mann, der so seine Schwierigkeiten hat, mit Frauen ins Gespräch zu kommen, also der, der größere Eier bräuchte. Dazu gibt es unzählige Tipps, sogar 200 Sprüche, die man auswendig lernen soll, und dann steigt die sogenannte Alphaness, welche die Frauen schwach macht. Hat man diese Techniken erfolgreich verinnerlicht und rübergebracht und ist mit einer Frau in einer Bar ins Gespräch gekommen, dann muss diese unauffällig berührt werden – wir kennen das schon von den Kellnern, die wegen des Oxytocins mehr Trinkgeld bekommen. Damit die Angebaggerte aber bei diesen ersten Berührungen nicht misstrauisch wird, ist es wichtig, sie kognitiv zu beschäftigen, ihr fest in die Augen zu sehen und zu reden wie ein Wasserfall, damit sie abgelenkt ist und diese Berührungen nur unterschwellig wahrnimmt. Dazu ist gute Vorbereitung wichtig, und deshalb sollten mindestens fünf gute Geschichten auswendig gelernt werden. Die nächste anzustrebende Phase ist die Herstellung einer angenehmen, ansatzweise intimen Atmosphäre, sozusagen ein Du-und-Du-Wellnessbereich, in dem sie die Anwesenheit des Aufreißers als angenehm empfindet, weil er die richtigen Fragen stellt und ihr zuhört. Dann können die Gespräche und Handlungen allmählicher intimer werden. So funktioniert laut dieser Pick-up-Ratgeber die Verführung.

Hier einige – von einer einschlägigen Internetplattform entnommene – ausgewählte Leckerbissen aus dem Potpourrie dieser 200 Anmachsprüche, bei denen Frauen angeblich weiche Knie bekommen sollen, sofern diese authentisch und spontan vorgetragen werden:

»Alle diese Kurven – und ich ohne Bremsen.«
»Ich hoffe, du bist haftpflichtversichert, weil du mir gerade

eine Beule in die Hose gemacht hast.«

»Ich schreibe gerade an einem Telefonbuch. Kann ich deine Nummer haben?«

»Ich habe schon mal den Wagen laufen lassen. Kommst du?«

»Hey, du stinkst, gehen wir duschen?«

»Haben wir vielleicht einen gemeinsamen Freund, der uns einander vorstellen könnte?«

»Ich dachte immer, Engel gibt es auf der Erde nicht.«

»Küsst du mich heute oder muss ich wieder mein Tagebuch anlügen?«

»Ist es heiß hier drinnen oder bist du das?«

»Darf ich bei Dir übernachten? Mein Bett ist kaputt.«

»Ich bin Organspender. Brauchst du was?«

»Ich habe meine Nummer verloren. Kannst du mir deine borgen?«

»Du musst der wahre Grund für die Erderwärmung sein.«

»Tun dir nicht die Beine weh? Du gehst mir schon den ganzen Abend durch den Kopf.«

»Deine Augenfarbe passt perfekt zu meinem Schlafzimmer boden.«

»Wenn du mit mir schlafen willst, dann lächle kurz!«

»Mein Mund ist so trocken. Hättest du mal eine nasse Zunge für mich?«

»Hast du Wasser in den Beinen? Denn meine Wünschelrute schlägt aus?«

»Ich hoffe, du kannst lesen, weil es steht etwas in meiner Hose.«

»Hat es weh getan, als du vom Himmel gefallen bist?«

Die Gebrauchsanleitungen der Pick-up-Artists haben eventuell einen wahren Kern: Wenn man nur genügend Frauen anspricht, dann wird irgendwann einmal eine dabei sein, die sich länger unterhalten möchte. Das wird sich aber auch ohne substanzbefreite Anmachsprüche und sonstige Techniken einstellen. Oder vielleicht ist die

Angesprochene ja selber auch Pick-up-Artistin. Mich beschleicht allerdings der leise Verdacht, dass in diesen Jagdscheinschulen eher simples Chancenmanagement gelehrt wird. Das bedeutet, dass mit jedem Kontaktversuch die Chance steigt, mit jemandem ins Gespräch zu kommen. Man muss sich folglich nur eine ausreichende Menge Chancen gönnen, dabei seine Angst vor Zurückweisung überwinden, mit seinen Frustrationen zurechtkommen, Ausdauer zeigen und hartnäckig bleiben. Die Erkenntnisse, welche die Aufreißer da weitergeben, sind somit nicht besonders neu. Bereits 1978 und 1982 haben die Psychologen Russel Clark und Elaine Hatfield an der University of Florida ein Experiment mit Studentinnen und Studenten gemacht, welche als durchschnittlich attraktiv eingestuft wurden und als Lockvögel dienten. Diese stellten anderen Studenten des jeweils anderen Geschlechts nach immer demselben Eröffnungssatz »Du bist mir hier auf dem Campus aufgefallen. Ich finde dich sehr attraktiv« eine von drei folgenden Fragen: »Hast du Lust, heute Abend mit mir auszugehen?«, »Hast du Lust, mit zu mir zu kommen?« oder »Hast du Lust, mit mir ins Bett zu gehen?« Auf die erste Frage antworteten immerhin 53 Prozent der Frauen und 50 Prozent der Männer mit »Ja«. Auf die zweite Frage antworteten nur mehr sechs Prozent der Frauen mit »Ja«, aber 69 Prozent der Männer waren bereit, mit der Fragenden in deren Wohnung zu gehen. Bei der dritten Frage lehnten alle Frauen einigermaßen empört ab, aber 75 Prozent der Männer sagten mit sabbernden Mäulern zu. Es scheint also so, dass es zwar leichter ist, mit Frauen abends auszugehen, aber noch viel leichter, Männer ins Bett zu kriegen, und zwar noch leichter, als mit ihnen auszugehen. Evolutionsforscher interpretierten diese Ergebnisse dahingehend, dass Männer den natürlichen Drang haben, möglichst viele ihrer Gene weiterzugeben, was mit einer höheren Anzahl an Sexualpartnerinnen wahrscheinlicher wird. Bei Frauen hingegen ist die Anzahl der Kinder, die sie bekommen können, begrenzt, und daher müssen sie sich den genetischen Spender genau aussuchen. Daher gehen sie nicht mit jedem ins Bett, wie das Männer tun würden. Wie der höhere Prozentsatz beim Ausgehen zeigt, sind sie aber durchaus bereit, das ihr dargebotene Genmaterial vorerst einmal zu sondieren, denn da tun sie es ja in einer geschützteren Umgebung. Die österreichische Bestsellerautorin Pamela Obermaier findet allerdings einen weiteren, sehr überzeugenden Grund, warum Frauen zurückhaltender sind: Für Frauen ist es ungleich gefährlicher, mit einem fremden Mann mit- oder ins Bett zu gehen. Körperlich sind Frauen zumeist unterlegen – der Spruch vom schwachen Geschlecht stimmt leider in diesem Zusammenhang und die Statistiken von sexuellen Gewalttaten an Frauen sprechen eine traurig eindeutige Sprache, und wenn sexuelle Gewalt an Frauen vielleicht in unseren Breitengraden nicht an der Tagesordnung steht, so doch in vielen anderen Teilen der Welt.

Daher bleibt zu fragen, warum diese Pick-up-Artists überhaupt ein Geschäft machen können, wenn Frauen sowieso zu über 50 Prozent bereit sind, mit einem Mann auszugehen. Obwohl diese Studien bereits vor 40 Jahren gemacht wurden, wird sich im Verhalten von Männern und Frauen nicht besonders viel geändert haben. Dass man als Single-Mann erhebliche bessere Chancen hat, Frauen kennenzulernen, wenn man die Techniken der Pick-up-Artists erlernt hat, ist eher zweifelhaft. Er wird auch funktionieren, wenn der Alleinstehende sich in einen Sportverein einschreibt, einen Tanzkurs macht oder die nette Bürokollegin einmal einlädt und sich insgesamt einfach ein wenig mehr unter die Leute mischt. Aber mittlerweile ist daraus in Deutschland eine 50.000 Männer starke

Aufreißer-Community geworden. Sie geht vor allem auf das 2005 erschienene Buch »The Game« des »Rolling Stone«-Journalisten Neil Strauss zurück, der allerdings in jüngerer Vergangenheit mehrmals betonte, dass er sich für dieses Buch schäme. Dieses Werk und eine bald darauf angelaufene Reality-TV-Show namens »The Pick-Up Artists« führten rasch zu einem Hype rund um das Verführen. Obwohl die Pick-up-Artists in der Öffentlichkeit immer wieder ihre helfende Seite für schüchterne Männer hervorheben, geht es darum nur am Rande. Die gesamte Szene ist darauf ausgelegt, möglichst viele Frauen ins Bett zu bekommen. Dafür haben diese Burschen sogar einen eigenen Slang entwickelt, mit dem sie sich über einschlägige Foren austauschen, einander Tipps geben und sich mit ihren Eroberungen brüsten. Das nennen sie dann FRs, also »Field Reports«. UGs sind zu vermeiden, denn diese Abkürzung steht für »Ugly Girl«, HSD ist da schon besser, denn das sind Frauen mit »High Sex Drive«, aber sie sollten ein HB von sechs bis zehn haben – das ist eine internationale Klassifizierung von Frauen, die sie »Hot Babes« nennen, mit zehn als der höchsten Wertung. Dabei ist immer der IOI, der »Indicator of Interests«, zu beachten, bis es zum FC kommt, dem »Fuck Close«. Ist dieser erreicht, dann geht es darum, so schnell wie möglich das Weite zu suchen, um FTOW zu vollbringen, und das steht für »Fuck ten other women«. Um bei den FCs eine möglichst hohe Erfolgsquote zu erzielen, ist das »Push and Pull« anzuwenden. Damit ist gemeint, dass es besonders erfolgsversprechend ist, wenn man eine Frau abwechselnd anzieht und abstößt. Idealerweise werden dazu Komplimente mit Beleidigungen vermischt, um die Frau herabzuwürdigen, bis sie beginnt, sich zu rechtfertigen. Damit bringt sie sich allerdings in eine schwächere Position und der PUA – das steht für »Pick-up-Artist« – gewinnt die

Oberhand. Sollte eine Frau wider Erwarten plötzlich doch keine Lust auf Sex haben, dann ist dringend anzuraten, sie zu bestrafen. Das geschieht, indem der Mann jegliches sexuelle Interesse leugnet, bis sich die Frau verunsichert selbst in Frage stellt. Dann allerdings soll das sexuelle Werben des Mannes wieder einsetzen – die verunsicherte Frau wird gefügig folgen. Aber es geht noch übler, denn der bekannte Schweizer PUA und Dating-Coach Julien Blanc empfiehlt überhaupt: »Man packt einfach den Kopf der Frau, presst ihn in den Schritt – was soll sie da schon machen, wenn schon nicht die Beine breit?«

Bei meinen Recherchen zu diesen Betrachtungen habe ich mir zwei Bücher dazu besorgt. Beim Lesen ist es mir nicht gelungen, weiter als bis zur Seite 44 beziehungsweise 32 vorzudringen. Daher habe ich versucht, mich über deren *YouTube*-Beiträge eingehender zu informieren, aber ich konnte mich nicht überwinden, auch nur ein einziges dieser Videos bis zum Ende zu sehen. Diese Ausführungen sind für die pubertierende Intelligenz eines 15-Jährigen eine Beleidigung. Obendrein ist dieser aggressive Sexismus, der allein darauf abzielt, so oft wie möglich mit so vielen Frauen wie möglich Sex zu haben, eine hochgradige Verachtung des Menschseins. Diese Typen sind sogar für die Bonobos eine Beleidigung, denn die lösen mit Sex wenigstens Konflikte. Eine Definition des eigenen Selbstwertes über die Häufigkeit von Sexualkontakten ist eine wirklich bedauerliche Persönlichkeitsentwicklung, die PUAs sind da ganz besonders zu bemitleiden und deren cerebralphimostische Erscheinungen sind offenbar hochgradig therapiebedürftig. Die amerikanischen Protagonisten der Szene beweisen das eindeutig mit ihren Lebensgeschichten: Neil Strauss bekam nach einigen Jahren des intensiven Aufreißerlebens gleich mehrere Diagnosen wie Depression, ADHS, Angststörung und Sexsucht.

Auch seine bekannten Mitstreiter in dieser Community wie etwa Erik von Markovik landeten ausnahmslos beim Psychiater. Die Methoden der PUAs sind also für Singles keine tatsächlich hilfreichen Empfehlungen und schon gar nicht im Interesse eines menschenfreundlichen, wertschätzenden Miteinanders. Im Gegenteil: Frauen müssen vor den Verführungen der PUAs gewarnt werden, denn wie man an Schilderungen von PUA-Opfern sieht, können Erfahrungen damit überaus traumatisierend sein. Daher sollten wir uns das weite Feld des Einanderkennenlernens aus einem anderen Blickwinkel ansehen.

Wie schon in vorherigen Kapiteln erwähnt, muss die gänzliche Freiheit des Willens bei der der Partnerwahl ohnedies bezweifelt werden, schon aufgrund der Pheromone und des persönlichen HLA-Profils. Im Tierreich haben Partnerwahl und Sex eindeutige Zusammenhänge mit Duftstoffen. Sonst würden die Pheromonfallen nicht funktionieren, die wir aufstellen, wenn Motten uns heimsuchen. Die Gemeinsamkeiten von Menschen und Motten sind zwar nicht überragend groß, dennoch reagieren beide Gattungen auf diese Fallen. Pheromone aktivieren nach Aufnahme über das vomeronasale Organ jene Bereiche im Hypothalamus, welche die sexuelle Aktivität steuern. Zu diesen Duftfallen gesellen sich optische Signale, wie etwa die Ähnlichkeit des auszuwählenden Partners mit dem andersgeschlechtlichen Elternteil, wie der schottische Attraktivitätsforscher David Ian Perret an der University of St. Andrews in den vergangenen 20 Jahren herausgefunden hat. Die frühkindliche Prägung ist aber nur eines von vielen Kriterien bei der Partnerwahl, und zudem kein freiwilliges. Hinzu kommen aktuelle Standards der Attraktivität, welche durch die Medien gesetzt werden, wie der in Deutschland geborene und seit 2010 in Wien arbeitende Verhaltensforscher Karl Grammer, der seit den 1980er Jahren Attraktivitätsforschung betreibt, gemeinsam mit seiner Kollegin Elisabeth Oberrauch betont, mit der er übrigens 2015 den IG-Nobelpreis in Mathematik erhielt. Deren Grundtenor lautet: »Keine Natur ohne Kultur. Keine Kultur ohne Natur.« Männer sind überdies mehr als Frauen auf optische Signale fixiert, ein gewisses Maß an Schönheit, wobei es auch einen eingebauten Schönheitssinn gibt – eine evolutionäre Ästhetik sozusagen –, lässt Männer auf positive genetische Veranlagungen schließen, welche möglichst fitte Nachkommen garantieren. Dazu kommt noch die Beobachtung, dass sich Gleiches und Gleiches anzieht, wie eine Studie zeigte. Über 60 Prozent aller Akademikerinnen in Österreich leben mit einem Akademiker zusammen, bei Frauen mit einem Lehrabschluss leben sogar 71,5 Prozent mit einem Mann zusammen, der ebenfalls einen Lehrabschluss hat. Allen diesen Erkenntnissen und Tatsachen Rechnung tragend müssen wir also eingestehen, dass die Freiwilligkeit in der Partnerwahl weitgehend eine Illusion ist, an die wir umso mehr gerne glauben, weil wir den Gedanken, dass es da wenig Freiwilligkeit gibt, so gar nicht mögen. Was bleibt also noch zu tun, wenn uns dermaßen viele Umstände dermaßen beeinflussen? Herumsitzen und warten, bis die Pheromonfalle mit dem Mutterbild zuschnappt? Das tut nicht einmal die Motte, denn sie fliegt aktiv auf die Pheromone zu, auch wenn das ihr Ende bedeutet. Aber Motten kapieren das nicht, wir Menschen schon. Und da sind wir wieder beim bereits erwähnten Chancenmanagement, und darauf haben wir sehr wohl Einfluss, und diesen können und sollten wir im Interesse unseres Lebensglückes wahrnehmen. Denn wie eine Studie ergab, ist ein liebender Partner für das subjektiv empfundene Glück der wichtigste Faktor ist, noch vor der Gesundheit und weit vor materiellem Wohlstand.

Wie wir nun gesehen haben, ist die Partnerwahl eine höchst unfreiwillige Entscheidung. Damit diese Entscheidung aber für uns getroffen werden kann, ist es unabdinglich vonnöten, dass wir zuerst einmal jemanden kennenlernen. Neben den verschiedenen Partnerbörsen, Kuppelshows und Social-Media-Angeboten, welche ich im nächsten Kapitel kurz streifen werde, gibt es eine Unzahl an alltäglichen Möglichkeiten. Singles bieten sich genügend Gelegenheiten, jemanden kennenzulernen. Lassen Sie als Single auf keinen Fall größere Familienfeiern wie etwa Hochzeiten aus! Dort sind immer neue Leute von der anderen Verwandtschaft und man wird ihnen obendrein vorgestellt. Gleichzeitig ist die romantikgeladene Atmosphäre immer wieder auf eine besondere Art ansteckend. Ähnlich geht es auf Partys zu. Vereinsausflüge sind ebenso immer eine Gelegenheit, potenzielle Partner kennenzulernen. Und Tanzkurse bieten wie erwähnt ganz besondere Möglichkeiten, da man bei ihnen aufgrund der technischen Notwendigkeiten automatisch jene Distanz überwindet, ab der Pheromone wirken können. Oder Sie legen sich einen Hund zu, wenn sie ohnedies ein Tierliebhaber sind – der gibt immer Anlass für nette Gespräche, außer er beißt eine Joggerin. Haben sich zwei zur Änderung des Beziehungsstatus bereite Menschen einmal kennengelernt und fühlen ein spezielles Interesse aneinander, dann sind diese altbewährten Verhaltensweisen, wie etwa gemeinsame Kinobesuche oder Abendessen, Ausflüge und alle anderen Aktivitäten, die dazu geeignet sind, eine vertraute Nähe herzustellen, angebracht. Dazu benötigen sie keine PUAs, das geht alles auch mit Anstand, Würde, Nettigkeiten und der sich bald einstellenden Flirterei. Beide potenZiellen Partner können sich dann, wenn es eben passt, den diversen Duftboten, Prägungen und dergleichen unbewussten Verführern ohnedies nicht mehr entziehen.

Zusammenfassend ist dieses Thema eine entzückende Paradoxie. Gerade dort, wo viele im Wort »Verführung« die ureigene Bedeutung sehen, spielt sie am wenigsten eine Rolle. Es geht vor allem um Chancenmanagement und dann um das Fördern des unbewussten Zusammenpassens. Die PUA-Methoden beruhen selbstverständlich auf einigen Regeln der Verführung, aber dieses Verhalten ist schon eher als ein Teilgebiet der Psychopathologie einzuordnen.

---

**IHR DESTILLAT:**

Die Partnerwahl ist keineswegs eine freiwillige Angelegenheit, aber um sich dieser Unfreiwilligkeit für das Lebensglück zu erschließen, benötigt man Chancen im Sinne von Kontakten. Dazu sind keine Seminare der Pick-up-Artists erforderlich – die Herstellung von sozialer Nähe in geselligen Umgebungen genügt.

---

## 6.4 IHR TINDERLEIN KOMMET!

*»Großartiger ist eine Sünde um der Sünde willen als die Erfüllung eines Gesetzes nicht um seinetwillen.«*
Talmud

Dereinst, vor vielen Jahren, kannte ich einen Engländer, der als Manager frisch berufen direkt aus dem Königreich nach Österreich kam. Wenige Tage nach seiner Ankunft bat er mich um eine Unterredung ob der

Gepflogenheiten des Landes. Als ich sein Büro betrat, saß er hinter seinem Schreibtisch und bog sich vor Lachen. Auf meine Frage, was ihn denn so erheitere, deutete er auf den Bildschirm seines Computers. Dort war auf der internen Firmenwebsite das Profil einer Mitarbeiterin zu sehen, welches er aufgerufen hatte, weil er gerade die Namen und Gesichter seines neuen Teams auswendig lernte. Das Profil der betreffenden Mitarbeiterin gab auch Auskunft über ihre Hobbys, und eines davon war »Dogging« – das ist eine Bezeichnung für sportliche Aktivitäten mit dem eigenen Hund, zusammengesetzt aus den Wörtern »Dog« und »Jogging«. Ausgerechnet im prüden England hat »Dogging« aber eine ganz andere Bedeutung, nämlich handelt es sich dabei um Sex auf Parkplätzen. Lustbefriedigung suchende Menschen treffen sich dort, und ohne sich näher zu kennen oder länger herumzureden, haben sie Sex und fahren dann wieder jeder seines Weges. Diese Treffen werden vorher im Internet angekündigt, sodass auch die mit ihren Hunden umherspazierenden Voyeure hintern den Stauden verborgen ihren Spaß haben können – von daher kommt auch die Bezeichnung. Diese Namensgleichheit der beiden grundverschiedenen Tätigkeiten war der Auslöser für die schier nicht zu kontrollierenden Lachattacken des englischen Spaßvogels. Als wir am selben Abend in ein Irish-Pub gingen, um uns ein Feierabendbierchen zu genehmigen, erwähnte er diese für ihn so erbauliche Episode noch einmal, wobei er wieder für mehrere Minuten einen Lachanfall bekam. Von ihm wurde mir dann auch – da das Thema imponierend präsent war – an diesem Abend zum ersten Mal ausführlicher erklärt, was für abenteuerliche Sex-Netzwerke es gibt. Die Verbreitung dieser Netzwerke war damals noch bescheiden, Internetforen fanden und benutzten nur Eingeweihte. Heute hat das eine völlig andere Dimension bekommen, wie etwa die Entwicklung der Dating-Platt-form *Tinder* seit ihrer Gründung im Jahre 2012 zeigt. Im dritten Quartal 2018 hatte *Tinder* immerhin 4,11 Millionen Abonnenten weltweit. In Deutschland nutzten 2017 insgesamt 8,6 Millionen Menschen die Dienste von Online-Dating-Portalen, und die Zahlen zeigen allesamt ein starkes Wachstum. Die Qualität oder auch die Auslegung der diversen Online- Dating-Portale ist allerdings höchst unterschiedlich und auf voneinander abweichende Zielgruppen ausgerichtet. Ob *Love Scout*, *ElitePartner*, *Paarship*, *eDarling* oder *Zoosk* − diese Plattformen sind darauf ausgelegt, tatsächlich einen Partner zu finden. Sie arbeiten mit auf programmierten Algorithmen basierenden Programmen, um den Nutzern eine ideale, möglichst vielversprechende Auswahl an passenden Partnern zu bieten. Daneben gibt es auch eine Vielzahl an Portalen, die auf schnellen Sex ausgelegt sind, ähnlich der englischen Dogging-Szene. Diese Art von Online-Kontaktbörsen haben auch erheblich mehr Mitglieder als die vorher genannten Portale und bieten in allen Varianten schnellen Sex an. Doch warum ist das so? Sexualität und Sex haben einen enormen Einfluss auf unser Leben, weil sich die Evolution damit ihre Bahnen zu brechen versucht und unser Verhalten auf die Arterhaltung ausrichtet. Dennoch unterscheidet uns in unserem Sexualverhalten doch einiges vom Tierreich. Auch wenn der freie Wille wie beschrieben eine fragile Sache ist, so sind wir doch dazu fähig, unsere Triebe zu kontrollieren − meistens zumindest, wie etwa die #metoo-Debatten zeigen oder auch der peinliche Bürotag nach der alkoholgeschwängerten Weihnachtsfeier. Wir haben einerseits die Sehnsucht nach dem perfekten Lebensglück mit dem richtigen Partner an unserer Seite, aber gleichzeitig eben auch eine biologisch triebhafte Seite, finden folglich Erfüllung sowohl durch Bindung als auch durch Libido. Kann beides verbunden werden, dann haben wir eine ideale Lebensbalance gefunden. Wenn allerdings der dauerhafte Partner fehlt, bleibt zumindest das Triebhafte als Einflussgröße immer vorhanden. Das Statistische Bundesamt in Deutschland schätzt den Umsatz durch Prostitution in Deutschland auf über 14 Milliarden Euro pro Jahr, eine erstaunliche Zahl, wo doch offiziell niemand in ein Bordell geht. Laut »Focus Online« erzielt die Pornoindustrie weltweit 70 Milliarden Euro Umsatz pro Jahr, Tendenz stark steigend. 35 Prozent aller Downloads haben pornografische Inhalte, und ausgerechnet das prüde Amerika ist der größte Produzent von allen und hat auch die meisten Konsumenten, wobei sich wieder diese eine Tatsache bestätigt, dass jede Norm oder Vorschrift immer ihre Umgehung miterschafft: Gesellschaften mit besonders prüden Fassaden, wie es die amerikanische eine ist, haben oft einen besonders ausgeprägten Hang zu sexuellen Fantasien und leben diese hinter der Fassade auch aus, gerade weil es verboten und tabuisiert ist.

Bereits die Kinsey-Reports des Instituts zur Sexualforschung der Indiana University enthüllten – basierend auf mehr als 10.000 Interviews – 1948 in Bezug auf Männer und 1953 in Bezug auf Frauen, dass es hinter der Fassade in den USA gar nicht so prüde abläuft. Damals gaben 62 Prozent der Frauen und 92 Prozent der Männer an, zu masturbieren. Das Tabu des Oralverkehrs brachen immerhin 46 Prozent der Frauen und 49 Prozent der Männer. Diese Zahlen haben sich bis heute kaum verändert, ganz im Gegenteil haben sie sich eher zu häufigeren Tabubrüchen hin verschoben. Und mit Online-Dating- Börsen werden die Zugänge dazu immer leichter. Dabei ist Sexualität heute längst kein Tabuthema mehr, zumindest nicht im deutschsprachigen Raum. Diverse

Fernsehdiskussionen, aber auch Shows haben eine andere Dimension der Beeinflussung, denn wie auch der französische Philosoph und Psychologe Paul-Michel Foucault in seinem 1976 erschienen ersten Band »Sexualität und Wahrheit« aus der Reihe »Der Wille zum Wissen« darlegt, führen gerade diese öffentlichen Auseinandersetzungen dazu, den Menschen einzureden, was normal und was nicht normal sei. Wenn nun Online-Dating-Plattformen mit eindeutigen Angeboten zu jederzeit verfügbaren Seitensprüngen kombiniert mit Social-Media-Marketing sogar Werbespots im Fernsehen schalten, wird diese Art des Sexualverhaltens mit Sicherheit ein gutes Stück weit mehr zur Normalität. Manche dieser Seitensprung-Plattformen haben immerhin bis zu 20 Millionen Benutzer. Genauso, wie es die Schwulen- und Lesbenszene mit ihrer Öffentlichkeitsarbeit geschafft hat, dass ihre Forderungen nach Gleichberechtigung mehr und mehr umgesetzt werden – wie etwa mit der Möglichkeit zur Heirat –, werden auch alle anderen sexuellen Themen mehr und mehr zur Normalität. »Normalität« beinhaltet im Wortstamm »Norm«, und was zur Norm gehört, bestimmt zunehmend der öffentliche Diskurs. Damit bleibt für jeden von uns die Frage für sich selbst zu beantworten, ob und wie er es möchte. Jedenfalls aber sollte gerade in einem solchen Szenario der eigene kritische Verstand den größten Einfluss haben. Die Befreiung von Tabus und zwanghaften Normen hat viele positive Aspekte, die allen Menschen wohltuend in ihrer persönlichen Entwicklung und Verwirklichung weiterhelfen können. Doch es gibt auch Schattenseiten, die ganze Gesellschaften destabilisieren könnten.

**IHR DESTILLAT:**

Prüderie führt zu ihrer heimlichen Umgehung. Die Befreiung von Tabus kann dagegen helfen. Doch was die Norm ist, das sollte dem kritischen Verstand des Einzelnen entspringen.

# 7 DIE DREI MUSKETIERE DER BEEINFLUSSUNG

## 7.1 DER GEFÜRCHTETE GEMEINSAME NENNER

*»Sag' beim Abschied leise ›Servus‹,*
*nicht ›Lebwohl‹ und nicht ›Adieu‹,*
*diese Worte tun nur weh.*
*Doch das kleine Wörter'l ›Servus‹*
*ist ein lieber letzter Gruß,*
*wenn man Abschied nehmen muss.«*
Wienerlied

Tauchen wir nun ein in jene Materie, die uns beeinflusst wie sonst nichts in unserem Leben, nämlich der Tod. Er ist das eine für alle Menschen unlösbare Problem, welches uns verbindet. Von der Sekunde unserer Zeugung an stoffwechseln wir unaufhaltsam und im wahrsten Sinne des Wortes mit tödlicher Sicherheit unserem Verbleichen entgegen. Weltweit trifft dieses Unlösbare ungefähr 152.000 Menschen pro Tag, also fast zwei Menschen pro Sekunde. Dabei sterben viermal so viele an den Folgen des Rauchens, als im Straßenverkehr ihr Leben lassen. Die unangefochtene Todesursache Nummer eins sind Herz-Kreislauf-Erkrankungen: Daran stirbt ein Drittel der Menschen. AIDS ist mit 8.000 Toten pro Tag nach wie vor als einzelne Erkrankung – im Gegensatz zu Krankheitskomplexen – die häufigste Todesursache. Unser geliebtes und umstrittenes Laster Alkohol rafft täglich 7.000 Menschen hinweg, Rauchen schafft es auf immerhin 13.000 Tote pro Tag.

Alleine der Gedanke daran, dass einmal der Tag kommen wird, an dem alles zu Ende geht, bereitet höchstes Unbehagen. Ob es uns nun selber trifft oder Menschen, denen wir nahestehen – einerlei, diese Realität wollen wir nicht. Da wir nichts weniger wollen als den Tod, macht uns nichts beinflussbarer und manipulierbarer als die scheinbaren, verschiedensten Lösungsangebote zur Umgehung des sicheren Endes. Wir suchen verzweifelt nach Flucht- und Auswegmodellen, wie immer die aussehen mögen. Ob das nun die ewig weiterlebende Seele ist, eine Vielzahl an Wiedergeburten oder das Schockgefrieren bis zu dem Tag, an dem die Wissenschaft den Tod überwunden haben wird, ist dabei völlig gleichgültig. Gerade weil der Tod übermächtig ist, wird an allerlei oft geradezu absurden Scheinlösungen festgehalten. Damit werden wir empfänglich für Beeinflussungen und Manipulationen, wir lassen uns verführen von diesen Lösungsangeboten, und seien sie noch so skurril, bizarr oder monströs. Die Angst, dass nach dem letzten Atemzug das Nichts kommt, eine ewige Leere uns wie ein schwarzes Loch aufsaugt, bringt uns dazu, ein Leben zu versuchen, welches dieses Nichts und diese Leere überwinden kann.

Eines dieser Flucht- oder Überwindungsmodelle ist eine ewig weiterlebende Seele. Derartige Modelle sind bei Milliarden von Menschen beliebt, weil Hoffnung herbeigeredet oder herbeigedacht werden kann. Es handelt sich hierbei um eine Art positives Zweckkonstrukt. Leider wurde das Problemlösungsmodell »Seele« noch nie gefunden. Allerdings bemühen sich speziell Religionen darum, die Existenz von Seelen glaubwürdig zu inszenieren. Gerade die Inszenierung einer unsterblichen Seele ist das wirkungsvollste Instrument zur Beeinflussung und Manipulation, das Religionen haben. Die Übermacht des Todes macht den Glauben an diese Scheinlösung leicht, kann sogar fanatisierend intensiv sein und erneuert die Macht der Religionen permanent. Damit, und nur damit, können uns Religionen vorgeben, wie wir zu leben haben. Bis ins letzte Detail können sie Einfluss auf unsere

Lebensführung nehmen, auf unsere Moral, unsere ethischen Vorstellungen, ja sogar auf unsere Gesetze, uns aufzwingen, welches Verhalten, welche Gesinnung und welche Gedanken wir haben müssen, um in den Genuss der Überwindung des Todes zu kommen.

In jeder Religion finden wir Lösungsangebote an ihre Anhänger, wie es nach dem Tod weitergehen könnte. Ohne diese Lösungsangebote würde eine Religionsgemeinschaft einen großen Teil ihrer Anhänger zweifellos verlieren oder gar nicht existieren, weil ihr der eigentliche Sinn abhandenkommen würde. In den monotheistischen Religionen, also dem Islam, dem Christen- und dem Judentum finden wir ähnliche Angebote, die einen jungfrauenübersäten Himmel, ein schokoladefließendes Paradies oder ein gottgleiches Antlitz in Aussicht stellen. Im Hinduismus und im eher eine Lebensphilosophie denn eine klassische Religion darstellenden Buddhismus hingegen wird eine Wiedergeburt angeboten, wobei diese in jeglicher Form geschehen kann, wie es David Safier in seinem empfehlenswerten Bestseller »Mieses Karma« humorig am Schicksal seiner Protagonistin Kim Lange beschreibt. Diese schöne und erfolgreiche Moderatorin wird an jenem Abend, an dem sie den sehnlichst erwünschten Deutschen Fernsehpreis verliehen bekommt, von den Trümmern – genauer gesagt von der Klomuschel – einer russischen Raumstation erschlagen. Da sie in ihrem Leben viel mieses Karma angesammelt hat, findet sie sich bald darauf in einem Erdloch wieder, reinkarniert als Ameise. Mit diesem Zustand gänzlich unzufrieden muss sie nun gutes Karma ansammeln, um in der Reinkarnationshierarchie nach oben zu klettern und wieder als Mensch geboren zu werden, damit sie zu ihrem geliebten Kind und ihrem Mann zurückkehren kann.

Eine allseits bekannte Variante zur Überwindung des

Nicht-Seins nach dem Tod bietet das Christentum im Johannesevangelium 6,7: »Wahrlich, wahrlich, ich sage euch: Wer an mich glaubt, der hat das ewige Leben« – ein Versprechen, welches die Menschen freilich gerne hören, obwohl sie für den Wahrheitsgehalt nicht den geringsten Anhaltspunkt haben. Ebenfalls zu finden bei Johannes in 11, 24, 25, 26: »Martha spricht zu ihm: Ich weiß wohl, dass er auferstehen wird in der Auferstehung am Jüngsten Tage. Jesus spricht zu ihr: Ich bin die Auferstehung und das Leben. Wer an mich glaubt, der wird leben, ob er gleich stürbe; und wer da lebet und glaubet an mich, der wird nimmermehr sterben. Glaubst du das?« Ich persönlich glaube es nicht, aber viele Millionen Menschen tun es und halten sich an die erforderlichen Vorgaben.

Der Koran bietet diesbezüglich nicht minder kräftige Versprechungen, obgleich diese mit noch strafferer Weisung zu Ordnung und Gehorsam auffordern. So steht etwa in Sure 22: »Ihr Menschen! Wenn Ihr wegen der Auferweckung der Toten im Zweifel seid, so bedenket: Wir haben Euch ursprünglich aus Erde geschaffen, hierauf aus einem Tropfen [Anmerkung: Sperma?], hierauf aus einem Embryo, hierauf aus einem Fötus, wohlgestaltet oder auch ungestaltet, um Euch Klarheit zu geben. Und wir lassen, was wir wollen, bis zu einer bestimmten Frist im Mutterleib verweilen. Hierauf lassen wir Euch als Kind aus dem Mutterleib herauskommen. Hierauf sollt Ihr heranwachsen und mannbar werden. Und der eine von Euch wird frühzeitig abberufen, ein anderer erreicht das erbärmlichste Greisenalter, so dass er, nachdem er vorher Wissen gehabt hat, nichts mehr weiß. Und du siehst, dass die Erde erstarrt ist und kein Leben mehr zeigt. Wenn wir dann Wasser vom Himmel auf sie herabkommen lassen, gerät sie mit ihrer Vegetation in Bewegung, treibt und lässt allerlei herrliche Arten von Pflanzen und Früchten wachsen. Dies geschieht deshalb, weil Gott wahrhaftig ist, die Toten wieder zum Leben bringt und zu allem die Macht hat, und weil die Stunde des Gerichts – an ihr ist nicht zu zweifeln – kommen und Gott alle, die in den Gräbern sind, auferwecken wird.«

Das Judentum bietet in der Tora keine besonderen Ausführungen zum Leben nach dem Tod. Dennoch gibt es auch dort eine Unsterblichkeit, obwohl der Tod und die Toten als verunreinigt angesehen werden. Das ewige Leben existiert aber deshalb, weil die Menschen ein Ebenbild von Gott sind und in dieser Ebenbildlichkeit wie Gott ewig weiterexistieren. Das ist eine kühne und zugleich auch die älteste Vorstellung vom Weiterleben nach dem Tod. Allerdings wird der Wahrheitsgehalt deswegen nicht verbessert.

Auch die Medizin, die Homöopathie und sogar die Bachblüten werden dadurch mit huldvollen Hoffnungen bespickt, weil sie manchmal das brutale Finale hinauszögern oder deren Protagonisten dies zumindest vorgeben. Nicht umsonst genießen Priester, Mediziner und Apotheker sowie gelegentlich im selben Ausmaß auch Quacksalber und Prediger oft höchstes Ansehen in der Gesellschaft, obwohl bizarrerweise zur scheinbaren Überwindung dieses einen Problems genauso gut oder genauso wenig auch Sex, Drugs and Rock 'n Roll geeignet sind. Man kann auch einen Blick ins Silicon Valley werfen: Dort gibt es einige Unternehmen, die an der Langlebigkeit vor allem im Zusammenhang mit DNA-Reparaturmethoden forschen. Jedoch können auch sie den Tod bisher nicht überlisten, denn es gibt ja immerhin auch noch Fast-Food-Ketten und andere Sünden. Eine interessante Alternative gibt es in Schwadorf bei Wien, denn dort befindet sich das Landgasthaus »Zum ewigen Leben« der Familie Huber, wo man die vermeintliche Seele beruhigt ein wenig baumeln lassen kann, denn auch Entspannung soll das Leben verlängern.

Eine ungemütlich frostige Methode, um das ewige Leben zu erlangen, ist die Kryokonservierung: das Einfrieren des Leichnams auf minus 196 Grad in flüssigem Stickstoff. Dort badet der Verblichene, bis die Wissenschaft so weit ist, ihn nach dem Auftauen wieder zum Leben zu erwecken und zu verjüngen. Die reichlich optimistischen Vertreter dieser Möglichkeit, die sogenannten Kryonisten, glauben daran, jeder Einzelne sei so wichtig, dass irgendjemand in 500 Jahren ein Interesse daran haben könnte, den Auftauvorgang zu starten. Da darf schon die Frage erlaubt sein, ob es denn notwendig ist, sich den in 500 Jahren lebenden Menschen aufdrängen zu müssen. Auch laufen Forschungen, in denen man sich bemüht, zumindest die Persönlichkeit und das Bewusstsein eines zu Verbleichenden digital zu speichern, um ihn dann irgendwann in fernerer Zukunft damit das Weltall bevölkern zu lassen. Diese als »Transhumanismus« bezeichnete, vorwiegend von weißen Männern inszenierte Bewegung bemüht sich um eine Befreiung von der Biologie. Menschen sind damit gleichsam in Clouds hochgeladene digitale Wesen. Womöglich bekommen dann Virenschutzprogramme eine gänzlich andere Bedeutung. Der US-amerikanische Journalist, Zukunftsforscher, Unternehmer und Transhumanist Zoltan Istvan Gyurko ließ sich 2016 für die transhumanistische Partei bei der US-amerikanischen Präsidentschaftswahl als Kandidat aufstellen, um auf diese Bewegung aufmerksam zu machen. Ein digitalisierter Zombieball am Wiener Zentralfriedhof, flächenmäßig einer der größten Friedhöfe Europas mit nahezu drei Millionen Toten, mit Frankenstein als anachronistischem Ehrengast wird Wolfgang Ambros als legendären Sänger des Liedes »Es lebe der Zentralfriedhof« nur mehr vielleicht entzücken.

Diesen Gedanken muss allerdings hinzugefügt werden, dass der Tod etwas Natürliches ist: Er gehört zur Definition von »Leben«. Dass wir diesen Gedanken als unangenehm empfinden und ewig leben wollen, ist keine berauschende Erkenntnis. Die Hoffnung auf ein ewiges Leben ist zu Ende gedacht nichts anderes als eine verzweifelte Selbstübersch.tzung. Ist es denn wirklich wichtig oder auch nur von geringster Bedeutung, dass irgendjemand von uns als obskure Plasmaeleve bis in alle Ewigkeit irgendwo herumschwebt? Wir sind einfach nicht so wichtig, wie wir glauben – die Ewigkeit braucht uns mit Sicherheit nicht. Bei genauerer Betrachtung ist dieser Gedanke außerdem eher furchteinflößend, denn wie die legendäre Zeichentrickfigur »Der Münchner im Himmel« in einer endlosen Zeitschleife gefangen auf eine Wolke zu sitzen und »Hosianna« zu singen, ist geradezu das Unerträglichste, was ich mir vorstellen kann, weil es immerhin ewig dauert. Auch der Münchner im Himmel fing irgendwann an zu fluchen anstatt ewig zu frohlocken und wurde zurück in einen Münchner Biergarten geschickt. Ich tue mir schon schwer, wenn ich an der Supermarktkasse drei Minuten warten muss. Was für eine grandiose Erkenntnis im Vergleich dazu die Befreiung von der Unendlichkeit sein kann – und dies umso mehr, weil sie auch ohne jegliche Religion möglich ist.

Man kann diesen Gedanken auch weiterspinnen und sagen, dass man nichts versäumen sollte, was man später am Sterbebett als »nicht erlebt« bedauern würde. Aber was soll man da mit irgendeiner Religion, die berechnend am Jenseits orientiert ist und die für dessen Bewältigung eine Seele, die ewig weiterlebt, verspricht? Die Vertreter solcher Glaubensrichtungen betonen immer und immer wieder, wie man zu leben habe, um sich für das ewige Leben zu qualifizieren, und dies oft durch eine lust- und vergnügungsfeindliche, asketische, spaßbefreite Lebensführung.

Wenn nun jemand nicht damit zurechtkommt, dass es nach dem Tod nichts mehr gibt, dann sind bei entsprechenden Angeboten die Möglichkeiten zu Verführungen, Manipulationen und Machtausübungen freilich grenzenlos, aber zumeist über menschenfeindliche, diesseitsverneinende Konzepte. Dass die Tatsache, sterben zu müssen aber auch eine Bereicherung für das Leben darstellen kann, ist eventuell nicht so einfach zu verstehen, kann aber sehr wohl eine berauschende Erkenntnis sein. Der Gedanke, dass nur die Endlichkeit das Leben an sich um einiges wertvoller macht, bringt einen befreienden Perspektivenwechsel. Der römische Dichter Horaz hat es mit seinem »Carpe diem« bereits 23 vor Christus in einer seiner Oden festgehalten, den Tag zu genießen, oder wirklich wörtlich übersetzt »den Tag zu pflücken«. Darin sieht er die beste Antwort auf die begrenzte Lebenszeit.

Horaz folgend ist das Leben im Jetzt entscheidend. Wer sich zu viel Sorgen um seine Zukunft macht – gar noch um eine Zukunft, die über seine Lebenszeit hinausgeht –, der versäumt das Leben im Hier und Jetzt. Das wäre außerordentlich bedauerlich, denn nur das jetzige reale Leben ist jenes, von dem wir mit Sicherheit wissen, dass es existiert. Dieses zu versäumen wäre die viel größere Tragödie als es der Tod jemals sein könnte, denn wenn sich dieser Geselle mit seiner Sense einmal einstellt, haben wir zumindest die zutiefst befriedigende Gewissheit, dass wir ein freudvolles, im Augenblick beglückendes Leben versucht haben.

## 7.2 SEI VERFLUCHT, ABER FREI!

>*»Der Mensch ist der Anfang der Religion,*
>*der Mensch der Mittelpunkt der Religion,*
>*der Mensch das Ende der Religion.«*
>Ludwig Feuerbach

Wenn Sie ein gläubiger Mensch sind, so möchte ich Sie vorab vor diesem Kapitel warnen. Lesen Sie es nicht, denn wie Sie bereits an einigen vorangegangenen Passagen bemerkt haben werden: Ich bin kein Anhänger von Religionen, sondern spreche der gnadenreichen Freiheit von Religion zu. Das bedeutet nicht, dass ich die Gefühle von gläubigen Menschen verletzen will – ich respektiere den Glauben anderer und kann ihn sogar nachvollziehen. Bis vor etlichen Jahren war ich selbst ein gläubiger Katholik, in meiner Jugend sogar Mitglied und stellvertretender Ortsgruppenleiter einer katholischen Jugendorganisation sowie viele Jahre lang ein gotteswortverkündender Kirchenlektor. Ich habe in allen diesen Bereichen gesehen, wie viele gute Taten einzelne Mitglieder an ihren Mitmenschen vollbracht haben und wohl noch immer vollbringen. Dafür sei ihnen allen gedankt und mit größter Hochachtung begegnet. Ich möchte aber ausdrücklich betonen, dass sich dieser Dank und Respekt immer auf konkrete Personen und nicht auf Institutionen bezieht. Meine Befreiung von Religionen hat allmählich stattgefunden, quasi als multifaktorielles Geschehen. Für die großen Katastrophen wie etwa den Tsunami 2004 oder das Erbeben in Haiti 2010 ebenso wie für Schicksalsschläge in meinem näheren Umfeld hat mir keine Religion eine Erklärung liefern können, und solche lapidaren Erklärungen wie »Die Wege des Herren sind unergründlich« waren mir viel zu läppisch, unzulänglich und banal. An einen Gott zu glauben, der solche Gräuel zulässt, ist mir zunehmend schwerer gefallen. Gleichzeitig habe ich begonnen, mich intensiv mit Religionen zu beschäftigen und bin tief in die verfügbare Literatur eingetaucht. Bald habe ich feststellen können, dass da einige, sogar grundlegende Dinge nicht stimmen können, sondern in das Reich der Legenden, Fantasien und Märchen fallen, wie ich noch ausführen werde. Vollends abgekehrt bin ich von meinem Glauben, als ich diesen Himmel-Hölle- Mechanismus hinterfragt habe, mit dem Religionen Macht und Einfluss auf Menschen ausüben. Sie werden das in den folgenden Betrachtungen leicht erkennen.

Doch nun zurück zu den Verzauberungen und vor allem Verführungen, welche den Religionen innewohnen und unser Leben seit Jahrtausenden beeinflussen wie kaum etwas anderes. Bei diesen Betrachtungen werde ich mich vor allem mit der katholischen Kirche als beispielhafte Institution beschäftigen, weil ich mit dieser am besten vertraut bin. Die grundsätzliche Komplexität von Religionen würde die angestrebte Dimension dieser Abhandlungen auch bei weitem sprengen. Wenn Sie sich beispielsweise eine Fernsehdiskussion zum Islam ansehen, werden Sie rasch bemerken, wie außerordentlich schwierig sich dieser Diskurs gestalten kann. Wenn Vertreter aus verschiedenen islamischen Strömungen miteinander diskutieren, so entwickelt sich das schnell in ein unverständliches Hin- und Herwerfen von Koranzitaten, die sich andauernd widersprechen. Ich kann mir nicht anmaßen, da mitmischen zu wollen, obwohl ich mich auch mit dem Koran intensiv auseinandergesetzt habe.

Die bei uns einflussreichste Institution – die katholische Kirche – unterscheidet sich von vielen anderen Religionen dadurch, dass sie ein Oberhaupt hat, dessen Einstellungen zu den Fragen des Lebens und der Ewigkeit maßgeblich das Wohlergehen der Christenheit bestimmt, da selbiges Oberhaupt als »unfehlbar« angesehen wird. Johannes Paul II. (1920 bis 2005) etwa hat in den 26 Jahren seines Pontifikats mit einer erzkonservativen Grundeinstellung restriktiv regiert. Das sieht man unter anderem an Bischofsernennungen, welche zu heftiger Kritik in Deutschland und Österreich geführt haben – zumindest Bischof Kurt Krenn und Kardinal Hans Hermann Groer haben sich dann auch als ganz spezielle Sahneschnittchen erwiesen. Der feiste, wortgewaltige und scharfsinnige Krenn musste 2004 zurücktreten, nachdem in seinem St. Pöltner Priesterseminar Downloads von kinderpornografischen Fotos gefunden wurden. Dieses und die homosexuellen Umtriebe im selben Priesterseminar tat er als »Bubendummheit« ab. Der asketisch wirkende Groer musste 1995 zurücktreten, nachdem ein von ihm begangener Missbrauch im Nachrichtenmagazin »profil« veröffentlicht wurde und sich daraufhin weitere Opfer meldeten. Vor Gericht musste er sich dafür nie verantworten, erst 1998 entschuldigte er sich bei den Opfern. Auch die Aberkennung des Goldenen Ehrenzeichens um die Verdienste um das Bundesland Niederösterreich fand bis heute nicht statt.

Eine besondere Errungenschaft des Pontifikats von Johannes Paul II. ist aber die sogenannte Heiligsprechung des Opus-Dei-Gründers Josemaría Escrivás im Jahr 2002 trotz vieler Einwände und entgegen den üblichen zeitlichen Abläufen. Alleine die für eine Heiligsprechung notwendige medizinische Wunderheilung des spanischen Arztes Manuel Nevado Rey, der an einer irreparablen Strahlenkrankheit litt, kann an konstruierter Skurrilität nicht überboten werden. Dieser Patient flehte den bereits verstorbenen Escrivà um Hilfe an, und siehe da: Er wurde praktischerweise aus dem Jenseits von Escrivá geheilt. Johannes Paul II. bezeichnete den Opus-Dei-Gründer als »den Heiligen des Alltäglichen«. Wenn Sie sich mit der Geisteshaltung Escrivás auseinandersetzen, werden Sie sehen, wie furchteinflößend dieses Alltägliche ist, schon alleine deshalb, weil das Opus Dei loyal zur Franco-Diktatur stand und auch sonst den Faschismus eher wohlwollend betrachtete. Man muss nicht für den Tod von Millionen Menschen verantwortlich sein – eine nicht ablehnende Geisteshaltung gegenüber menschenverachtenden Faschisten genügt, um in seiner Gesinnung als bedenklich angesehen zu werden. Um angesichts solcher Tatsachen auch einmal dem Zynismus etwas Raum zu lassen, kann man an dieser Stelle bissig formulieren, dass in der Bibel bereits steht: »er sitzt zur Rechten Gottes« und nicht zur Linken. Diesem Fahrwasser folgend setzte Escrivà die Werke von Aufklärern, Humanisten und kritischen Denkern wie Luther, Lessing, Kant, Hegel und Brecht auf eine Liste verbotener Bücher und empfahl, diese »wie Dreck zu behandeln«. Seine Aufforderungen zum bedingungslosen Gehorsam ihm gegenüber hatten ohnedies diktatorische Züge. Vollends fragwürdig sind seine Anweisungen zur Selbstgeißelung und zum Tragen des Bußgürtels. Für Escrivá war der Schmerz heilig. Das Opus Dei gibt offen zu, anzustreben, die gesamte Kirche und danach die gesamte Menschheit solle eines Tages Opus-Dei, also »Werk Gottes« sein, wie Escrivá in seinen Schriften mehrmals betonte. Einige Auszüge aus Escrivàs Werk »Der Weg« mit seinen 999 Lebensvorschriften lassen erahnen, was Heiligkeit für Johannes Paul II. bedeutete und wie eine Opus- Dei-Welt aussähe: »Die Welt hallt noch wider von dem göttlichen Ruf: Feuer auf die Erde zu werfen, bin ich gekommen, und wie wünschte ich, daß es schon brenne. Und du siehst doch: fast überall ist es erloschen. Willst du dich nicht aufmachen, den Brand überall auszubreiten?« (Nr. 801); »Gesegnet sei der Schmerz. Geliebt sei der Schmerz. Geheiligt sei der Schmerz .Verherrlicht sei der Schmerz!« (Nr. 208); »Ich nenne dir die wahren Schätze des Menschen auf dieser Erde, damit du sie dir nicht entgehen lässt: Hunger, Durst, Hitze, Kälte, Schmerz, Schande, Armut, Einsamkeit, Verrat, Verleumdung, Gefängnis.« (Nr. 194)

Damit kann man allen Katholiken nur viel Spaß wünschen, denn für Escrivá bestand der Sinn des Lebens offensichtlich darin, sich unter Schmerzen, Züchtigungen und blindem Gehorsam auf das Leben nach dem Tod vorzubereiten. Diese Episode ist allerdings nur ein kleiner Auszug, der zeigt, welche durchaus mächtigen Strömungen es in der katholischen Kirche gibt. Nicht ohne Grund hat Papst Franziskus den erzkonservativen populären Bodenküsser Johannes Paul II. 2014 ebenfalls heiliggesprochen, womit sich der Kreis schließt und der Einfluss dieser Geisteshaltung aufrechterhalten wird. Der Papst dazwischen – Josef Ratzinger alias Benedikt XVI. – ist immerhin Ehrendoktor der Opus-Dei-Universität im spanischen Pamplona. Zudem sei noch angemerkt, dass die geschätzten 90.000 Opus-Dei-Mitglieder nicht nur direkt über den Papst und den Vatikan auf die Menschen Einfluss nehmen, sondern auch als hochrangige Personen in Politik, Wissenschaft und Wirtschaft tätig sind, um eine Verbreitung dieses erzkonservativen, menschenfeindlichen und jenseitsorientierten Gedankengutes weiter voranzutreiben, ohne freilich öffentlich zu bekunden, dass sie dem Opus Dei angehören. Man möge nur an die vorhin beschriebenen Äußerungen Franziskus' zur Abtreibung als Auftragsmord denken, dann sieht man, mit welcher Geisteshaltung die katholische Kirche über ihre 1,3 Milliarden Mitglieder hinwegfegt.

Doch prüfen wir einmal, wie die Repräsentanten der Kirche selbst mit der Einhaltung und Deutung der »Zehn Gebote« vorgehen, und wie sie das Leben der Christen damit beeinflussen und manipulieren. »Ich bin der Herr, dein Gott! Du sollst nicht andere Götter haben neben mir!«, lautet das erste Gebot. Was soll das heißen? Durchleuchten wir das Christentum mit historischen Fakten, dann wird bald klar, dass dieser Gott aus diversen indischen und persischen Gottheiten zusammengeflickt wurde. Alleine der Ablauf einer Messe in der katholischen Kirche ist nahezu ident mit einer Messe des wesentlich älteren persischen Mithras-Kultes – nur die Kommunion kommt aus der griechischen Mythologie und wurde zusätzlich eingebaut. Auch die sieben Sakramente gab es im Mithras-Kult bereits, ebenso wie das jüngste Gericht, welches wir auch im vorchristlichen Ägypten und Griechenland finden. Weihnachten war ursprünglich ein persisches Sonnenfest. Auch dieses unsägliche Himmel-Hölle-Konzept existierte folglich bereits lange vor dem Christentum. Durch Juden und Etrusker fanden diese Gebräuche Eingang in urchristliche Kulturen. Die Bibel ist somit weitgehend ein aus früheren Kulturen zusammengetragenes

Sammelsurium. Gut beweisbar ist das unter anderem anhand der Jungfrauengeburt. Wenn wir die Legende der unbefleckten Maria und deren mannlos eingetretener Schwangerschaft durchleuchten, müssen wir uns schon fragen, wie viel Aufklärung und Bildung einem die Kirche zutraut. Aber so verwunderlich ist die Konstruktion dieses absurden Fundaments des Christentums dann auch wieder nicht, wenn wir an die vielen Fake-News auf *Facebook* denken, auf die heute abertausende Menschen hereinfallen. Glauben Sie daran, dass jemand schwanger werden kann, ohne Sex zu haben? Tatsächlich ist das heutzutage mit den Methoden der künstlichen Befruchtung möglich, aber die gab es vor 2.000 Jahren noch nicht. Trotzdem ist angeblich eine Frau namens Maria vom sogenannten Heiligen Geist schwanger geworden, wie auch immer der ausgesehen haben mag. Eine biologische Unmöglichkeit und gleichzeitig vielleicht theologische Notwendigkeit als ein Wunder Gottes wurde somit zum fundamentalen Gründungsdogma der heutigen Christenheit. Durch das Allgemeinwissen in der damaligen Zeit kann diese Geschichte auf viele Menschen glaubhaft gewirkt haben, sodass sie im Laufe der Zeit in die christliche DNA eingebaut wurde. Dieses Märchen von der Jungfrauengeburt findet sich überdies schon in diversen anderen Kulturen lange vor Christi Geburt, zumindest in zwölf Varianten, so etwa 600 vor Christus Gautama Bhudda, der von der Jungfrau Maya geboren wurde, oder Mithras, am 25. Dezember etwa 600 vor Christus, ebenfalls von einer Jungfrau geboren. Eine noch ältere Überlieferung schildert die Geburt Krishnas, der um 1200 vor Christus von einer Jungfrau namens Devaki geboren worden sein soll. Dieses nette Konzept wurde folglich kopiert und auf einen der vielen Wanderprediger der damaligen Zeit projiziert, bestens bekannt als Jesus. »Ein Gott brachte durch die Jungfrau

Maria seinen Sohn auf diese Welt, um die Menschen von der Sünde zu befreien.« Das klingt recht beeindruckend, vor allem für Schafhirten vor 2.000 Jahren, welche dann diesen Jesus bald als den wahren Sohn Gottes betrachteten. »Man befolge die Lehren Jesu und erhalte dafür das ewige Leben im Himmel«, so lautet dieses simple Konzept. Und das verleiht ungeheure Macht, denn wer sich nicht so verhält, wie es die Kirche vorschreibt, dem bleibt das Paradies verwehrt. Er wird laut Kirche so wie ich in der Hölle schmoren. Damit wird einem recht schnell und unverhohlen gedroht, wie ich aus einem zwanghaft freundlich formulierten Schreiben des Bischofs an mich anlässlich meines Kirchenaustrittes erfahren konnte – angefangen bei der Verweigerung von Begräbnisfeierlichkeiten bis hin zu der Unmöglichkeit der Ausübung eines Patenamtes.

Diese Geschichten aus dem Orient sind in allen von dort stammenden Ein-Gott-Religionen ähnlich: Auch Mohammed bekam seine Suren und Hadithen in einer Höhle von einem Gott, der von seinen Anhängern »Allah « genannt wird, eingesagt. Es gab da außerdem noch eine Geschichte mit einer Epilepsieerkrankung des Propheten Mohammed, welche der legendäre Pathologe Hans Bankl in seinem 2004 veröffentlichten Buch »Kolumbus brachte nicht nur die Tomaten« ausführlich und unter medizinischen Gesichtspunkten beschreibt. Mohammed hat Professor Bankl zufolge etliche Teile des Korans unter fieberhaften Zuständen nach epileptischen Anfällen formuliert, und diese Ergüsse sollen von seinen Schreiberlingen aufgezeichnet worden sein. Zusammengefasst könnte man sagen: Von diesem einen Gott bleibt nicht viel mehr übrig als ein laues Sammelsurium an uralten Legenden, wenn man einige historische Fakten betrachtet und diese mit kritischem Verstand hinterfragt.

»Du sollst den Namen des Herrn, deines Gottes, nicht missbrauchen!«, verlangt es ein anderes Gebot. Doch genau das hat die Kirche bereits selber getan. Man denke nur an die Kreuzzüge oder Hexenverbrennungen im Namen Gottes. Alleine das wäre Anlass genug, dieses Gebot vorbeugend gänzlich zu streichen, sodass zumindest im Namen Gottes nie wieder Unheil angerichtet werden kann. Nichtsdestotrotz werden heute Religionen in etlichen Staaten vor diesem »Missbrauch des Namens des Herren« noch immer geschützt, so in Österreich durch den § 188 des Strafgesetzbuches (»Herabwürdigung religiöser Lehren«): »Wer öffentlich eine Person oder eine Sache, die den Gegenstand der Verehrung einer im Inland bestehenden Kirche oder Religionsgesellschaft bildet, oder eine Glaubenslehre, einen gesetzlich zulässigen Brauch oder eine gesetzlich zulässige Einrichtung einer solchen Kirche oder Religionsgesellschaft unter Umständen herabwürdigt oder verspottet, unter denen sein Verhalten geeignet ist, berechtigtes Ärgernis zu erregen, ist mit Freiheitsstrafe bis zu sechs Monaten oder mit Geldstrafe bis zu 360 Tagessätzen zu bestrafen.« Dieser Anachronismus zeigt recht deutlich, welchen Einfluss Religionen immer noch auf die Gesellschaft haben.

»Du sollst den Feiertag heiligen!« Mit diesem Gebot konfrontieren uns die Kirchenvertreter mit schönster Regelmäßigkeit in den Tagen vor dem 8. Dezember, an denen sie gegen die Öffnung der Geschäfte wettern. Dabei hat Österreich in Europa ohnedies gemeinsam mit Dänemark die Führungsposition inne, was die Anzahl der kirchlichen Feiertage betrifft. Es sind in beiden Ländern zehn, während es in Deutschland immerhin acht solcher Feiertage gibt und das Schlusslicht Irland mit vier Feiertagen bildet. Wenn wir alleine den 8. Dezember näher betrachten, wird die diesem Feiertag zugrundeliegende Absurdität schnell virulent: An diesem Tag feiert die katholische Kirche, dass die Gottesmutter Maria ohne die von Adam und Eva ausgelöste Erbsünde gezeugt wurde und somit von Geburt an sündenfrei war. Wegen einer dermaßen schrägen Vorstellung einen Feiertag auszurufen, basierend auf einer möglichen »sündenfreien « Zeugung ohne Zeugen an genau diesem Tag, und dann auch noch darauf zu bestehen, dass alle Geschäfte geschlossen bleiben – auch für Nichtkatholiken –, ist schon eine merkwürdige Verirrung in Phantasiewelten. Stellen Sie sich vor, jemand würde ein Volksbegehren starten für die Umbenennung solcher Tage in nichtkirchliche Feiertage, sodass etwa »Maria Empfängnis« in einen »Tag des Familieneinkaufs« umbenannt werden würde, oder »Christi Himmelfahrt« in einen »Tag der Gartenpflege« und »Maria Himmelfahrt« in einen »Tag des Sonnenbades «. Die Kirchenglocken, die auch sonst keine Rücksicht auf irgendein Ruhebedürfnis von Nichtchristen nehmen, würden wohl in wildes Kriegsgebimmel ausbrechen, auch wenn katholische Feiertage eigentlich eine rein private Angelegenheit – wie alle Glaubensrichtungen an sich – sein sollten. Nicht viel anders verhält sich die Kirche zu dem immer wieder diskutierten Thema der Öffnung von Geschäften an Sonntagen. In einer Gesellschaft, in der die Trennung von Kirche und Staat wirklich vollzogen worden wäre, dürfte das nur eine Diskussion zwischen Arbeitnehmern, Arbeitgebern und Politikern sein. Aber mit größter Selbstverständlichkeit mischt sich die Kirche auf diesem Gebot beharrend ein, wohl aber eher darum fürchtend, dass dann die Kirchenbänke noch leerer blieben.

»Du sollst Vater und Mutter ehren!« ist ein durchaus löbliches Gebot, doch zu dieser Selbstverständlichkeit bedarf es keiner Kirche. Bedauerlicherweise verhindern gerade die Kirchenvertreter manchmal selbst die Einhaltung dieses Gebots. Ich weiß aus erster Hand von einem Stift in Österreich, welches in seinen »besten« Zeiten für bis zu 75 von Priestern gezeugten Kindern die Alimente bezahlte oder auch immer noch zahlt. Diesen Kindern wurde zum Teil verboten, ihre Erzeuger »Papa« zu nennen, weil aus zölibatären Gründen nicht sein konnte, was nicht sein darf. Jeder kann sich vermutlich vorstellen, wie förderlich es für die Psyche der Kinder war und immer noch ist, so aufzuwachsen: als ein Sündenprodukt, das verschwiegen werden muss. Den Kindern wurde entweder erst gar nicht gesagt, wer ihr Vater ist oder aber sie durften sich öffentlich nicht dazu bekennen.

»Du sollst nicht töten!« Selbst Gott hält sich im Alten Testament nicht daran: Man denke nur an seine Vernichtung der Städte Sodom und Gomorra mit Schwefel und Feuer oder seine Entsendung der zehn Plagen, durch die unter anderem alle erstgeborenen Söhne der Ägypter umkamen. Spaziert man in Rom durch die Sixtinische Kapelle und betrachtet die vielen Bilder, dann bekommt man schnell den Eindruck, die gesamte Christenheit bestünde in weiten Teilen nur aus Gewalt und Tod bei so vielen dort hängenden Kunstwerken, die mit einem schnell ins Auge springenden Übermaß an Darstellungen von blutrünstigen Szenen imponieren. Auch kenne ich keinen Roman, der so blutrünstig ist wie die Bibel. In der Gegenwart hat das Spielen mit dem Leben von Menschen bei weitem nicht aufgehört. Erinnern wir uns an die 8.000 Menschen, die täglich an AIDS sterben und dem gegenüberstehend an das unsägliche Kondomverbot der Kirche. Auch Papst Franziskus weicht davon nicht ab, vielmehr sagte er – wie in »Zeit Online« am 1. Dezember 2015 zu lesen war – im Rahmen einer Afrikareise im Jahre 2015, es gefalle ihm nicht, sich mit derart kasuistischen Fragen und Überlegungen zu beschäftigen. Einige Vertreter der Kirche hatten in den Anfangszeiten dieser schweren Krankheit immerhin mehrmals betont, dass AIDS eine Strafe Gottes für die Unkeuschheit der Menschen sei. Die Frage ist nur, wer so einen Gott des Strafens wirklich benötigt. Jemanden zu töten ist und bleibt im Strafgesetz aller zivilisierten Länder auch ohne dieses Gebot das schwerste Vergehen, wessen sich ein Mensch schuldig machen kann. Eine wie auch immer geartete Umgehung – etwa das Kondomverbot mit Keuschheit unrealistischerweise wettzumachen zu wollen – kann durchaus als eine Vorschubleistung zu diesem schwersten Vergehen diskutiert werden.

»Du sollst nicht ehebrechen!« ist ebenfalls nicht unbedingt eine Erkenntnis, zu der man eine Kirche benötigt. In Kapitel 6 habe ich bereits darzulegen versucht, welchen Anteil die Kirche an diesem Thema hat. Hinzugefügt muss aber werden, dass auch eine Scheidung für die Kirche einen Ehebruch bedeutet. Für die Kirche ist es gottesgewollt, dass eine Ehe auch dann unauslöschlich ist, wenn sie nicht funktioniert oder sogar gewalttätige Elemente darin vorkommen – auch wenn sie da in seltenen Ausnahmefällen eine Trennung von Tisch und Bett zubilligt, aber dennoch keine Scheidung. Die Einflüsse der Kirche gerade auf das Scheidungsrecht waren besonders stark, denn die Ehe als unauflösbares Sakrament musste unbedingt durchgesetzt werden. Wäre eine Scheidung möglich, so würde das ja die Allmacht Gottes in Frage stellen. Beim Trauungsakt wird ausdrücklich mit dem Satz aus dem Matthäusevangelium 19,6 darauf hingewiesen: »Was aber Gott verbunden hat, das darf der Mensch nicht trennen.«

Das Gebot »Du sollst nicht stehlen!« sollte um den Zusatz »... und zurückgeben, was du gestohlen hast« ergänzt werden. Dann würde es allerdings ein wenig turbulent mit den Besitztümern der Kirche zugehen. Das Vermögen der katholischen Kirche kann alleine in Deutschland auf rund

200 Milliarden Euro geschätzt werden, wenn man die offiziellen Bilanzen der Bistümer zusammenrechnet. Mit 8,25 Milliarden Quadratmetern ist die Kirche auch der größte Grundstücksbesitzer in Deutschland. Dass dieses imposante Vermögen nicht nur durch redlichen Erwerb zustande gekommen ist, wird bei näherer Betrachtung auch rasch offensichtlich. Sklaverei, Prostitution, Ablasshandel, Vermögenskonfiszierung bei Hexenprozessen, Erbschleicherei und dergleichen mehr haben seit Jahrhunderten zu dessen Vermehrung beigetragen. So mussten etwa bei Hexenprozessen die Angehörigen die Kosten tragen, die in einem Beispiel aus Darmstadt folgendermaßen verrechnet wurden: »Einen Lebenden zu vierteilen: 15 Kronen. Den Scheiterhaufen aufrichten, die Asche des Verbrannten in fließendes Wasser werfen: 30 Kronen. Eine Hexe lebend verbrennen: 14 Kronen. Eine Person mit dem Schwert töten: 10 Kronen. Einen Menschen henken: 18 Kronen. Einen Körper ziehen: 5 Kronen. Ohren und Nase abschneiden: 5 Kronen. In den Bock spannen: 8 Kronen. Ein Streich mit der Spitzrute: 1 Krone. Für Schnüre zum Bockspannen aufziehen und die Gewichte anhängen, die Beinschrauben anlegen: 30 Kronen. Des Ortes verweisen: 1 Krone.« Hinzu kommt, dass in Deutschland zumindest ein Drittel des gesamten Vermögens an Geld, Ländereien oder Immobilien der Kirche zufiel, indem die Familie einer Hexe einfach enteignet und davongejagt wurde. Sogar die Heiligsprechungen lässt sich die Kirche abkaufen: Die 464 Heiligsprechungen durch Johannes Paul II. dürften der Kirche die beachtliche Summe von 116 Millionen Euro eingebracht haben. Da kann einem leicht schummrig werden in Anbetracht der ungefähr einer Milliarde von Menschen, welche als arm gilt.

»Du sollst nicht falsch Zeugnis reden wider deinen Nächsten!« ist ein recht widersprüchliches Gebot hinsichtlich der diversen heiligen Gebeine und Reliquien, welche es in unzähligen Kirchen gibt. Nachdem es keinen einzigen historischen Beweis dafür gibt, dass Petrus jemals in Rom war, ist es auch schwer, daran zu glauben, dessen Gebeine befänden sich im Petersdom und alle Päpste in Rom seien seine Nachfolger. Überhaupt ist dieser Kult um Körperteile, welche die Kirche »heilige Reliquien« nennt, höchst sonderbar. Der Kölner Kirchenexperte Manfred Becker-Huberti meint frivolerweise, dass es von manchen Heiligen 28 Beine gebe. Eine Vorhaut von Jesus verschwand leider nach vielen Aufenthaltsorten in Europa während der französischen Revolution. Eine weitere Vorhaut Christi wurde bis 1983 bei Prozessionen in dem italienischen Örtchen Calcata öffentlich gezeigt, bis sie im selben Jahr unerklärlich verschwand. Auch die Vorhaut Christi, welche sich in Antwerpen befand, ging bedauerlicherweise im Jahre 1566 beim Bildersturm verlustig. Wenigstens konnte das Bauernmädchen Agnes Blannbekin im 13. Jahrhundert berichten, dass es bei der Kommunion das Empfinden der Vorhaut Christi in seinem Mund verspürt hätte. Ihrem namentlich nicht bekannten Beichtvater erzählte Agnes davon, wie aus seinen neckisch anmutenden Aufzeichnungen hervorgeht: »Und siehe, alsbald spürte sie auf der Zunge ein kleines Häutchen nach Art eines Eihäutchens mit allergrößter Süße, das sie verschluckte. Nachdem sie es verschluckt hatte, spürte sie wieder das Häutchen auf der Zunge mit Süße, wie vorher, und verschluckte es wiederum. Und dies geschah ihr wohl hundert Mal. Und es wurde ihr gesagt, daß die Vorhaut mit dem Herrn am Tag der Auferstehung auferstand. So groß war die Süße beim Kosten dieses Häutchens, daß sie in allen Gliedern und Teilen der Glieder eine süße Veränderung spürte«. Freilich wurden diese Aufzeichnungen von den Kirchenwächtern auf den Index der verbotenen

Schriften gesetzt und sind erst seit 1994 wieder verfügbar. Wenn wir uns nun den Zeugnissen der Gegenwart zuwenden, so sei vorab bemerkt, dass laut einer Studie des Max-Planck-Instituts Menschen bis zu 200-mal pro Tag lügen, und Männer tun dies signifikant häufiger als Frauen. Da nun gerade die katholische Kirche eine lupenreine Männerdomäne ist, keimt ein leiser Verdacht auf. Schnell kommen wir damit wieder einmal auf das Thema »Sexualität«: Der ehemalige Benediktinermönch Anselm Bilgri bemerkte in einem Interview mit der deutschen Presseagentur, es gebe Schätzungen, dass etwa zwei Drittel der katholischen Priester sexuell aktiv sind – die Hälfte davon heterosexuell und die andere Hälfte homosexuell, und es sei ihnen nach meinem Dafürhalten vergönnt. Wenn allerdings bei diesen Zahlen der Zölibat keine Lüge ist, dann ist der Begriff »Lüge« insgesamt ein mehr als dehnbarer Begriff. Dazu gibt es ein 2013 erschienenes, überaus erhellendes Buch des ehemaligen Priesteramtskandidaten Daniel Bühling mit dem Titel »Das 11. Gebot – du sollst nicht darüber sprechen«. Darin berichtet er unter anderem davon, dass es in der Kirche überaus mächtige schwule Netzwerke gibt, denen man angehören muss, um in der Hierarchie nach oben zu kommen. Wenn wir uns die gegenwärtige offizielle Einstellung der Kirche zur Homosexualität vergegenwärtigen, kann man wohl kaum von einer Wahrheit im Tun und Denken sprechen. Der US-amerikanische Schriftsteller Tennessee Williams sagte einmal: »If I got rid of my demons, I'd loose my angels.« »Lass dich nicht gelüsten deines Nächsten Weibes!« lautet ein weiteres Gebot. Eine bemerkenswerte Anekdote aus dem österreichischen Strafrecht zum Ehebruch lautet, dass andere sexuelle Aktivitäten als Geschlechtsverkehr – zum Beispiel Oralverkehr – nicht als Ehebruch gewertet werden, sondern als schweres eheliches Vergehen. So gesehen wäre Bill Clinton vielleicht zu gewissen Zeiten lieber Österreicher gewesen. Übertrieben witzig findet die Kirche derartige für sie heikle Themen mit Sicherheit nicht, denn gerade hier ist sie besonders scheinheilig. Wir müssen uns kein weiteres Mal ausführlich mit der lust- und sexualfeindlichen Moral der Kirche auseinandersetzen oder gar mit den nie wirklich in voller angebrachter Härte geahndeten Missbräuchen innerhalb dieser mächtigen Institution – lesen Sie einfach die in Buchform erschienenen Interviews zu 350 Missbrauchsfällen im Stift Kremsmünster, dann werden Sie dieses Gebot und alles andere, was die Kirche über Sexualität sagt, automatisch aus Ihrem Gedächtnis streichen! Wenigstens sei aber hier Abt Ambros Ebhart großer Respekt gezollt, denn er hat die dem genannten Buch zugrundeliegende Studie zur Aufarbeitung dieser Tragödie in Auftrag gegeben und die Publikation desselben auch nach anfänglichem Zögern zugelassen.

»Du sollst nicht begehren deines Nächsten Haus, Hof, Vieh und alles, was sein ist!« mahnt ein weiteres Gebot. Die 1939 von Adolf Hitler aus politischen Motiven heraus eingeführte Kirchensteuer wurde freilich nach dem Ende des Naziregimes nicht wieder abgeschafft. Das wundert nicht ob der fruchtbaren Quellen, wie der offizielle kirchliche Gebarungsbericht 2016 zeigt. In Österreich nahm die Kirche in diesem Jahr etwa 604 Millionen Euro ein, davon kamen immerhin 107 Millionen aus Vermögensverwaltung, Vermietungen, Pacht, Leistungen, Subventionen und sonstigen Erträgen. 48 Millionen bekam die Kirche an staatlichen Leistungen zur Abgeltung von NS-Schäden, 451 Millionen kamen von den Kirchenbeiträgen. In Deutschland haben die Einnahmen bei weitem gewaltigere Dimensionen, dort nahm die katholische Kirche 2017 sogar 6,43 Milliarden Euro ein und die evangelische Kirche 5,67 Milliarden. Hinzu kommen dort noch – wie beispielsweise im Jahr 2012 – staatlich zweckgebundene Zahlungen von 460 Millionen Euro. Dafür kann man dann die Kirchenglocken schon kräftig läuten, egal ob dieser Geräuschpegel im frühen Morgengrauen oder an Sonntagen jedem in der Umgebung passt oder nicht. Der Einfluss der Kirche auf die Allgemeinheit liegt auch darin, dass diese Summen von der Steuer absetzbar sind, und zwar in Österreich mit einem Höchstbetrag von jährlich 400 Euro genauso wie in Deutschland mit geringfügig anderen Beträgen. Diese Absetzbarkeit führt zu einem geringeren Steueraufkommen und dieses Geld fehlt uns allen, einerlei, ob wir bei irgendeiner Religionsgemeinschaft Mitglied sind oder nicht. In Österreich sind das bei einem angenommenen durchschnittlichen Steuersatz von 25 Prozent über 100 Millionen Euro, die der Allgemeinheit zwischen den Fingern zerrinnt. Sollte jemand seinen Kirchenbeitrag nicht bezahlen, dann kommt irgendwann, nach einiger Zeit der christlichen Geduld, der Pfändungsbefehl. Selbstverständlich werden auch bei einem Kirchenaustritt alle offenen Forderungen sofort eingemahnt. Zudem sind die Forderungen nicht verhandelbar: Bei einem Angebot, einen gewissen als verträglich empfundenen Betrag zahlen zu wollen oder sonst eben auszutreten, wird keinesfalls nachgegeben. Es ist insgesamt wenig zu erkennen von dem Gebot »nicht zu begehren alles, was sein ist«.

Diese kritischen Ausführungen hätten mich noch vor wenigen hundert Jahren nach grausamen Folterungen auf den Scheiterhaufen gebracht. Derartige vergleichbare Äußerungen zum Islam würden in manchen Ländern noch heute mit der Todesstrafe geahndet, wie etwa in Saudi-Arabien, Pakistan oder im Iran, wo »Gotteslästerung« nach wie vor ausdrücklich im Strafrecht enthalten ist. Mir ist auch vollkommen bewusst, dass diese Schilderungen mancherlei Personen unappetitlich und entbehrlich erscheinen. Dennoch sind sie zumindest eine Wahrheit, die um nichts weniger wert ist als die Darstellungen diverser Kirchen in deren manipulativen Mysterientheatern. Immer wieder bekunden mir Menschen, dass die katholische Kirche eine zu kritisierende Institution sei, aber dass das nichts mit dem Glauben an sich zu tun hätte. Dem ist aber nicht so. Wie bereits geschildert besteht das Fundament des gesamten Glaubens aus einem zusammengetragenen, teilweise neu formulierten Sammelsurium aus alten Legenden und Mythen, die ihren Ursprung in Kulturen finden, welche lange vor dem Christentum existiert haben. Mit der Angst der allermeisten Menschen, dass es nach dem Tod nichts mehr gebe, wird genau mit diesem Sammelsurium eine ungeheure Macht ausgeübt, welche Milliarden von Menschen in ihrer Lebensgestaltung beeinflusst und zu willfährigen Opfern von Glaubensinstitutionen degradiert. So schrieb der von mir – wie ich im nächsten Kapitel noch ausführen werde – nicht besonders geschätzte Karl Marx in seiner 1844 herausgegebenen Schrift »Zur Kritik der Hegelschen Rechtsphilosophie« in der Einleitung: »Die Religion ist das Opium des Volkes.« Wir sind in Europa zwar weit entfernt von Gottesstaaten, wie wir sie im Islam häufig finden und wozu die USA immer mehr neigt. Dort glauben immerhin drei Viertel der Bevölkerung an die Jungfrauengeburt und 90 Prozent haben ihre Zweifel an der Evolutionstheorie, trotz der bewiesenen genetischen Nähe des Menschen zum Affen. Wenn die Menschen im 21. Jahrhundert noch an solche naiven Märchen glauben, kann es nur noch schlimmer kommen mit dergleichen unsäglichen Beeinflussungen und Manipulationen. Das unvermindert existente Grundkonzept von Gut und Böse, von Himmel und Hölle, nach welchem die Kirche operiert, ist die größtmögliche Form von grausamer Manipulation. Menschen über ihren Tod hinaus mit negativen Konsequenzen zu drohen, wenn sie nicht spuren, ist an grausamem Psychoterror nicht zu überbieten. Dieses unsägliche Konzept finden wir bei allen monotheistischen Religionen. Viele Menschen haben − geprägt und beeinflusst unter anderem durch unzählige Stunden des Religionsunterrichts vom Kleinkindalter an − weniger Angst vor diesen grausamen Höllenschilderungen als vor dem Nichts, vor dem ewigen Nichtsein. Denn die Hölle ist wenigstens überwindbar, wenn man den Regeln gehorcht, heißt es. Diese Angst ist bei weitem das größte Einflussmittel, welches Religionen haben, und sie spielen diese Trumpfkarte gnadenlos aus. Diese Angst ist so groß, dass die Christen lieber einen Gott mit einem Himmelreich wollen, der an einem Sonntagvormittag einmal kurz einen Tsunami über Asien bläst, bei dem 230.000 Menschen sterben, als eben keinen Gott. Ein großer Teil der Menschen kann mit einer Vorstellung von einer Hölle, die von der Kirche nicht gerade als freundlicher, erbaulicher Ort geschildert wird, besser leben als ohne göttliche Ewigkeit. Was viele Menschen nicht ertragen können, ist diese Existenz des Nichts. Und damit zappeln sie am Gewissenshaken der Kirche, in deren Geschichten Fischer eine ohnedies nicht unerhebliche Rolle spielen. Sie lassen sich von einem 2.000 Jahre alten zusammengetragenen Denkkonzept beherrschen. Diese Verführung, Manipulation und Beeinflussung ist die stärkste, die es für Menschen gibt, denn irgendwann überlegt sich jeder von uns ein wenig ängstlich, was denn in der Stunde des Verbleichens und danach auf ihn zukommen wird.

Wenn man es schafft, diese grausamen manipulativen Konzepte zu überwinden, gelingt ein diesseitiges Leben, das von vielen Zwängen befreit ist. Zu Ende gedacht bedeutet das aber, dass nichts lebensbejahender und befreiender für unser Dasein sein kann, als die Überwindung des Todes abseits von Religionen oder anderen manipulativen Lösungsangeboten, indem wir einfach akzeptieren, dass wir gelebt haben und uns dann ins Nichts verabschieden. Wie absurd und unerträglich dieser Gedanke an das ewige Leben ist, wird einem schnell und eindringlich klar, wenn man sich dieses ewige Leben vorzustellen versucht. Nicht einmal der legendäre »Münchner im Himmel« konnte das aushalten. Da bietet ein Leben im Hier und Jetzt eine weit erfreulichere Perspektive.

Freilich kann man hier einwenden, dass der Glaube an das ewige Leben das eigene Sterben wie auch das Trauern um geliebte Angehörige erträglicher macht. Ich will diese scheinbare Erträglichkeit auch niemandem nehmen, wenn es ihm dadurch besser geht. Aber wenigstens sollte niemand auf die Genüsse der Gegenwart verzichten, weil ihm etwas versprochen wird, was in höchstem Maße ein bescheidenes Vielleicht ist.

**IHR DESTILLAT:**

Machen Sie ein Gedankenexperiment und stellen Sie sich vor, alle Menschen bekämen eine Pille, mit der sie ewig leben würden. Sie würden nicht mehr altern, sondern einfach so weiterleben, wie das Leben gerade ist. Glauben Sie wirklich, dass es dann noch Religionen gebe? Religionen üben eine ungeheure Macht auf uns aus, indem sie vorschreiben, wie wir zu leben haben, damit wir dann in den Genuss eines ewigen Lebens kommen. Wir können das überwinden, indem wir ein diesseitsbezogenes anstatt ein jenseitsbezogenes Leben führen.

## 7.3 LINKS UM!

*»Die Gewalt ist der Geburtshelfer jeder alten Gesellschaft, die mit einer neuen schwanger geht.«*
Karl Marx

Stellen Sie sich einmal vor, wie die Welt heute aussähe, wenn Nazideutschland den Zweiten Weltkrieg gewonnen hätte und das Tausendjährige Reich die Welt beherrschen würde. Eine Weltherrschaft des Faschismus ist ein dermaßen unvorstellbares Horrorszenario, dass man sich dessen Dimensionen kaum ausmalen kann. Nicht viel besser ergeht es einem allerdings, wenn man sich eine Weltherrschaft des Kommunismus unter Psychopathen wie Stalin vorstellt. Das 20. Jahrhundert war einerseits das dunkle Jahrhundert dieser desaströsen Ideologien mit Abermillionen von unschuldigen Toten. Andererseits zeichnete es sich aber auch dadurch aus, dass diese unheilvollen Ideologien weitgehend überwunden wurden, zumindest in ihren allertödlichsten Ausprägungen. Anders ausgedrückt ähnelt es der Kulturgeschichte des Hundes, die auch eine Kulturgeschichte des Tretens in Hundekot ist. Doch um bei unserem Thema zu bleiben, sollten wir durchleuchten, warum Ideologien einen derartigen Einfluss auf Menschen haben können, warum deren Potenzial zur Verführung so außerordentlich hoch ist, dass es Massenbewegungen auslösen und Millionen Menschen mitreißen kann. Dabei müssen wir uns vor Augen halten, dass Männer wie Hitler oder Lenin nicht einfach so über das Volk gekommen sind – sie wurden von der jeweiligen Bevölkerung bewusst gewollt. Die Menschen setzten in einer Zeit bitterer Not Hoffnung in diese Manipulatoren, und diese konnten ihnen mit rhetorischem Geschick und entsprechender Propaganda eine Orientierung geben, sie

für eine Idee begeistern, die Realität mit einer Verherr-
lichung der Zukunft und verheißungsvollen Aussichten
für jeden Einzelnen umschiffen – allesamt primitive Ap-
pelle an nationale Abstammungen, Rassen, Religionen
und Heldentum. Dass dabei demokratische Grundwerte
immer mehr in propagandistischen Nebelschwaden ver-
schwanden, war den Menschen nicht mehr wichtig. Die
Aussicht, dass jene politischen Verführer die Geschichte
zum Wohle der Massen und somit zum Wohle des Einzelnen schreiben würden, zog die Menschen an wie das Licht
die Insekten. Der ideologische Inhalt diente den Volksver-
führern als Rechtfertigung für deren bizarre Handlungen.

Was wäre, wenn der im Nachhinein durch die Kom-
munisten geschönte Marx mit seinen Abhandlungen als
die einzig gültige Wahrheit für politisches Handeln gesehen würde? Was wäre aus der Menschheit geworden vor
diesem gedanklichen Hintergrund? Der im wirklichen Leben versagende Marx – er verleugnete seinen unehelichen
Sohn, war zeitlebens nicht fähig, für ein geregeltes Einkommen zu sorgen und war ein ausgesprochener Rassist – hat
ein geistiges Werk geschaffen, an welches viele Menschen
glaubten und sogar noch glauben, sein geistiges Erbe wurde zu einem politischen Erdbeben, das die Welt in einem
vorher nie gesehenen Ausmaß veränderte. Aber ohne jeden
Zweifel sind die Abkömmlinge seiner Werke – alle kommu-
nistischen Staaten – hoffnungslos gescheitert. Selbst China
konnte sein Wirtschaftswachstum ohne Lockerungen der
marxistisch-kommunistischen Fußfesseln nicht bewerkstelligen. Anhand von Kuba und Nordkorea zeigt sich besonders eindrücklich, wie diese Ideologie nicht funktioniert.

Die kleine Schwester des Marxismus, der Sozialismus
in seinen vielfältigen Ausprägungen in Demokratien und
totalitären Systemen, kann ebenfalls als zunehmend gescheitert betrachtet werden. Das populistische Vorgaukeln

einer Solidarität, die es so nie gab, scheint allmählich seine Wirkung zu verlieren. Gerade der unter dem Sozialismus ausufernde Sozialstaat hat dazu geführt, dass Solidarität verlernt wurde, weil diese mehr und mehr als eine Verpflichtung des Staates angesehen und verinnerlicht wurde. Dass es dabei zu einer Verschuldung des Staates kam, unter der noch viele nachfolgende Generationen zu leiden haben werden, wurde bewusst in Kauf genommen, um sich die Wählerstimmen zu sichern. Solidarität beschränkt sich allerdings nicht auf den Staat, sondern ist eine moralische Verpflichtung jedes Einzelnen und darf nicht verloren gehen. Daher muss sich der Sozialismus die Paradoxie gefallen lassen, dass er den Menschen genau das abgewöhnt hat, wofür er vermeintlich eintritt.

An dieser Stelle sei erwähnt, dass diese Ausführungen in keiner Weise parteipolitisch zu verstehen sind. Ich bekenne mich ganz offen zu keiner Partei, außer zur nicht offiziell existierenden Partei der Vernunft und Menschlichkeit. Unter diesem Gesichtspunkt lohnt es sich allemal, Ideologien und deren Einfluss auf Menschen zu durchleuchten, speziell hinsichtlich einer besseren Zukunft für uns alle. Wenn hier eine kritische Hinterfragung eines ausufernden Sozialstaates stattfindet, dann bedeutet das keinesfalls, ich würde vorschlagen, gesellschaftliche Unterstützung und humanitäres Engagement für die wirklich Bedürftigen abzuschaffen. Aber es geht um das Bewusstsein, sorgsam und langfristig verantwortungsvoll mit den bestehenden Ressourcen umzugehen. Die Frage nach der Leistbarkeit eines Sozialstaates darf nicht auf die jeweils Regierenden abgeschoben werden, sondern muss auch ureigenes Verantwortungsgefühl des Einzelnen bleiben. Trittbrettfahrer der Solidargemeinschaft, welche der populäre Sozialismus über Jahrzehnte geschaffen hat, müssen im Interesse der Allgemeinheit in ihre Schranken gewiesen werden. Ständig mit größter Selbstverständlichkeit mehr aus dem System zu nehmen als dazu beizutragen, kann auf Dauer nicht funktionieren. Diese ungenierte Nehmermentalität verletzt alle Prinzipien der Gerechtigkeit. Die erste und schnellste Reaktion des heutigen realen Sozialismus mit seinen leeren Staatskassen ist zumeist ein Robin-Hood-Prinzip, nämlich von den Wohlhabenderen zügellos noch mehr zu nehmen, obwohl diese ohnedies in einem unverhältnismäßigen Ausmaß das System finanzieren. Reichensteuer, Vermögenssteuer, Erbschaftsteuer sind schnell als Forderungen aufgestellt und verursachen zusätzlich eine Neidgesellschaft, in der ständig unterschwellig kommuniziert wird, dass finanzieller Erfolg etwas Unanständiges sei. Laut dem österreichischen Bundesfinanzministerium tragen jene Menschen, die mehr als 50.000 Euro jährlich verdienen − und das sind 25 Prozent der Einkommensbezieher − ohnedies zu 77,5 Prozent am gesamten Steueraufkommen bei. Die Bezieher von Einkommen unter 30.000 tragen 5,5 Prozent zum gesamten Steuereinkommen bei, aber sie machen 50 Prozent der Steuerzahler aus. Im internationalen Vergleich liegt Österreich mit einem Spitzensteuersatz von 55 Prozent weltweit auf den vorderen Rängen. Deutschland liegt mit 47,48 Prozent weit dahinter. Bei solchen Steuersätzen ist es geradezu unanständig, denen, die den Sozialstaat ohnedies zu 77,5 Prozent tragen, noch mehr aus der Tasche zu ziehen. Eine solche Vorgehensweise kann nicht zielführend sein, sondern verlagert die soziale Verantwortung nur noch mehr auf den Staat und weg vom Einzelnen. Damit macht gerade der Sozialstaat den Einzelnen immer unsozialer, wobei dieser sich immer mehr auf den Sozialstaat beruft − ein unheilvoller Teufelskreis.

Obendrein hat gerade der Sozialismus seine Wähler über Jahrzehnte betrogen mit seinem Mythos vom kleinen

Mann aus der Arbeiterschaft, den er schützen und fördern würde. In Wahrheit haben die Sozialisten den kleinen Mann immer möglichst klein gehalten, um sich mit systematischem Linkspopulismus eine Wählerschaft zu sichern. Es wäre ein leichtes gewesen, eine Gleichstellung zu etablieren. Dennoch ist es für einen Handwerker in Österreich bis heute nicht möglich, einen sogenannten A-Posten als Beamter zu bekommen. Dazu benötigt man einen Hochschulabschluss, für einen B-Posten die Matura. Da sei die Frage schon erlaubt, warum der Tischlermeister nicht denselben Status bekommen kann wie der Hochschulabsolvent oder der Geselle den eines Maturanten. Die Erklärung liegt in der Aufrechterhaltung des Mythos vom kleinen Mann, der überdies zu einem dramatischen Facharbeitermangel geführt hat.

In vielen Staaten der Erde kann man ohne Mühe erkennen, wie dieser Sozialismus unheilvoll mehr und mehr versagt. Man nehme nur Venezuela, welches einst, vor dem Sozialismus des 21. Jahrhunderts, wie er von Hugo Chávez im Jahre 2006 ausgerufen wurde, der Staat mit dem höchsten Pro-Kopf-Einkommen und dem am besten ausgebauten Bildungswesen in Südamerika war. Heute versinkt das Land trotz der Ölvorkommen in Armut, die Währung stürzt ins Bodenlose und die Produktion ist im stetigen Sinkflug. Die Inflation nähert sich der 200-Prozent-Marke. Das Land ist ein besonders eindrückliches Beispiel dafür, dass der Sozialismus Armut fördert, weil der Kampf gegen privates Eigentum und eine freie Wirtschaft ein Land lähmt. Die Mechanismen der Preisbildung und der freien Marktkräfte auszuschalten, führt über einen vorübergehenden Stillstand zu einer Abwärtsspirale. Die zunehmende Abhängigkeit der Menschen vom Staat zerstört Innovation und Engagement, und genau das sind die Triebfedern für Wohlstand.

Als 16-Jähriger bin ich einmal im Sommer mit dem Zug durch die damalige DDR nach Berlin gefahren. Die weiten und fruchtbaren Felder links und rechts der Bahnstrecke lagen brach, dort und da konnte man einen verrosteten Mähdrescher erblicken. Bei einer Busreise, die ich kürzlich in dieselbe Gegend unternommen habe, konnte ich dieselben Felder in größter Erntepracht bewundern. Unsere Reiseleiterin erzählte uns dazu, dass die DDR-Landwirtschaft in den letzten Jahren ihres Bestehens trotz dieser fruchtbaren Felder ihre Bevölkerung nicht mehr versorgen konnte. Was mir aber von der damaligen Bahnreise ebenso unauslöschlich im Gedächtnis bleiben wird, sind diese kleinen, privaten Hinterhöfe, die man vom Zug aus gelegentlich gesehen hat. Dort war das gärtnerische Leben übervoll, auf wenigen Quadratmetern gelang es den Menschen, sich kleine Ernteparadiese zu schaffen. Diese Diskrepanz, deren Ursache ich damals höchstens erahnte, verstehe ich heute: Innovation und Engagement in den Hinterhöfen, Sozialismus auf den Feldern.

Armutsbekämpfung durch eine sogenannte gerechtere Verteilung von Ressourcen ist eine Illusion, die sich noch nie bewahrheitet hat, aber dem Sozialismus und den sozialistischen Regierungen immer als populäres Argument hilfreich zur Seite stand. Gleichheit vor dem Gesetz zu garantieren, ist ausreichend für eine funktionierende Gesellschaft. Die illusionäre Gleichheit im Wohlstand und eine soziale Gerechtigkeit durch Umverteilung funktioniert allerdings nicht, sondern führt langfristig zu Armut, wie es die Äcker der DDR gezeigt haben. Armut kann nicht durch Ressourcenverteilung bekämpft werden, sondern gleich den Hinterhöfen nur durch Wirtschaftswachstum und Wohlstandsvermehrung, weil Ressourcen immer begrenzt sind. Begrenzte Ressourcen führen zu Staatsverschuldung, Geldentwertung und zu einem unverantwortlichen Verschieben der Lasten auf nächsten Generationen. Die Linksideologen wollen den Menschen aber die Sinnhaftigkeit der Ressourcenverteilung als Allheilmittel immer noch einreden, sie haben ja damit auch jahrzehntelang auf Kosten der nachfolgenden Generationen Wählerstimmen gefangen. Doch nachdem nun auch der politisch unbedarfteste Bürger allmählich verstanden hat, dass da etwas nicht stimmen kann, laufen ihnen die Wähler scharenweise davon. Trotz aller Weissagungen der Verschwörungstheoretiker, Linksideologen und Untergangspropheten leben wir in der besten Welt, die es je gab. Der Prozentsatz an Menschen, die in extremer Armut leben, hat sich in den vergangenen 200 Jahren von 90 auf 10 Prozent zurückentwickelt. Nach dem zweiten Weltkrieg lag die weltweite Unterernährung bei rund 50 Prozent, heute liegt sie bei 13 Prozent und ist weiter im Sinken. Der Mythos von den immer reicher werdenden Reichen und den immer ärmer werdenden Armen stimmt so nicht. Was aber stimmt, ist, dass es eine Zunahme an wohlhabenden Menschen gibt. Aber die Armen werden nicht ärmer, sondern ebenfalls immer weniger. In den USA beispielsweise ist die Rate an armen Menschen in den vergangenen 50 Jahren um 75 Prozent gesunken. Hinzu kommt noch, dass effektiver Umweltschutz dann für die Menschen zu einem Bedürfnis wird, wenn diese ihn sich leisten können und nicht mehr um die nackte Existenz kämpfen müssen. Daher ist ein wachsender Wohlstand die bei weitem wirksamste Umweltschutzmaßnahme. Lassen Sie sich nicht beeinflussen von diesen vor allem linksideologischen Negativisten, die uns ständig weismachen wollen, dass das Ende der Menschheit gekommen ist, die Verteilung der Güter immer ungerechter und der böse Kapitalismus uns alle vernichten wird! Das Gegenteil ist wahr: Kein Konzernmanager auf dieser Welt wird wollen, dass die Menschen arm sind, denn wer sollte dann seine Waren kaufen? Optimismus ist durchaus eine Grundgesinnung, die immer sinnvoller wird, denn die beste aller Welten haben wir der kapitalistischen freien Marktwirtschaft zu verdanken, welche an Wachstum und Vermehrung glaubt, und keinesfalls linken oder rechten Ideologien. Die dritte große ideologische Strömung des 20. Jahrhunderts, die ohne Verblendung der Massen, Kriege oder Vernichtung von Andersdenkenden auskam, ist der Liberalismus, und dieser hat als einzige Ideologie überlebt und er ist auch die einzige Möglichkeit, der Menschheit weiterhin zu diesem erforderlichen Wohlstand zu verhelfen. Die Grundvoraussetzung dafür ist eine größtmögliche individuelle Freiheit des Einzelnen und ein hohes Maß an Selbstverantwortung. Jeder Mensch soll sein Leben so gestalten können, wie er gerne möchte, solange er niemanden damit verletzt oder sonst wie beeinträchtigt, so lautet kurz und einfach zusammengefasst der den Menschen wertschätzende Grundtenor. Demokratie ist ein Mittel zum Zweck, um genau das zu gewährleisten, aber nicht dazu berufen, sich in alle Bereiche einzumischen und zu regulieren. Für die Wirtschaftssysteme bedeutet das die Förderung von Privateigentum, freie Marktwirtschaft und freies Unternehmertum. Der österreichische Nationalökonom und Nobelpreisträger von 1974 Friedrich August von Hayek vertrat als der wichtigste Denker des Liberalismus die Ansicht, dass durch die Begrenztheit von Wissen und Vernunft nur eine spontane Ordnung wie der Markt die Möglichkeit bietet, Fortschritt und Wachstum sicherzustellen. Der Staat war für ihn als eine Institution wichtig, welche sich darauf zu beschränken hatte, gewisse Regeln bereitzustellen und Rahmenbedingungen zu schaffen, die den freien Markt begünstigen. In seiner »Verfassung der Freiheit« beschrieb Hayek 1960, dass nur eine größtmögliche Freiheit für alle Menschen die nötigen kreativen Kräfte freisetzt, welche die Zivilisation weiterentwickeln kann. Das Regulativ der sozialistischen Wirtschafts- und Gesellschaftsordnung kann nie über ausreichend Wissen verfügen, um die richtigen Entscheidungen zu treffen. Das kann nur der freie Markt, denn nichts ist demokratischer als das Geld. Der Kunde entscheidet frei, wo er sein Geld ausgibt und wo nicht. Jede zwanghafte Regulierung der Freiheit führt zum Untergang derselben. Freilich muss es eine bestimmte Ordnung geben, die den Einzelnen vor Missbrauch schützt, und genau darin liegt die Aufgabe des Staates, vor allem des Rechtsstaates. Es geht auch nicht darum, jeden Menschen seinem Schicksal zu überlassen und nach bestem Darwinismus die Macht des Stärkeren ungezügelt zuzulassen. Wer in tatsächliche Not gerät, der muss aufgefangen werden – diese Solidarität ist für eine sich weiterentwickelnde Zivilisation unerlässlich. Aber das ist eine andere ethische Umzäunung als diese klassenkämpferische Umverteilung und Legende von der sozialen Gerechtigkeit. Ungleichheiten wird es immer geben, Menschen werden in verschiedene Lebensumstände hineingeboren, sind mit verschiedenen Begabungen ausgestattet, sind unterschiedlich ehrgeizig und entwickeln verschiedene Fähigkeiten. Dies nicht zu akzeptieren ist ein Selbstbetrug. Die staatliche Gleichmacherei von Menschen in jeder Hinsicht lässt Kreativität, Innovation und Fortschritt erlahmen und führt erst recht zu Unterschieden, unter denen manche freier sind als andere – wie auf George Orwells »Farm der Tiere«. Diese 1945 erschienene Fabel beschreibt eindrücklich und als Gleichnis über die Verhältnisse in der damaligen Sowjetunion gedacht, wie sich nach einer gelungenen Revolution die Verhältnisse zu einer Herrschaft und Diktatur von wenigen – in dieser Fabel sind es die Schweine am Hof – umdrehen kann.

Ohne jeden Zweifel ist der Liberalismus für einen kleineren Teil der Bevölkerung der unbequemere Weg, denn in einer freien Marktwirtschaft existiert ein spürbares Leistungsprinzip. Dies ist jedoch kein Argument, um an dessen Sinn zu zweifeln im Interesse einer besseren Zukunft für die gesamte Menschheit. Es ist tatsächlich nur die Frage, von welcher Strömung oder Gesinnung man sich beeinflussen lässt.

**IHR DESTILLAT:**

Von den drei großen Ideologien des 20. Jahrhunderts – dem Faschismus, dem Kommunismus und dem Liberalismus – blieb nur Letztere übrig. Dass wir nun in der besten aller Welten leben, die es je gab, verdanken wir grundlegend den Grundsätzen des Liberalismus und seinem klaren Bekenntnis zur Freiheit.

# 8 SO WHAT – WAS SOLL DAS ALLES?

*»Man wird mich wahrscheinlich für einen Verrückten ausgeben, aber ich halte nun einmal an der Wunderlichkeit fest, die Wahrheit zu sagen – die gefährlichen Wahrheiten natürlich ausgenommen.«*

Henri Stendhal

Die vorliegenden Betrachtungen sind für mich wie eine ausgiebige, teilweise unstete Reise gedanklicher Art. Einmal geht es gemütlich dahin auf saftigen Almböden oder sanften Stränden, die gedanklichen Herausforderungen sind nicht besonders anstrengend, auch wenn manchmal Ausdauer gefordert ist. Hin und wieder wird der Weg allerdings steiler, das Denken, Verstehen und Niederschreiben bereitet mehr Mühe. Um einen der vielen Gipfel zu erreichen, sind da und dort Klettersteige und tiefe Schluchten zu bewältigen, auch solche mit schroffen Felswänden, reißenden Flüssen und etwas unsicheren Tritten und Griffen. Beim Niederschreiben sind das jene Themen, bei denen weder die Denker noch die Wissenschaftler oder sonst wer irgendeine Wahrheit gefunden hat. Irgendwann erreicht man einen Gipfel und ist kurz stolz darauf, muss aber beim Umherblicken erkennen, wie viele Gipfel es noch zu bewältigen gibt. Die intellektuelle Auseinandersetzung mit dem Thema ist so einem Gipfelsieg ähnlich, denn glaubt man etwas über das Verzaubern und Verführen verstanden zu haben, dann erscheinen unmittelbar neue Dimensionen, die auch noch gedanklich zu erobern sind.

Wie bereits im Vorwort erwähnt, erzeugt vermehrtes

Wissen mit allergrößter Sicherheit eine stetige Zunahme an Nichtwissen. Dieser scheinbare Widerspruch ist bei dem vorliegenden Thema nicht aufzulösen, denn die Welten der Beeinflussung, Manipulation und Verführung sind unüberschaubar vielfältig. Wenn der wackere Reisende auf einem Gipfel steht und viele andere Gipfel und die Täler dazwischen sieht, so ist sein Horizont doch nicht so grenzenlos, dass er alle Gipfel und Täler sehen kann. Das ist eine wesentliche Erkenntnis für das Verstehen des Verzauberns und Verführens. Wir können uns dem Verständnis dessen nur nähern, wir können das unaufhörlich tun, und wir werden immer besser darin werden. Aber diese Näherungen haben die Eigenschaft, dass sie immer solche bleiben und niemals ein Ende in Sicht sein wird, so wie jede gewählte Perspektive von einem Berggipfel eine andere – vor allem neue – Sicht freigibt.

Das soll Sie nicht dazu verleiten, die Reise abzubrechen. Vielmehr hoffe ich, Ihnen mit meinen Darstellungen den Mund wässrig gemacht zu haben für eigene intensivere Betrachtungen. Meine Reise war wie bereits angekündigt von einem höchst subjektiven Charakter. Vielleicht haben Sie trotzdem ein objektivierbares Grundprinzip erkannt, nämlich die Betonung der Freiheit, Menschlichkeit und Unabhängigkeit des Individuums in den Welten der Verzauberung und Verführung. Kaum etwas ist wichtiger und wertvoller als die Freiheit, Menschlichkeit und Unabhängigkeit des Einzelnen. Auch wenn wir eine fette Beute für viele Beeinflussungen und Manipulationen sind, auch wenn wir einen gänzlich freien Willen anzweifeln können, auch wenn Prägungen, Konditionierungen, Heuristiken, Quicksteps und Langsame Walzer uns gehörige Streiche spielen, so bleibt diese eine wesentliche Forderung immer bestehen, und die betrifft genau diese drei Bereiche des Menschseins. Sie gehören zu den höchsten Gütern, die es zu erhalten gilt, und das Leben gelingt leichter, wenn wir erkennen, wer uns wie und womit verzaubern und verführen möchte. Dabei ist es völlig einerlei, ob das Kleinigkeiten sind wie etwa der gewiefte Kellner mit dem Trinkgeldtrick oder große politisch und religiöse Beeinflussungen und Manipulationen. Diese zu erkennen bedeutet in jedem Fall, eine Chance zu haben, der Freiheit, Menschlichkeit und Unabhängigkeit eigenverantwortlich zuerst entgegenzudenken und dann entgegenzuschreiten. Sogar die Überwindung unseres größten Beeinflussers, nämlich des Todes, ist damit möglich.

Abgesehen von diesen großen Bereichen ist ein vermehrtes Verständnis der Verzauberungen und Verführungen auf der Ebene des einzelnen Menschen durchaus dazu angetan, dass wir besser aufeinander zugehen können, dass das Miteinander erleichtert wird und wir doch hoffen können, einander besser zu verstehen. Wenn wir erahnen, was unser Gegenüber und auch uns selber durch die vielen Beeinflussungen zu dem geformt hat, was wir sind, dann fällt das Verständnis füreinander manchmal leichter. Einander besser zu verstehen bedeutet ein Gebären von mehr Toleranz, mehr Vertrauen und mehr Mitmenschlichkeit. Das sind Attribute in unserem Leben, welche durchaus brauchbar sind für echtes Lebensglück, für Zufriedenheit und die Aufbereitung einer rosigen Zukunft auch für unsere kommenden Generationen.

Wenn ich nun mit meinen Darstellungen zugegeben ein wenig schmalztriefend zu einem vermeintlichen Ende komme, so muss ich eindeutig erkennen, dass ich mein zukünftiges Leben mit Optimismus denken kann. Wenn ich mich nun wiederfinde inmitten eines Chaos voller aufgeschlagener und auch wieder zugeklappter Bücher, eines randvollen Aschenbechers, unzähliger genossener Tassen thailändischen Schmetterlingserbsenblautees, zudem auch einer überschaubaren Menge manchmal betörender, zu schreiberischem Übermut verleitenden Flaschen des bekömmlichen St. Laurents, dann muss ich mich abmühen, diese letzten Sätze mit halbwegs gewichtigem Inhalt zu füllen, denn die Gedanken sind ob der Fülle des Themas nur mehr schwer zu ordnen.

Ich habe mir angemaßt, mich an vielen Bereichen des Daseins zu versuchen. Ausgehend von den Gehirnfunktionen über verschiedene körperliche Vorgänge, Bedürfnisse, Prägungen, Heuristiken, Quicksteps, Langsame Walzer, Zwischenmenschliches bis hin zu Tod, Religionen und Ideologien scheint es mir nun nachbetrachtet beinahe vermessen, ja sogar überheblich, zu glauben, mich überall hineinwühlen zu können und zu dürfen, teilweise mein Wissenskompetenzen bei weitem übertretend. Einerlei, nun habe ich es getan und Sie können mich dafür loben oder schelten, beides ist mir recht. Aber tun Sie es jeweils bitte so, dass es mein Verständnis fürs Verzaubern und Verführen erweitert, denn meine Begehrlichkeiten, beständig tiefer in diese inspirierende Welt einzutauchen, werden nicht aufhören. Genauso wünsche ich mir, dass meine launige Reise Ihr Verständnis dafür erweitert hat, aber vor allem, dass es Ihre Kompetenzen für die Erhaltung oder sogar Ausdehnung Ihrer Freiheit, Unabhängigkeit und Ihres Lebensglücks gestärkt hat.

## 9 LITERATURHINWEISE

Die hier aufgelisteten Bücher sind im Sinne einer einheitlichen Darstellung immer mit dem Erscheinen der ersten Auflage datiert. Mir dienten sie als erquickliche Quellen und Ideengeber, um dieses komplexe Thema ansatzweise darstellen zu können. In einigen Kapiteln habe ich mich stark daran orientiert, in anderen weniger – je nachdem, wie überzeugend mir deren Inhalte erschienen und wie passend sie sich zu meinen Überlegungen fügten. In einigen Betrachtungen habe ich des Weiteren Inhalte zusammengeführt und damit neue kreiert. Worauf ich im Text gänzlich verzichtete habe, das sind Quellen- und Texthinweise, weil die vorliegende Abhandlung zum einen keinen wissenschaftlichen Anspruch stellt, und zum anderen für Sie als Leser diese Liebelei mit germanistischen Ansprüchen keine Bereicherung beinhaltet. Neben diesen Büchern habe ich immer wieder auf aktuelle Tagesgeschehnisse zurückgegriffen, aber auch *Google*, *Duden* und *Wikipedia* waren hilfreiche Quellen, vor allem bei der Präzision von Begriffen, der Absicherung von unklaren Fakten und bei biographischen Fragen wie Herkunft, beruflichen Hintergründen oder Zeitangaben. Eine Quelle aber scheint mir besonders erwähnenswert, nämlich meine Lebenserfahrungen, durch die Wertvorstellungen, Überzeugungen und Visionen entstanden sind, welche wie in dieser Abhandlung dargestellt, nie frei von Verführung und Verzauberung waren und somit höchst subjektiv meine Sicht auf die Welt wiedergeben.

Abdel-Samad, Hamed: Mohamed, 2015
Ahlers, Christoph Josef: Himmel auf Erden und Hölle im
  Kopf, 2015
Baale, Olaf/Bergholz, Werner: Das deutsche Führungsproblem,
  2005

Bankl, Hans: Kolumbus brachte nicht nur die Tomaten, 2004

Benecke, Lydia: Auf dünnem Eis, 2013

Benecke, Lydia: Psychopathinnen. Die Psychologie des weiblichen Bösen, 2018

Besser-Siegmund, Cora: Killerphrasen im Verkauf, 1997

Birbaumer, Nils: Dein Gehirn weiß mehr, als du denkst, 2015

Bon, Gustave Le: Psychologie der Massen, 1895

Braun, Walter H.: Top-Selling, 1987

Deutscher Bundestag: Wirksamkeit von bildlichen Warnhinweisen auf Zigarettenpackungen, 2017

Cialdini, Robert B.: Die Psychologie des Überzeugens, 2001

Darwin, Charles: Die Entstehung der Arten, 1859

Dixon, Matthew/Adamson, Brent: The Challenger Sale, 2011

Dueck, Gunter: schwarmdumm, 2018

Eicher, Hans: Die geheimen Spielregeln im Verkauf, 2006

Eicher, Hans: Die verblüffende Macht der Sprache, 2015

Ekman, Paul: Gefühle lesen, 2003

Ferguson, Alex: Leading, 2015

Fischer, Karl Peter/Wiessner, Daniela/K., Bidmon, Robert K.: Angewandte Werbepsychologie in Marketing und Kommunikation, 2011

Foucault, Michel: Der Wille zum Wissen, Sexualität und Wahrheit 1, 1976

Frädrich, Stefan: Günter lernt verkaufen, 2005

Frädrich, Stefan: Günter lernt flirten, 2007

Glass, Shirley P.: Die Psychologie der Untreue, 2003

Gleissenebner-Teskey, Martina: Charisma, 2017

Gregersen, Hal: Questions are the answer, 2018

Haller, Reinhard: Die Macht der Kränkung, 2015

Harari, Yuval Noah: 21 Lektionen für das 21. Jahrhundert, 2018

Hasmann, Gabriele/Obermaier, Pamela: Seitensprung – Treuetester decken auf, 2013

Hayek, Friedrich August von: Die Verfassung der Freiheit, 1969

Herles, Benedikt: Die kaputte Elite, 2015

Herzberg, Frederick: The Motivation to Work, 1959

Herzberg, Frederick: Work and the Nature of Man, 1966

Höfner, E. Noni: Glauben Sie ja nicht, wer Sie sind, 2011

Homburg, Christian: Grundlagen des Marketingmanagements, 2006

James, William: The Principles of Psychology, 1890

Jenewein, Wolfgang/Heinbrink, Marcus: High – Performance – Teams, 2008

Joule, Robert-Vincent/Beauvois, Jean-León: Kurzer Leitfaden der Manipulation zum Gebrauch für ehrbare Leute, 1997

Kahneman, Daniel: Thinking, fast and slow, 2011

Kant, Immanuel: Kritik der reinen Vernunft, 1781

Katzengruber, Werner/Pförtner, Andreas: Sales 4.0, 2017

Kotler, Philip/Kartajaya, Hermawan/Setiawan Iwan: Marketing 4.0, 2017

Kouzes, James M./Posner, Barry Z.: The Truth about Leadership, 2010

Krusche, Bernhard: Paradoxien der Führung, 2008

Lieben, Christl: Im Antlitz des Bösen, 2016

Limbeck, Martin: Das neue Hardselling, 2005

Luchner, Verena: Advertising Shift, 2017

Marmet, Otto: Ich und du und so weiter, 1999

Maslow, Abraham: A theory of human motivation, 1943

Maslow, Abraham: Motivation and Personality, 1954

Möller, Philipp: Gottlos glücklich, 2017

Reisinger, Sabine/Gattringer, Regina/Strehl, Franz: Strategisches Management, 2013

Rosenberg, Marshall B.: Gewaltfreie Kommunikation, 2001

Palupski, Rainer: Psychologie im Marketing, 1999

Pfläging, Nils: Organisation für Komplexität,2014

Pinker, Steven: Aufklärung jetzt, 2018

Pütz, Maximilian/Hoffmann, Arne: Das Gesetz der Eroberung,2014

Rackham, Neil: SPIN Selling, 1988

Safier, David: Mieses Karma, 2007

Schaller, Beat: Die Macht der Psyche, 1999

Schnarch, David: Die Psychologie sexueller Leidenschaft, 2009

Klaus Schönbach, Klaus, Verkaufen, Flirten, Führen, 2009

Senftleben, Phillip von: Das Geheimnis des perfekten Flirts, 2008

Spitzer, Manfred: Das(un)soziale Gehirn, 2013

Sprenger, Reinhard K.: Mythos Motivation, 1996

Sprenger, Reinhard K.: Radikal digital, 2018

Thiele, Isabell: Umsatzsteigerung durch Verkaufspsychologie, 2010

Vincent, Michael: Der Verführungscode, 2018

Watzlawick, Paul: Wie wirklich ist die Wirklichkeit?, 1976

Watzlawick, Paul: Anleitung zum Unglücklichsein, 1983

Zitscher, Bastian: Der Third-Person-Effekt nach W. Phillip Davison, 2007

## 10 VIELEN DANK

*»Dankbarkeit ist das Gedächtnis des Herzens.«*
Jean-Baptiste Massillon

Dies ist wohl das erfreulichste Kapitel, denn nun weiß ich, dass ich die vorliegenden Betrachtungen für einen besseren Anfang zu Ende geführt habe. Dabei haben mich viele Menschen auf das Wohlwollendste begleitet. Und denen gilt es aufrichtig zu danken. Allen voran sei meine wundervolle Ehefrau erwähnt, die mit großer Geduld mein ständiges Verkriechen hinter dem Schreibtisch fernab des gemeinsamen Heimes hingenommen hat. Ich hatte nicht geahnt, wie sehr mich das Niederschreiben der vorliegenden Ergüsse vereinnahmen würde – diese Monate waren intensiver als jede regelmäßige Arbeit.

Meine Tochter Verena war die ganze Zeit über meine strenge Kritikerin und scharfsinnige, präzise Erstleserin, Gestalterin des Covers, Ideengeberin und energische intellektuelle Sparringpartnerin in allerlei Fragen. Das liegt ihr als ehemalige erfolgreiche Kampfsportlerin und als heutige Werbefachfrau, die sie inzwischen ist, in ihrem dynamischen Blut.

Aber auch meine restlichen Familienmitglieder inklusive deren Partner haben meine geistigen Absenzen und die ständigen Abschweifungen in das Literarische mit großer Geduld und mit noch größerem Verständnis ertragen, und dies half ungemein, weil es mich aufgefangen und mir Rückhalt gegeben hat. Gelegentliche Durchsichten meiner Ausführungen und Rückmeldungen dazu haben mich stets darin bestärkt, weiterzumachen.

Große Dankbarkeit empfinde ich auch meinem Leben gegenüber, denn es hat mich auf diese Fährte geführt, ausgehend von einem Elternhaus, welches meine Entwicklung immer mit Verursachung von starkem Rückenwind gefördert hat. Leider kann mein Vater dieses Buch nicht mehr erleben. Sein Scharfsinn und sein außergewöhnliches Urteilsvermögen hätten mir sicher zu noch besseren Ausführungen verholfen. Meine Mutter hoffe ich stolz zu machen, so wie Mütter eben gerne stolz sind, wenn Kinder etwas schaffen. Mir ist es eine wertvolle Gewissheit, dass sie in allen Phasen meines Lebens an mich geglaubt hat.

Frau Magistra Pamela Obermaier bin ich zu sehr großem Dank verpflichtet. Erst durch ihre Beratung und ihr Lektorat hat dieses Projekt eine entscheidende professionelle Ausgestaltung bekommen. Ihr Feedback half manchmal weiter, wodurch aus etwas Gedachtem auch etwas Lesbares wird.

Dem Verlag Berger, allen voran Frau Michaela Jungwirth danke ich für die höchst professionelle und kooperative Umsetzung, sodass dieses Buch nun begreifbar im wahrsten Sinne des Wortes vorliegt.

Und so seien abschließend alle Beteiligten gewarnt, denn während der Niederschrift dieses Buches ist bereits die Idee zu einem weiteren Erguss gereift. Eine Fortsetzung wird also folgen, und dann gibt es noch mehr Dank an Euch alle, Ihr wunderbaren Menschen.